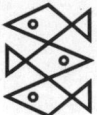

Über das Buch Die Neuzeit beginnt mit Religionskriegen. Wessen Reich – dessen Glaube: Lange vor der ethnischen Säuberung wurde die religiöse Grenzziehung zum Grundmuster der politischen Geographie Europas, in die sich später die Nationalstaaten einfügen sollten.
Wie endet das zwanzigste Jahrhundert? Die Öffnung des Eisernen Vorhangs, die transeuropäischen Flucht- und Wanderungsbewegungen und die Krisen des konventionellen Christentums haben Europa längst zu einem multireligiösen Kontinent gemacht. Neben alte christliche Feindbilder treten neue Ängste: vor dem »Fundamentalismus« von Andersgläubigen, vor »relativistischem« Werteverlust, vor einer Überforderung der Demokratie.
Kallscheuers religionspolitische Studien gehen diesen Erschütterungen nach.

Der Autor Otto Kallscheuer, rheinisch-katholisch, ist Philosoph und Politologe. Er lehrte und forschte in Berlin (Freie Universität), Neapel (Istituto Universitario Orientale), Princeton (Institute for Advanced Study) und in Wien (Institut für die Wissenschaften vom Menschen).
Veröffentlichungen u. a.: Marxismus und Erkenntnistheorie in Westeuropa (1986), Die Grünen – letzte Wahl? (1986), Glaubensfragen (1991).

Otto Kallscheuer

Gottes Wort und Volkes Stimme

Glaube Macht Politik

Fischer Taschenbuch Verlag

Lektorat: Walter H. Pehle

Originalausgabe
Veröffentlicht im Fischer Taschenbuch Verlag GmbH,
Frankfurt am Main, Dezember 1994

© Fischer Taschenbuch Verlag GmbH, Frankfurt am Main 1994
Alle Rechte vorbehalten
Redaktion: Tino Heeg
Gesamtherstellung: Clausen & Bosse, Leck
Printed in Germany
ISBN 3-596-12235-X

Gedruckt auf chlor- und säurefreiem Papier

Für Luisa De Giorgio
me dulcis saturat quies

Inhalt

1. Die religiöse Frage

Zur Einführung

> Die Herrschaft [impero], die das Christentum für derart
> viele Jahrhunderte sowohl vor als auch seit der Entste-
> hung der Zivilisation ausgeübt hat, erstreckte sich ebenso
> über die Seelen und die Meinungen, über die privaten und
> die öffentlichen Sitten wie über das weltliche Gebaren der
> Staaten und die universelle Politik der christlichen Welt
> insgesamt – und damit über das menschliche Leben allge-
> mein. Diese Herrschaft bildete nahezu ein Reich [impero]
> der Philosophie. Sie etablierte gewissermaßen eine philo-
> sophische Gewalt, einen erhöhten Einfluß der Philo-
> sophie, eine allgemeine Übermacht der Vernunft vor der
> Natur und den natürlichen Illusionen, einen Vorrang des
> Geistes vor dem Körper etc. [...] Heute ist jener gewaltige
> Koloß eines philosophischen Reichs von einer anderen
> Philosophie zerstört worden; nunmehr herrscht ein
> neues philosophisches Reich, das zu dem Jahrhundert
> paßt, in dem es [sc. die Philosophie der Aufklärung] er-
> richtet und hervorgebracht wurde. Und es ist weitaus
> wahrscheinlicher, daß auch dieses Reich fallen wird, als
> daß das erstere wiederentsteht.
>
> Giacomo Leopardi
> *(Zibaldone di Pensieri,* August 1821)

Gottes Wort ist in den Sozialwissenschaften in der Regel nicht zu ver-
nehmen. Wo der HERR regiert, tut er es durch Stellvertreter: Diktatur
des Propheten, Regiment der Priester, Parlament der Heiligen. Dann
sprechen wir von Theokratie. In der Demokratie aber zählt Volkes
Stimme. Warum also sollten sich politische und Sozialwissenschaftler
in Europa heute, am Ende des 20. Jahrhunderts, für theologische Dogmen und religiöse Traditionen interessieren? Und zwar nicht nur für
die exotischen, die fernen und fremden, etwa in Polynesien oder Afgha-
nistan, sondern die gewöhnlichen, die hiesigen und eigenen, also die
römische Kirche oder die protestantische Reform?

9

Mein eigenes Interesse am religiös institutionalisierten Worte Gottes hatte zunächst eher politische Anlässe und Antriebe.[1] Diese aber trafen sich schon bald mit dem Gefühl, dank der »religiösen Frage« zugleich auf einige blinde Flecken der Gegenwartsdiagnose und der gesellschaftstheoretischen Selbstwahrnehmung der »Moderne« gestoßen zu sein. Die Leserin und der Leser werden also im Folgenden keine fachpolitologischen Analysen finden, sondern religionspolitologische Exerzitien. Es sind zugleich Erinnerungsübungen eines theologischen Amateurs zur »historischen Semantik« (Reinhart Koselleck) des dereinst christlichen Europa. Diese christliche Vergangenheit Europas war ja keineswegs einfach, sondern vielfältig; und der hermeneutische Konflikt der Interpretationen war voller Gewalt und Schrecken. Glaube, Macht, Politik: Es geht um die geistliche Legitimation von politischer Ordnung und die Kontrolle des christlichen Herrschers über den rechten Glauben; um die oft blutigen Konflikte zwischen souveräner Macht und geistlicher Gewalt; um die Freiheit des Christenmenschen und den konfessionellen Staat.

Im heutigen nachkommunistischen und Post-Jalta-Europa – und in einer durch ökologische Krisen, durch Ressourcen-, Völker- sowie Stammeskriege erschütterten Weltordnung[2] – sollten wir uns auch daran erinnern, daß die historische Vorläuferin der »Großen Erzählungen« (Jean-François Lyotard) vom Fortschritt und der Aufklärung, von der Revolution oder der Entwicklung, nicht im toleranten Austausch postmoderner Beliebigkeiten bestand. Es war der Religionskrieg zwischen Enthusiasten, der leidenschaftliche Terror von Rechtgläubigen wider Ketzer und Fremdgläubige, in welchem die europäische Staatenordnung entstand; und es war die fortwirkende Erinnerung an diese Folgen von Aberglauben und Enthusiasmus, die auch das Projekt der Aufklärung lange plausibel machte.[3]

Diese Erinnerung ist zudem für eine multikulturelle und religiös pluralistische Zukunft der Alten Welt von Belang: Wir sind in vieler Hinsicht, und zwar ohne daß wir uns dessen bewußt wären, gerade als vernünftig »Aufgeklärte« oder religiös »Indifferente« Christen geblieben. Jedenfalls für die Fremden und Andersgläubigen, wie z. B. für Muslime. Vorab und statt einer Einführung will ich darum zwei solcher christlichen Prägungen der Moderne kurz ansprechen: das »westliche« Selbstverständnis der demokratischen Moderne und ihren rein »säkularen« Anspruch.

Geographie und Orthodoxie

Der »Westen« und die »Moderne«. Beide Kategorien müssen heutzutage im neuen Deutschland von Liberalen und Linken wieder verteidigt werden: die kulturelle Moderne wider eine »reaktionäre« Infragestellung des (zersetzenden, nihilistischen etc.) Geistes der Aufklärung; und die politische »Westbindung« der bundesrepublikanischen Demokratie wider »deutschnationale« Versuchungen, wider die nationalistische Besinnung auf Traditionen kontinentaler oder doch »mitteleuropäischer« Machtpolitik in der deutschen Identität. Doch wo beginnt der Westen? Wo liegt die Mitte, der Osten? Handelt es sich nur um geographische Anzeigen? Wo liegt ihre politische, ja, normative Relevanz?

Nun, eine gewisse Unschärfe muß wohl bei derartigen symbolischen Termini immer in Kauf genommen werden, man denke nur an »rechts« und »links«. Die Begriffe selbst und ihr Umfeld – okzidentaler Rationalismus, westliche Demokratie, kulturelle Moderne – sind schließlich nur Metaphern. Beide Selbststilisierungen, die kulturelle Moderne und der freiheitliche Westen, sind relative: Denn die Modernität verortet sich auf der Zeitachse und der Westen auf dem Globus, also im Raume. Und beider Rücksichten sind nicht notwendigerweise identisch: Es gibt nichtwestliche Formen etwa einer »pazifischen« Moderne, die wir im »atlantischen« Westen als demokratisch unzureichend ansehen mögen. (Aber ist dann der Umstand kritikwürdig, daß sie nicht »modern« genug sind – oder daß sie nicht »westlich« genug sind, also unsere Formen von Autonomie und Menschenwürde nicht als letzte Werte anerkennen?) Und es gibt konstitutive Elemente in Geschichte wie Gegenwart des Westens, die wir für gefährlich oder normativ problematisch halten, z. B. den Nationalismus, die ungezügelte Marktwirtschaft, den totalitären Staat, die Kernspaltung oder das Privatfernsehen, und vor deren Universalisierung wir daher warnen sollten.

Gibt es aber darüber hinaus eine gemeinsame Dimension beider Oppositionen (die der Moderne zur Vergangenheit, die des Abendlandes zum Osten), die noch heute normativen Sinn hat? Warum hat denn der Ost-West-Gegensatz die kapitalistisch-kommunistische Systemkonkurrenz überlebt? Im zweiten Kapitel finde ich einen Schlüssel dafür in der christlichen Vergangenheit Europas: im jahrhundertelangen und nicht immer »kalten« Krieg zwischen Ost- und Westrom, im Antago-

11

nismus zwischen der politischen Theologie von Byzanz und der päpstlichen Revolution Gregors VII.

Dies ist gewiß nicht die einzige »Bruchlinie« (Sam Huntington)[4] zwischen den christlichen Völkern westlicher und östlicher Zivilisation,
aber wohl die morphologisch grundlegende. Die Konstellation von
Glaube, Macht und Politik hat in der Tradition der Ostkirche gewissermaßen eine andere Grammatik als im römischen und atlantischen Westen. Und dieser ältere Ost-West-Konflikt wird heute auch schon wieder in der Kirchenpolitik ausgetragen. So fordert etwa der Dekan der
Theologischen Fakultät der Russisch-Orthodoxen Universität Moskaus im Mai 1994, mit dem zaristischen Knüppel eines neuen Religions-
gesetzes in der Hinterhand, die katholische Kirche dazu auf, Abstand
zu nehmen von ihrer prinzipiellen Anerkennung der Religionsfreiheit.[5]

Das heilige Rußland könne »die Folgen des Zweiten Vatikanischen
Konzils nicht akzeptieren. Denn das würde bedeuten, den offenen
Kampf gegen das Heidentum abzulehnen. Wir können den Super-
Ökumenismus nicht akzeptieren.« Katholiken sollen somit in der
Jurisdiktion des Moskauer Patriarchats kein »antirussisches« ökume-
nisches Gedankengut mehr verbreiten; sie sollten auch von der Publi-
kation »antiorthodoxer Zeugnisse katholischer Mystik« Abstand nehmen, um sich statt dessen mit der Orthodoxie »in der Frontstellung
gegen einen gemeinsamen Feind« zu vereinen, nämlich wider die protestantische Mission amerikanischer Freikirchen, die (so wörtlich) »die
Arbeit der Kommunisten fort[setzen]: Sie zerstören die Orthodoxie.«
Fazit: »Wir, die Orthodoxen und die Katholiken, sollten uns gegen den
Okkultismus und gegen die [sc. protestantischen] Sekten zusammen-
schließen.« Die Moskauer Warnung ist klar: Die katholische Kirche
soll dem theologischen Westen den Rücken kehren und sich dem orthodoxen Territorialprinzip unterordnen, andernfalls werden ihr per
Religionsgesetz wider ausländische Missionare die Daumenschrauben
angelegt.[6]

Gottlob hat die *Una Sancta* als Institution in ihrer zweitausendjährigen
Tradition genügend »systemische Intelligenz« entwickelt, um auf solche plumpen orthodoxen Drohungen nicht hereinzufallen. Würde sie
nämlich ihre späte Einsicht einer bedingungslosen Verteidigung der
Religionsfreiheit für das Linsengericht einer gemeinsamen antiprotestantischen Fronde unter der Hoheit des Moskauer Patriarchen aufge-

ben, so hätte sie nicht nur die Moderne, also auf katholisch: das Vaticanum II, und den Westen, d. h. die Menschenrechte verraten, sondern damit zugleich auch ihre eigene universalistische (auf griechisch: »katholische«) Seele verkauft – den missionarischen Auftrag, *urbi et orbi*. Gehet hin in alle Welt!

Ist es doch der Universalismus der *Una Sancta*, der sie zur Mutter des Westens macht, so wie es auch der römisch-katholische Westen war, der durch die Verteidigung der *libertas ecclesiae*, also die Trennung von eistlichem und weltlichem Schwert, zumindest die Voraussetzungen für die moderne Ausdifferenzierung der Lebenssphären und Rationalitätsdimensionen bereitet hat. Dies gilt wohlgemerkt trotz einiger theologischer und marianischer Ost-West-Ambivalenzen des gegenwärtigen Papstes. Ich komme auf sie im vierten Kapitel bei der Analyse der theologischen Summa seiner Amtszeit zurück. Im dritten und fünften Kapitel wird der Weg der Christenheit von Rom gen Westen theologisch und politisch weiterverfolgt. Er führt in die neue Welt. *Ex occidente lux.*

Saecula saeculorum

Bis weit in die siebziger Jahre hinein trafen sich die Sozialwissenschaftler aller Schulen und Richtungen weitgehend in ihrer Diagnose einer zunehmenden »Säkularisierung« moderner Gesellschaften: Mit der Durchsetzung der Industriegesellschaft westlich-liberaler oder östlich-kommunistischer Prägung würden öffentlich manifestierte religiöse Identitäten immer mehr zur Restgröße, zum Element der Vergangenheit oder zum Indiz für Unterentwicklung.[7]
Weiterbestehende lebendige Volksreligiosität oder religiös motivierte Bewegungen wollten die ideologischen Vertreter der westlichen oder der östlichen Moderne am liebsten nur im jeweils gegnerischen Lager anerkennen: als vormoderne Residuen (»feudale Überbleibsel«) oder auch als fehlgeleiteter Protest wider den kommunistischen Totalitarismus (so der liberale Westen über die polnische Kirche) bzw. wider den kapitalistischen Imperialismus (so die kommunistische Deutung des irischen Katholizismus oder der brasilianischen Basisgemeinden).
Ganz unabhängig davon also, wie der prognostizierte Trend einer weiteren Reduktion der Relevanz religiöser Fragen in Gesellschaft und Po-

litik dann bewertet wurde: Rechte und Linke, Liberale wie Marxisten, kritische Theoretiker wie Funktionalisten stimmten in der These vom säkularen Trend zur Säkularisierung religiöser Themen, Identitäten und Konflikten in der modernen Welt weitgehend überein. Aufgrund der historischen Allianz von Krone und Altar im 19. Jahrhundert wurde (und wird) von der europäischen linken und liberalen Intelligenz die Religionskritik zudem in der Regel – und fälschlicherweise – mit einem militanten Laizismus verwechselt. Und auch die nicht zuletzt aus der protestantischen Bibelkritik erwachsene Aufklärung wird zumal in der deutschen Linken gerne auf ihre Billigversion reduziert: auf antiklerikale Propaganda.

Nur für die politische Vormacht des Westens trifft das soeben Gesagte nicht zu. In der Tat sind die wichtigsten Alternativen zu einer säkularistisch verkürzten Theorie der Moderne entweder in den Vereinigten Staaten entstanden, von William James bis Talcott Parsons, oder doch in Auseinandersetzung mit der amerikanischen Bürgergesellschaft und *societé religieuse*, wie bei Alexis de Tocqueville. Auf den biblisch codierten Gründungsmythos der Vereinigten Staaten und ihre Bürgerreligion als »One Nation Under God« geht das fünfte Kapitel ausführlich ein.

Prognostisch waren die säkularistischen Modernisierungstheorien auf die welt- und gesellschaftspolitischen Umbrüche der achtziger Jahre überhaupt nicht vorbereitet. Bald wurde es schwierig, noch erfolgreiche politische, soziale, kulturelle Bewegungen oder Revolutionen auszumachen, die nicht durch religiöse Hintergründe oder Triebkräfte geprägt gewesen wären! Weltpolitisch betrachtet beinhalteten die achtziger Jahre nicht allein das Endspiel des kalten Krieges (mit bekanntem Ausgang), sondern auch die Rückkehr des Religiösen in die Politik. Die bekanntesten Beispiele hierfür sind die islamische Revolution im Iran und die auf sie folgende Erschütterung der politischen Gleichgewichte in der arabischen Welt, sodann die von Jerry Falwell und anderen fundamentalistischen Tele-Evangelisten inspirierte *moral majority* hinter Ronald Reagan und, nicht zuletzt, das katholische Milieu und die prophetische Botschaft Papst Karol Wojtylas als eine entscheidende Triebkraft hinter dem Erfolg der polnischen Freiheitsbewegung *Solidarność*.

Die explizit religiösen Obertöne der wichtigsten politischen, oft revolutionären Bewegungen des letzten Jahrzehnts sind zwar auch in Westeuropa nicht unbemerkt geblieben; im polnischen Fall waren sie zumindest eines der Motive für die fehlende Solidarität der westlichen

Linken! Erst nach einem mindestens zehnjährigen Schock in den Denkfabriken der Moderne haben sich jedoch auch die Sozialwissenschaften dem Thema einer »Rückkehr des Religiösen« auf breiterer Front zugewandt.[8] In der Regel dominiert dabei der distanzierte und distanzierende Blick auf den religiösen »Fundamentalismus« – und zwar natürlich den uns bedrohenden Fundamentalismus der jeweils anderen Region oder Religion.[9]

Zwei Haltungen gegenüber den verschiedenen Formen des religiösen *revivals* überwiegen daher bis heute in der soziologischen und mehr noch in der politischen Diskussion. Beide können unschwer auf das Erbe der Aufklärung zurückgeführt werden: *Écrasez l'infâme!* (Voltaire) lautete die eine Standardantwort. *Voilà*, die alten Feinde von Vernunft und Selbstbestimmung regen sich erneut, verteidigen wir darum die Aufklärung gegen die Religion! Die Hoffnung auf einen evolutionären Prozeß der Modernisierung (vermeintlich) zurückgebliebener Gesellschaften wie Polen oder Iran, in dessen Gefolge auch der religiöse Radikalismus seine Basis verlieren müsse, bildete die andere Variante westlicher Selbstgewißheit.

Ich gehe in diesem Buch davon aus, daß beide Haltungen das Phänomen verfehlen. Die für viele unerwarteten religiösen Akzente in zahlreichen aktuellen politischen und »ethnischen« Konflikten nach dem Ende des säkularen Systemkonflikts zwischen Kapitalismus und Kommunismus lassen sich keineswegs als bloße Relikte unterentwickelter Situationen oder aber traditionalistische Reaktionen auf die (eine) Moderne betrachten. Hinter diesem religionssoziologischen Bild von dem einen Pfad der universellen Säkularisierung (verstanden als zunehmende Verdrängung und Privatisierung der Religion) steht ja unausgesprochen eine geschichtsphilosophische Annahme.

Und eben diese ist falsch: Die Moderne ist weder einfach noch einheitlich, noch in ihrer Gestalt unwiderruflich. Es mag sehr wohl atlantische und pazifische, katholische und buddhistische, säkulare und religiöse, demokratische und totalitäre Modernen geben. Und wie zuvor die These des Washingtoner Hegelianers Francis Fukuyama – vom liberalen »Ende der Geschichte« – müßte sich auch die säkularistische Prognose vom Ende der Religion blamieren. G. W. F. Hegel selbst deutete die philosophische Codierung und politische Institutionalisierung intersubjektiver Freiheit bekanntlich auch als religiöses Ereignis: als Konsequenz der protestantischen Subjektivierung der Religion.

»Ist es nicht ein Paradox, daß die christliche Religion selber in großem Maße die Quelle des Atheismus oder im allgemeinen der religiösen Ungläubigkeit war? Und doch ist ebendies meine Auffassung.« Der Dichter Giacomo Leopardi war keineswegs gläubiger Christ – eher ein unglücklicher Materialist und existentialistischer Fortschrittsskeptiker. Und er lebte im vom Kirchenstaat blockierten Italien, das die kulturelle Moderne noch vor sich hatte. Zur selben Zeit, in der der Berliner Professor Hegel seine Vorlesungen zur Religionsphilosophie hielt, interpretierte auch Leopardi die intellektuelle wie die politische Aufklärung nicht als Apostasie, als Abfall von der Christenheit, sondern als ihre Konsequenz: »Die Metaphysik, die die verborgenen Ursachen der Dinge verfolgt, die Natur untersucht und unsere Vorstellungen und Ideen analysiert; der gründliche und der philosophische und der räsonierende Geist – dies sind die Faktoren des Unglaubens. Aber ebendiese Dinge sind doch am meisten von der jüdischen und christlichen Religion verbreitet worden...« Der Geist der Moderne, d. h. der Vorrang der Kultur vor der Natur, der Vernunft vor den Empfindungen, der Wahrheit vor der Illusion, ist genealogisch im christlichen Universalismus des Mittelalters angelegt: »Damals war die Welt sozusagen eine philosophische Republik, oder besser: ein Staat, der einem intoleranten, universalen, gestrengen Despotismus der Philosophie unterworfen war und von allen als gerecht oder unbesiegbar anerkannt wurde, wenngleich all seine Macht... auf der Meinung beruhte.«[10]

Daß die freiheitsoffene, zukunftssüchtige, marktwirtschaftlich verfaßte und wissenschaftsgläubige Moderne des Westens eine natürliche Tochter der jüdisch-christlichen Heilsbotschaft ist, dürfte heute – mehr als eine Generation nach dem Zweiten Vatikanischen Konzil, in dem nach Jahrhunderten der Verteufelung diese christliche Elternschaft endlich offiziell anerkannt wurde – keine allzu kontroverse These mehr sein: Die Genealogie der Moderne kann uns den Ursprung des Fortschrittsglaubens im christlichen Heilsgeschehen zeigen (Karl Löwith); und die Vorstellung eines *in foro conscientiae* seines selbst gewissen (hoffenden, glaubenden, zweifelnden) Subjekts geht zurück auf den hl. Augustinus. Die Demokratie wurzelt in der protestantischen Befreiung des christlichen Gewissens aus der *auctoritas* von Kaiser und Papst; der Kapitalismus geht auf die innerweltliche Askese protestantischer Sekten zu-

rück; der Universalismus der Menschenrechte beruht auf der Brüderlichkeit aller Gotteskinder (usw. usf.)…
Doch der Siegeszug des okzidentalen Rationalismus hat längst die *auctoritas* von Gottes Wort überflügelt. Im Gefolge der wissenschaftlichen, der demokratischen und schließlich der industriellen Revolutionen ließ das zunächst für illegitim erklärte Kind, das System rationaler
Weltdeutung und -beherrschung, das väterliche Gesetz hierarchischer
Ordnung der Welt hinter sich zurück und vergaß den Mutterschoß
einer sinnhaften Verkettung aller Wesen: *Extra scientiam nulla salus*,
jenseits der Wissenschaft gibt es keine Plausibilität mehr. Wirtschaft-
liche Markt- und bürokratische Verfahrensrationalität konstituieren
die Orientierungsmuster, an denen sich alles Handeln, will es Erfolg
haben, auszurichten hat. Die »Einbettung« wirtschaftlichen, wissenschaftlichen und politischen Handelns in traditionale (kosmologische,
religiöse, moralische) Sinnzusammenhänge wurde aufgelöst. Nicht
scriptura noch *traditio*, das Expertensystem konstituiert nunmehr unseren Denk- und Welthorizont. Der Industrialismus wurde zum Welt-
system, die Informationsgesellschaft zum »global village«.

Ambivalenz und Transzendenz

Der polnisch-britische Soziologe Zygmunt Bauman hat jüngst darauf
hingewiesen, daß das Ergebnis der Konstruktionsanleitungen für die
moderne (Welt-, Sozial-, Wissens- und Staats-) Ordnung die beständige Produktion von Chaos ist, nämlich derjenigen Ambivalenzen, die
durch wissenschaftliche oder politische Definitionen beseitigt werden
sollen: »Der Kampf für Ordnung […] ist ein Kampf von Bestimmtheit
gegen Zweideutigkeit, von semantischer Präzision wider Ambivalenz,
von Transparenz versus Undurchsichtigkeit, Klarheit contra Verwir-
rung.«[11]
Die Souveränität des modernen Subjekts wie des modernen Staates liegt
zwar in seinem Recht zur Definition von Ordnung; zur Beseitigung
von Ambivalenz. Doch diese Aufgabe, das andere der Ordnung zu eli-
minieren, konstituiert beständig neue Ambivalenzen – umstrittene Ter-
rains, national oder ethnisch »gemischte« Territorien und Niemands-
land (im politischen Definitionskrieg um Grenzen und Untertanen).
Die Polysemie jeder symbolischen Ordnung produziert im intellektu-

ellen Definitionskampf um Wahrheit und Gewißheit beständig neue kognitive Dissonanzen, polyvalente Definitionen und unerklärte Zufälle. Die moderne Existenz wird damit im (und vom) modernen Bewußtsein ohne Rast und Ruh in neue Kämpfe um Ordnung und Klarheit geschickt: »Als Lebensform macht sich die Moderne möglich, insofern sie sich eine unmögliche Aufgabe setzt.« (Zygmunt Bauman) Der Ausweg der Moderne, die fortschrittliche Ausflucht, die Hoffnung der endlichen Subjekte kann sich daher nur auf *foci imaginarii*[12] beziehen, die in der Zukunft liegen: auf den Horizont, den man vielleicht nie erreicht, der jedoch erst der Gegenwart Sinn und Richtung gibt.

Die Krise des Fortschritts, das Paradox der Moderne, die Unruhe des Subjekts... sie alle sind bereits im Begriff von Fortschritt, von Moderne, von Subjektivität eingebaut.[13] Die entfaltete weltliche Moderne gerät als System in dieselbe Dynamik der inneren Unruhe, aus der sich im Westen zuvor auch – mit der augustinischen »Unruhe des Herzens« – das Subjekt des christlichen Glaubens konstituiert hatte. Das Subjekt der Bekenntnisse aber wußte sich bezogen auf ein göttliches, absolutes »Du«. Gott sprach zu Augustinus' Seele.

Der transzendente Ursprung des modernen Weltbilds kann gewiß in unserer endlichen Existenz niemals positiv eingelöst werden. Es könnte aber sein, daß der Code von Subjektivität, Personalität und Autonomie mit dieser christlichen Wette auf eine »absolute Zukunft« (Karl Rahner) mehr als nur genealogisch verknüpft ist. Dann würde die Orientierung auf eine absolute Dimension von Gottheit auch zur kulturellen Grammatik des Westens gehören, jedenfalls dessen, was wir unter dem »Westen« verstehen und an ihm schätzen.

Sollte dies der Fall sein, dann könnte das kulturelle Überleben des »Westens« (*ceterum censeo*: im normativen, nicht einfach geographischen Sinne) auch davon abhängen, dieses christliche Streben nach »innerlicher Absolutheit«[14] nicht als Gegensatz zur Vielfalt religiöser Bekenntnisse zu begreifen, sondern als Konsequenz der pluralistischen Situation selbst. Die Zeit der homogenen, konfessionellen Nationalstaaten ist vorbei. Die multireligiöse Situation wird sich – allein schon als Ergebnis von Völkerwanderungen und Flüchtlingsströmen aus dem Süden und Osten – in der Ersten Welt immer mehr ausbreiten. Von den Schwierigkeiten der Alten Welt damit handelt das letzte Kapitel dieses Buches.

2. Cuius regio – eius religio?

Kleine politisch-theologische Geographie Europas

> Im ganzen Osten gehören Glaubensverinnerlichung und Staatskirchentum eng zusammen. [...] Innere Freiheit bei äußerer Gebundenheit ist das Lebensprinzip des Nordostens. Das unvergleichlich kompliziertere Lebensprinzip des Westens ist Einheit von Freiheit und Gebundenheit in der Disziplin der freien Korporation, Einheit von Geist und weltlicher Praxis in der kirchlichen wie in der weltlichen Korporation.
>
> Franz Borkenau

Moskau: »Viele Jahre den Mächtigen«

Als am 18. August 1991 das Putschistenkomitee in Moskau den Ausnahmezustand erklärte, fehlte unter den vielfältigen Stimmen von Protest und Widerstand die gewichtigste, die der orthodoxen Kirche des Heiligen Rußland. Im Gegenteil: zwei der höchsten kirchlichen Würdenträger, die Metropolite Pitirim und Juvenali, beeilten sich, alsbald mit den Putschistenführern Innenminister Pugo und Parlamentspräsident Lukjanow zusammenzutreffen. Der »Allerheiligste Patriarch von Moskau und ganz Rußland«, Aleksi II., wurde vergeblich vom russischen Präsidenten Jelzin in einem dramatischen Appell dazu aufgefordert, »nicht am Rande der Ereignisse zu stehen; denn Sie sind auf das allerunmittelbarste mit der Sache verbunden, der Sie, Eure Heiligkeit, Ihr Leben geweiht haben. Auf Euer Wort warten die Gläubigen, wartet das ganze russische Volk.«[1]
Doch Aleksi, kaum mehr als ein Jahr im Amt, zog es vor, abzuwarten. In der Feiertagsliturgie zum Tag der Verklärung des Herrn ersetzte er die traditionellen Worte »Viele Jahre den Mächtigen« lediglich durch die Segnung »unseres Vaterlands«.[2] Erst nach dem Scheitern des Putsches schaltete die hohe Geistlichkeit um und begann alsbald, Boris Jelzin und seine Gefolgsleute mit heiligen Gesängen zu preisen. Und

19

auch zwei Jahre später – während der Machtprobe zwischen Präsident Jelzin und dem Parlament Anfang Oktober 1993 – vermied es Patriarch Aleksi wohlweislich, sich auf eine der beiden Seiten zu schlagen. Aber »viele Jahre den Mächtigen« hatte der hohe (»schwarze«) orthodoxe Klerus auch unter der kommunistischen Führung vom Himmel erfleht; nicht zuletzt im eigenen Interesse. Metropolit Juvenali wirkte schließlich jahrelang unter dem Namen »Adamant« als kaum mehr »inoffizieller« Mitarbeiter des KGB; Metropolit Pitirim, Leiter der Verlagsabteilung des Moskauer Patriarchats, erwarb sich als KGB-»Abbat« (Abt) besondere Verdienste; im Juni 1992 mußte Metropolit Filaret von Kiew, der unter dem Decknamen »Antonow« mehrfach mit Verdienstmedaillen des KGB ausgezeichnet worden war, in einem spektakulären Beschluß des vormaligen »Metropolitbüros«, des Heiligen Synod, aus dem Priesterstand entlassen werden.[3]

»Während der ganzen Perestroika-Periode hat sich keiner der russischen Bischöfe für Demokratie und Menschenrechte ausgesprochen; im Gegenteil, einige behaupteten sogar, Menschenrechte seien ein nichtchristlicher Begriff« (so der russische Soziologe Filatow)[4]. Die orthodoxen Kirchenführer fürchteten jede Form von Pluralismus wie der Teufel das Weihwasser. Was nun die Dissidenten in den eigenen Reihen angeht, so bediente sich die Hierarchie bis zuletzt der Terrormethoden, die im russischen Christentum eine weitaus ältere Tradition haben als im KGB: Erzpriester Aleksandr Meñ, kurz vor Kriegsbeginn vom Judentum zur Orthodoxie konvertiert, ein charismatischer Seelsorger, international anerkannter Religionswissenschaftler und Verfechter einer ökumenischen Öffnung der russischen Kirche sowie ihres »Aggiornamento« von unten, wurde im September 1990 auf bestialische Weise mit einem Beil erschlagen. Als Auftraggeber des noch immer nicht aufgeklärten Mordes galten unter den Freunden Aleksandr Meñs weniger KGB-Kreise als vielmehr die orthodoxe Hierarchie und die russischnationalistischen Extremisten des »Pamjat«. Auch der Name von Metropolit Juvenali fällt, der dann, vielleicht um jeden Verdacht zu zerstreuen, höchstselbst beim Begräbnis Meñs zelebrieren sollte.

Die Blutspur der geistlichen Gewalt ist eine der Konstanten der Kirchengeschichte im Heiligen Rußland, die auch heute noch gegenwärtig ist: Von den im Jahr 1015 ermordeten Heiligen Boris und Gleb; über den Terror des *Grosnyi*, des »schrecklichen« Iwan IV. (1530–1584), unter dem Metropolit Makari gleichzeitig die Autokratie des »orthodo-

xen Zaren« und die Russifizierung von Kirche und Liturgie kanoni-
sierte; über »die russische Inquisition« des 17. Jahrhunderts, wie
Alexander Solschenizyn die grausame Verfolgung der Raskolniki, der
»Altritualisten«, durch Patriarch Nikon und den zweiten Romanow-
Zaren Aleksej Michailovitch genannt hat; bis hin zu den Reformen Pe-
ters des Großen, die vielleicht das eigentliche Vorbild von Stalins Kirchenpolitik waren. Seit der Verlegung des Kiewer Rus-Staates nach
Moskau um das Jahr 1300 war es nämlich der Orthodoxie niemals mehr
gelungen, eine geistige und institutionelle Unabhängigkeit gegenüber
der selbstherrlichen Staatsmacht zu erlangen.

Byzanz: Translatio imperii[5]

»Kyr Manuíl, der Kaiser, der Komnene, / fühlte sich an einem Tag der
Schwermut / im September seinem Tode nah« – heißt es im 1915 veröffentlichten Gedicht »Manuíl Komnenos« des großen Alexandriners
Konstantin Kavafis. Zwar sagen die Hofastrologen, »die gekauften«,
im September 1180 dem nunmehr sechzigjährigen *Basileus* von Byzanz
noch viele Lebensjahre voraus – ihm, dem glänzenden Sieger der Kom-
nenendynastie: Manuel I. war der Wiederhersteller des ägäischen Reiches, der 1158 die Armenier und 1160 das Sultanat von Rum geschlagen, 1165 die byzantinische Oberhoheit über den fränkischen Kreuz-
ritterstaat Antiochia gesichert, 1167 die Ungarn besiegt und auf dem
Balkan die Herrschaft Konstantinopels wiederhergestellt hatte und der
in Italien (bis zur Niederlage vor Brindisi) kurz vor der Wiederherstel-
lung des Römischen Reiches stand.
Doch die glänzenden militärischen Erfolge der Komnenenkaiser
Alexios I., Johannes II. und Manuel I. entbehrten einer soliden Grundlage. Achtzehn Jahre nach dem von Kavafis evozierten Tode des großen
Komnenen beginnt der in (West)Rom von Papst Innozenz III. ausge-
rufene vierte Kreuzzug, der jedoch nicht mehr dem heiligen Lande gelten wird, sondern der Stadt und dem Reich Byzanz: Beide waren längst
zwischen den Normannenstaaten im westlichen Mittelmeer und der
türkischen Invasion im Osten in die Klemme geraten. Die Eroberung
Konstantinopels durch die fränkischen Kreuzfahrer im Jahre 1204, die
partitio Romaniae und die Errichtung eines kurzlebigen lateinischen
Imperiums unter Balduin von Flandern bedeuteten das Ende des by-

zantinischen *Imperium universale* und markieren die Machtübernahme in der Ägäis durch die dynamische Handelsmetropole des Mittelmeerraums, die mit dem Meer vermählte venezianische Seerepublik. War somit das oströmische Reich mit dem Sieg der lateinischen Handelskapitalisten und Glücksritter definitiv am Ende? Kavafis, als unter Muhammad Ali Pascha in Alexandria aufgewachsener griechischer Jude selbst ein »Byzantiner« im Exil, läßt in seinem Gedicht über »Kyr Manuíl« eine andere Deutung offen. Die irdische Macht und Lebensdauer, von der Manuels Hofastrologen schwatzten, sind nicht die wirkliche Dimension von Byzanz. »Da aber jene redeten, besinnt er sich / des frommen Brauchs der Überlieferung / und gibt Befehl, daß aus den Klosterzellen / man ihm geistliche Gewänder bringe«, um der Tradition des orthodoxen Kaisertums gemäß zu sterben: »Glücklich die, die glauben, / und die enden wie Kyr Manuíl, der Kaiser, / in ihrem Glauben züchtigst eingekleidet.«

Byzanz, das christliche Rom des Ostens, hatte demnach zwei Dimensionen: das Imperium und das Mönchstum – den göttlichen Auftrag zur christlichen Weltherrschaft und die Orthodoxie einer weltabgewandten, christlichen Spiritualität.

Die erste, bestimmende Dimension ist das Imperium. Mit der einzigen und allmächtigen Gottesgestalt des Christentums hatte das römische Kaisertum eine kongeniale, gleichzeitig transzendente wie personale Legitimitätsgrundlage gefunden, die der antike Polytheismus nie hätte liefern können. Eusebius von Cäserea hatte diese »politische Theologie« in seiner berühmten Abhandlung zu Konstantins dreißigstem Thronjubiläum zusammengefaßt: Der göttliche *Pantokrator* Christus, einziger (*monogenes*) Sohn des Vaters und absoluter Gebieter des Universums, der noch heute in byzantinischen Kreuzkuppelkirchen den Raum beherrscht, ist in seiner Allmacht Vorbild und Quelle der diesseitigen Allgewalt des kaiserlichen *Autokrator*.[6] Damit konnte das *Sacerdotium* keine vom *Imperium* wahrlich unabhängige Instanz werden. Und so blieb zweitens, jenseits der sichtbaren (All-)Macht des Autokrator nur noch das Mönchstum des Ostens:[7] als Exempel für die weltabgewandte Askese, für die »Innerlichkeit« der Ostkirche, als Hort der Spiritualität der Orthodoxie – ob logisch, ob mystisch, ob gnostisch. Anders als die benediktinische Regel und auch im Gegensatz zur Mehrzahl aller späteren katholischen Ordensgründungen ist das Ethos des ostkirchlichen Mönchtums gerade nicht auf die tätige Caritas und Veränderung der Welt gerichtet, sondern auf die Teilhabe am Logos und die Wiedergeburt des Individuums in Christo. Beide – imperiale Macht und asketische Spiritualität – stützen einander wechselseitig; und beide haben den christlichen Osten zunächst des Mittelmeers und dann des Kontinents zivilisatorisch gestaltet.

Das die Welt – das Mittelmeer – beherrschende imperiale Ostrom, dessen Restaurator Justinian und dessen Totengräber der Prophet Allahs und die Slaweninvasionen gewesen waren, ist freilich zum Zeitpunkt der Herrschaft der Komnenenkaiser längst dahin. Kavafis' Gedicht »Manuíl Komninos« handelt vom schon defensiv gewordenen Universalismus des nunmehr vorrangig ägäischen Byzanz, das im 12. Jahrhundert seine Apotheose vor dem Zusammenbruch im vierten Kreuzzug erlebte. Und Carl Schmitt hat bekanntlich dieses ägäische Küstenreich Byzanz in seiner berühmten Schrift »Land und Meer« als »Katechon« bezeichnet: als »Aufhalter«, der das europäische Abendland vor dem Islam bewahrt habe.[8] Doch Byzanz' Defensive geht nach allen Seiten: gegen die erst mit ihrer Christianisierung selbständig werdenden slawischen Nationen im Norden und gegen das handelspolitische Vordringen der westlichen »Lateiner«, der Venezianer und Genuesen, die sich fränkische Haudegen und den päpstlichen Segen zur Aufteilung ihrer Einflußzonen im Mittelmeerraum holten. Nicht nur der Osten, auch der christliche Westen hat Byzanz das Wasser abgegraben. Nicht die Muslime, sondern die Franken erobern zum ersten Male das »Zweite Rom«.

Denn längst gibt es die eine Christenheit nicht mehr. Im letzten Jahrhundert von Byzanz kommt es zu einer neuen geistigen Blüte; zahlreiche Gelehrte, Philologen und Astronomen sitzen jetzt auf dem Patriarchenthron wie zuletzt Bessarion aus Trapezunt (der später als Katholik in Italien sterben sollte), doch nicht mehr Konstantinopel ist das Zentrum der Hochkultur. In der peloponnesischen Exklave Morea betreiben die Intellektuellen um Gemistos Plethon eine neuplatonische Philosophie aus dem Geiste des spätantiken Heidentums und einer synkretistischen Universalreligion, die Orthodoxie, Katholizismus und Islam auf höherer Ebene versöhnen sollte. Die intellektuelle Elite orientiert sich bereits nach Westen – und tritt »unionistisch« für eine Wiedervereinigung mit dem weströmischen Papst ein.

Die Volkskirche jedoch ist aus dem Reich in die Klöster gewandert. Der heilige Berg Athos – und nicht mehr die Intellektuellen von Nikäa oder

Mistra – verkörpert nunmehr die Einheit der östlichen Christenheit, deren Mehrheit längst unter westlicher – oder auch toleranter osmanischer – Fremdherrschaft lebt. Die *Oikumene*, die das christliche Reich einst als Legitimationsfigur erfand, sollte auch das zweite Rom überleben. Das Ende – der Fall der Theodosiusmauer – kam ebenso dramatisch wie plötzlich. Als Verwaltungsstruktur konnte »Byzanz« durchaus auch im Osmanenreich teilweise überleben – als Christenheit hatte es längst in Südosteuropa und Rußland Fuß gefaßt. Mit dem Niedergang Konstantinopels und dem imperialen Aufstieg des christlichen Rußland verschiebt sich der Osten nach Norden.

Rußland: Autokratie und Orthodoxie [9]

Byzanz, das »Zweite Rom«, bestimmte aber nicht nur die Geschichte des östlichen, christlichen Mittelmeers, sondern auch die des Balkans: seit der Einwanderung der Slawen und Awaren Ende des 6. Jahrhunderts und ihrer Christianisierung, die von griechischen Mönchen vorgenommen wurde, bis hin zum russischen Reich, das im 10. Jahrhundert in die orthodoxe *Oikumene* aufgenommen worden war. Und nach dem Fall Konstantinopels im Jahr 1453 sollte Moskau nicht nur das orthodoxe, sondern auch das römische Erbe weitertragen. Zu Beginn des 16. Jahrhunderts faßte der Mönch Philotheos von Pskow an Großfürst Vasilij diese *translatio imperii* folgendermaßen zusammen: »Höre und erinnere Dich, frommster Zar, daß alle christlichen Königreiche in Deinem Königreich vereint sind, daß zwei Rom gefallen sind, daß aber das dritte Rom Bestand hat.«

Der im Mittelmeer entstandene ideologisch-politische Ost-West-Gegensatz zwischen der allgewaltigen Monokratie oströmischer Kaiser und der durch einen Papst geistlich beschränkten Souveränität christlicher Herrscher des lateinischen Westens verlagert bzw. erweitert sich im 16. Jahrhundert auch auf Nordeuropa: »Der Schauplatz der welthistorischen geistigen Auseinandersetzung hat sich vom Breitengrad von Konstantinopel auf den Breitengrad von Moskau und ganz gleichzeitig vom Breitengrad von Rom zum Breitengrad von London und Amsterdam verschoben.« [10] Seit dieser »welthistorischen Wende des 15. und 16. Jahrhunderts« sollte dann das russische Zarentum über seinen ideologischen Staatsapparat – das neugegründete Moskauer Patriarchat –

auch das geistliche Monopol an römischer Kontinuität für sich rekla-
mieren, nach außen wie nach innen. Von nun an verteidigt Moskau als
das Dritte Rom nicht allein den imperialen großrussischen Hegemo-
nialanspruch des Zarentums, sondern auch die ideologische Gewalt
des Souveräns in allen geistlichen Belangen.

Doch der Rom/Byzanz/Moskau-Mythos sollte nicht allein von
mönchischen Panegyrikern zur Rechtfertigung der russischen Supre-
matie und des ideologischen Primats der zaristischen Selbstherrschaft
herangezogen werden. Wie ein Leitmotiv wiederholt sich auch in
Voltaires Briefen an Kaiserin Katharina während ihres Türkenfeld-
zugs (1768–1774) der Wunsch des Philosophen, Katharina möge
Istanbul zurückerobern und in Konstantinopel den Kaiserthron be-
steigen, auf »daß die Stadt des Bösewichts Konstantin, der so spät
getauft wurde, ihre Pforten [öffne]« und wieder in christliche Hände
falle. Sogar seinen Haß auf das päpstliche Regiment ist Voltaire bereit, zu diesem Zwecke hintanzustellen. Sei doch »der Ganganelli,
der heute regiert [d. i. Papst Clemens XIV.], ein Mann von Geist, der
offensichtlich spürt, wie abscheulich es ist, die Stadt Konstantins den
Barbaren zu überlassen, den Feinden aller Künste, und daß man die
Griechen den Muselmanen vorziehen muß, auch wenn sie Schismati-
ker sind«.[11]

Die gemeinsame antitürkische Frontstellung von Ostrom und Westrom bzw. vom Zar und den katholischen Souveränen des Westens war
in der Regel allerdings eher Rhetorik als Realität. Wie ja nicht zuletzt
die antikatholischen Invektiven Voltaires belegen (und wie Katharinas
Ironie unterstreicht[12]), ist die propagandistische Invokation der gemeinsamen Christenheit im Osten wie im Westen nicht nur nach außen (wider den Islam) gerichtet. »Eure Majestät haben zwei große
Feinde, den Papst und den Padischah der Türken« (Voltaire, September 1769). Es ging nach innen, d. h. im Lager der christlichen Mächte
selbst, vornehmlich darum, die eigene politische Theologie durchzusetzen.

Die Anerkennung des päpstlichen Primats z. B., auf die sich im Zeichen
des Niedergangs des byzantinischen Reiches und in der (vergeblichen)
Hoffnung auf eine gemeinsame christliche Schutzmacht wider die os-
manische Eroberung die orthodoxen Bischöfe mit der weströmischen
Kirche auf dem Konzil von Ferrara/Florenz im Jahre 1439 verständigt
hatten – also kurz vor dem Fall von Konstantinopel –, war zunächst

auch vom Moskauer Patriarchen mitgetragen worden. Nach Moskau zurückgekehrt, wurde dieser jedoch sofort abgesetzt. Da es nämlich in der Ostkirche niemals einen Dualismus von Kaiser und Papst, einen »Investiturstreit« zwischen dem weltlichen und geistlichen Schwerte gab, lief im russischen Reich die Lehre von der »Symphonie« zwischen Kirche und Staat zunehmend auf eine modernisierte Version des byzantinischen »Cäsaropapismus« hinaus – also auf jene Vorherrschaft des weltlichen Souveräns auch über die geistliche Hierarchie, die im 4. Jahrhundert Eusebius von Cäsarea in der *Vita Constantini* theoretisiert hatte.[13] Der Kaiser vereine die rechtgläubige (*ortho-doxe*) Christenheit, da er »gewissermaßen als Botschafter des göttlichen Wortes die ganze Menschheit zur Erkenntnis des Guten aufruft, indem er allen Menschen dieser Erde mit lauter Stimme die Gesetze der wahren Frömmigkeit zu Gehör bringt« (Eusebius). Als Vollender dieser Orthodoxie von des Cäsars Gnaden erscheint paradoxerweise der große Modernisierer Rußlands. Zar Peter schaffte 1721 das Patriarchat ab und unterstellte statt dessen – nach dem Vorbild der lutherischen Landeskirchen in Nordeuropa – die kollektive Leitung des »Heiligsten Dirigierenden Synod« einem staatlichen Oberprokurator als dem »Auge des Zaren«. Die Modernisierung Rußlands führte so zu einer »Pseudomorphose« (Oswald Spengler) autoritärer Macht, ohne geistigen Pluralismus, ohne autonome Denkformen für Philosophie, Politik, Ökonomie, zivile Gesellschaft, wie sie doch im mittelalterlichen Westen im Schoße der kirchlichen Scholastik herangewachsen waren.

Diese Ablehnung der »absurden These von zwei Gewalten« (Katharina II.) – der Trennung der geistlichen von der weltlichen Macht – sollte eine Konstante aller autoritären Modernisierer Rußlands bleiben: Die große Katharina ließ z. B. den Bischof von Rostow Arsenij Mazejowitsch durch den Heiligen Synod absetzen, weil er die völlige Unterordnung der geistlichen Hierarchie unter die Autokratie abgelehnt hatte. Und der »Priester Ihres Tempels« Voltaire pflichtete der Kaiserin in den allerhöchsten Tönen bei. Der »Eremit von Ferney« verfaßte sogar unter dem Pseudonym eines orthodoxen Priesters den »Hirtenbrief des Alexis«: ein Pamphlet wider die Theorie von den zwei Gewalten. Das ideologische Monopol der aufgeklärten Autokratie erschien Voltaire als beste Garantie für die religiöse Toleranz. Und zu dieser hatte sich ja Katharina in ihrer Instruktion für das neue Gesetzeswerk bekannt: »In einem Reich, das seine Herrschaft über so viele verschiedene

Völker erstreckt, wie es verschiedene Glaubenslehren unter den Menschen gibt, wäre Intoleranz zwischen den Religionen für die Ruhe und das Wohlergehen der Bürger am schädlichsten.«[14]

Kalter Krieg: Ostrom und Westrom

Im darauffolgenden Jahrhundert freilich fällt für den russischen Geschichtsphilosophen Peter Tschaadajew die Bilanz der Autokratie ganz anders aus. Seine These vom zivilisatorischen Gefälle zwischen dem katholischen Europa und dem orthodoxen Rußland, die Tschaadajew in seinen »Philosophischen Briefen« (1838) entfaltet, ist auch das Produkt seiner Enttäuschung über das Scheitern des Dekabristenaufstands konstitutionalistischer Offiziere in den zwanziger Jahren. Im Gegensatz zum aus dem weströmischen Christentum entstandenen »großen Tempel der Zivilisation« sieht Tschaadajew das »elende, von diesen Völkern tief verachtete Byzanz« als die Wurzel russischer Unfreiheit an: »Das geistliche Prinzip, das bei uns stets dem weltlichen unterworfen blieb, stellte sich [im byzantinischen Modell] nie an die Spitze der Gesellschaft«; die »absolute Universalität« des Christentums blieb im zaristischen Rußland der weltlichen Macht untergeordnet; und *ergo*, so beklagt der Hegel- und Schelling-Verehrer Tschaadajew, entwickelte sich die »geoffenbarte Idee« im Dritten Rom nie zum Reich des autonomen Geistes.[15]

Rußlands Christenheit hat gewiß noch eine andere, weltabgewandte, spirituelle Seite, die vor allem aus dem österlichen Mysterium und neben den Ikonen in den Gesängen der Liturgie lebt. Es ist die Seele der Volksfrömmigkeit und der Geist der Klöster; sie bestimmt auch das kulturell ärmliche Leben des niederen, »weißen«, zumeist verheirateten, aber auf die Widersprüche der Moderne hoffnungslos unvorbereiteten Klerus. Die russische Orthodoxie verfügt schließlich kaum über eigene Ausbildungsinstitutionen. So steht die Ostkirche in der Tat dem Urchristentum weitaus näher als der Westen und ist damit auch eschatologischer eingestellt; doch sie kennt eben darum keine rationalisierte Theologie und keine autonome Philosophie, keine christliche Soziallehre, keine Kritik der Herrschaft – eine Sphäre, die weiter den politischen Leidenschaften der Mächtigen überlassen blieb. Ob es sich also um das asketisch-mystische Mönchstum der »reinen Innerlichkeit«

oder die offizielle byzantinisch-kaiserliche *Oikumene* und später die nationalen orthodoxen Volks- oder Staatskirchen handelte, die politische und säkulare Welt der Ostkirche bleibt von der orthodoxen Frömmigkeit weitgehend unberührt. Sie wird durch die »innerliche« Dimension des Glaubens nicht »revolutioniert« (Tschaadajew), nicht »durchgebildet« (Hegel) oder gar »rationalisiert« (Weber).

Der wesentliche theologische Unterschied zwischen den Ost- und Westkirchen liegt dabei wohl in der ungeheuren und konfliktträchtigen Bedeutung, die das Denken des hl. Augustinus für die westliche Christenheit gespielt hat. Im christlichen Ostrom ist der durch Augustinus' Gnadenlehre eingeleitete Bruch mit dem spätantiken, neuplatonischen Denken, mit der Vorstellung vom durch den göttlichen Logos »beseelten« Kosmos, nie oder jedenfalls nicht mit derselben Radikalität vollzogen worden wie im Westen. Es war daher weniger die Frage nach der Erbsünde – die Frage, ob und wie wir trotz Adams Fall »gerettet« werden können – und es waren auch weniger die Paulus-Briefe an die Römer und Galater, die die Theologie der östlichen Christenheit bestimmen sollten. Es ist das unbegreifliche Mysterium der Inkarnation – daher auch die gewaltige Rolle der Jungfrau Maria als *Theotokos*, als Gottesgebärerin, in der orthodoxen Frömmigkeit; dann das österliche Mysterium der Auferstehung des Herrn – durch die der fleischgewordene Logos die gesamte Schöpfung mit sich zum göttlichen Ursprung emporhebt; und schließlich die »Erhebung« des Menschen zu Gott, dessen »Teil« (Gregor von Nazianz) doch seine unsterbliche Seele ist.

In diesem Sinne hatte schon der deutsche Protestant Hegel von der »Abstraktheit« des byzantinischen Christentums gesprochen: Statt einer christlichen »Durchbildung« des sozialen Handelns in der Welt kann im orthodoxen Osten »die christliche Religion abstrakt sein und als solche schwach [...], eben weil sie so rein und in sich geistig ist. Sie kann auch ganz von der Welt getrennt sein [...] Das byzantinische Reich ist ein großes Beispiel, wie die christliche Religion bei einem gebildeten Volke abstrakt bleiben kann, wenn nicht die ganze Organisation des Staates und der Gesetze nach dem Prinzipe derselben rekonstruiert wird.«[16] Und Peter Tschaadajew, der Geschichtsphilosoph und erste »Westler« Rußlands, vermißte in der Ostkirche die soziale oder humanistische Dimension des westlichen Christentums, das »alle menschlichen Interessen in seine eigenen Interessen verwandelte, überall das materielle Interesse durch das sittliche ersetzte und im Reich der Gedanken jene großen Streitigkeiten erregte, die ohne Beispiel in der Geschichte sind ...«[17]

Wie steht es heute um die russische Christenheit? Wo liegt – wenn es sie gibt – die Chance zur Erneuerung, zur Öffnung, zum »Aggiornamento«? Adolf Hampel und Thomas Ross, die in ihrem Buch »Gott in Rußland« diese bange Frage stellen, setzen ganz in der Tradition Peter Tschaadajews auf eine Verständigung zwischen dem römischen Katholizismus und den ökumenischen Intellektuellen am Rande der russischen Orthodoxie. Solche Hoffnungen auf eine Versöhnung von »östlicher«, weltabgewandter *Sophia* und »westlicher« Sozialverantwortung des Christentums werden gewiß nicht alleine im Vatikan gehegt. Es ist auch wenig verwunderlich, daß zahlreichen sozial gesinnten und freisinnig gläubigen Intellektuellen der so weitaus »zivilisiertere« Katholizismus geradezu als Verkörperung einer Öffnung zur Welt erscheinen muß. Der katholische Papst spricht gerne davon, Europa müsse nunmehr, nach dem Fall des eisernen Vorhangs, politisch und geistlich »wieder mit zwei Lungen atmen«. Der reformkommunistische »Westler« Gorbatschow antwortete ihm darauf übrigens: »Ein sehr treffendes Bild« (1. Dezember 1989). Doch solcherart ökumenische Hoffnungen auf christliches wie weltliches neues Denken brechen sich an den nachkommunistischen Realitäten: Insbesondere vergessen sie die alten kirchenpolitischen Ost-West-Konflikte, die gerade von der vatikanischen »neuesten Ostpolitik« unweigerlich erneut thematisiert – andere sagen: provoziert – werden.[18]

In der russisch-orthodoxen Hierarchie wirkt schließlich die Erinnerung an die gleichzeitig theologischen und machtpolitischen Konflikte mit dem römischen Westen bis heute nach. Dies sieht man besonders deutlich im Verhältnis zum polnischen und litauischen Katholizismus und zu den orthodox-»unierten« Christen, die den päpstlichen Primat anerkennen. Man denke an die (auf die Brester Union von 1595 zurückgehende) »griechisch-katholische«, unierte Kirche in der Ukraine, die unter Stalin zwangsrussifiziert und deren Priester ermordet oder in den Untergrund gedrängt wurden. Diese Unierten erfuhren natürlich nach dem Ende der Sowjetunion durch den ukrainischen Nationalismus einen gewaltigen Aufschwung und eroberten sich zahlreiche enteignete Gotteshäuser zurück. Soweit also der Papst auf die Stärkung dieser mit Rom unierten Kirche setzt, wird er *eo ipso* auch den traditionellen Abwehrreflex in der russischen Orthodoxie befördern müssen, und zwar nicht nur für die Ukraine, wo es neben der russisch-orthodoxen seit der staatlichen Unabhängigkeit noch eine autokephal-orthodoxe und natürlich nach Moskauer Auffassung »schismatische« Kirche gibt.

Denn in einem Territorium, wo nach eigener Auffassung »für die Glaubensverbreitung allein die russisch-orthodoxe Kirche die Verantwortung trägt« (so der Moskauer Patriarch Aleksi im Herbst 1991), kann allein schon die offene seelsorgerische Tätigkeit von katholischen Priestern als Affront und Proselitenmacherei – im Jargon: »Errichtung paralleler missionarischer Strukturen« – aufgefaßt werden. Ganz zu schweigen von der Einsetzung vatikanischer »Administratoren« ohne orthodoxen Segen, die quasi die Funktion von Bischöfen erfüllen, sowie der Durchführung von Seminaren und Diskussionsveranstaltungen zur katholischen Soziallehre.[19] Titularerzbischof Tadeusz Kondrusiewicz, der in Moskau residierende »apostolische Administrator für das europäische Rußland« des Vatikan und charakteristischerweise ein Pole,[20] beklagte sich im Sommer 1993 über die russischen Pläne zum neuen Religionsgesetz, das »ausländischen Predigern« und »Bekenntnissen, die ihre Zentrale im Ausland haben«, jede öffentliche Aktivität verbieten soll. Darunter nämlich – so die polnisch-römische Klage – würden nicht allein »echte« Ausländer wie die finanzstarken US-amerikanischen Missionare protestantischer »Sekten« fallen, sondern auch die katholische Kirche, deren Zentrale bekanntlich in Westrom liegt.[21]

Die Kirche Moskaus, des Dritten Rom, als geistliche Vollzugshelferin eines antirömischen und antiwestlichen russischen Nationalismus: So erscheint in den nachkommunistischen Wirren das offizielle Gesicht des russischen Christentums. Dem neuen Kulturschock der offenen Gesellschaft, aber auch raubkapitalistischer Barbarei ausgesetzt, könnten sich die Gläubigen in die Arme eines »patriotischen« russischen Neoimperialismus flüchten, in dem sich unter kirchlichem Segen die slawophilen Traditionen des letzten *fin de siècle* mit dem rassistischen Populismus eines Vladimir Schirinowskij am Ende des 20. Jahrhunderts verbünden, die Nachfolger der »Pamjat«-Faschisten und die »eurasische«, intellektuelle »Neue Rechte« mit den Seilschaften altstalinistischer Lobbies.[22]

Balkan: »Phyletismus«, Volkskrieg, Ethnokratie

Doch die Gefahr einer neuen, totalitären Rolle der Kirchen ist keineswegs auf die Länder der ehemaligen Union sozialistischer Sowjetrepubliken beschränkt. Sieht man von Polen, Tschechien, der Slowakei und Ungarn ab, also den Ländern des ehemaligen »Zwischeneuropa«, die nicht allein kultur- und sozialgeschichtlich, sondern heute auch geopolitisch eine eigene Kategorie bilden, dann haben sich in den meisten der ehemaligen Ostblockstaaten bisher keine »zivilen Gesellschaften« stabilisieren können. (So lautete bekanntlich vor 1989 der Sammelbegriff für das antitotalitäre Programm der meisten Oppositionsbewegungen.) Eine »Bürgergesellschaft« erfordert eben nicht nur soziale Interessen- und Verteidigungsorganisationen, sondern auch eine Institutionalisierung der politischen Konkurrenz, mit anderen Worten ein einigermaßen stabiles Parteiensystem, das alleine die Dialektik von Regierung und Opposition tragen kann. Ganz zu schweigen endlich von jener Dimension bürgerlicher Loyalität, die manchmal auch »Zivilreligion« genannt wird. Gemeint ist damit ein Kern unbefragter, ethisch-politischer Werte bürgerlichen Engagements, auf die sich nach klassisch republikanischer Auffassung von Machiavelli bis zur »Atlantischen Tradition« (John G. A. Pocock) ein freies Gemeinwesen stützen muß.[23] Der Kommunismus ist, obwohl er in der Sowjetunion als atheistische Staatsreligion fungierte, strukturell durchaus mit der politisch-theologischen Tradition des Ostens, mit dem Cäsaropapismus, verwandt gewesen: Die politische Kontrolle der »wissenschaftlichen Weltanschauung« durch einen obersten Synod der Staatspartei und das Verschwinden jeglicher Trennung zwischen den Sphären des Heiligen und des Profanen – diese Elemente byzantinischen Zarentums waren auch Charakteristika der kommunistischen »Ideokratien« selbst (wie der russische Religionsphilosoph Nikolai Berdjajew schon in den dreißiger Jahren die bolschewistische Herrschaft charakterisiert hatte). Als Weltanschauungsdiktaturen waren diese etwas anderes und weitaus mehr als bloße »politische Systeme«. Das monokratische Regime des Parteistaats der kommunistischen Orthodoxie hat im letzten halben Jahrhundert mit der gleichzeitigen Unterdrückung der zivilen wie religiösen Freiheiten selbst zur Vermengung von religiöser und politischer Sphäre beigetragen. Die orthodoxen Kirchen haben diesen Prozeß noch verstärkt, nicht nur als Kollaborateure, sondern auch in der Opposition.

Einerseits ordneten sich nämlich die Nationalkirchen, angefangen vom Moskauer Patriarchat im sowjetischen Rußland des Großen Vaterländischen Krieges bis hin zu seinen Satelliten im östlichen Teil Nachkriegseuropas, mehrheitlich der stalinistischen Autokratie gezwungen oder bereitwillig unter. Andererseits hat die Unterordnung aller Teilrepubliken, Satellitenstaaten und zwangsverbündeten Völker unter die russische Hegemonie aber auch unter den abhängigen Nationen (z. B. Litauen) oder unterdrückten Religionen (z. B. die »griechisch-katholischen« Unierten in der Ukraine) die Affinität zwischen Volksreligion und der kollektiven Selbstdefinition der Nation nur noch verstärken müssen. In der Religionssoziologie spricht man darum bereits von »religiös-nationalistischen Subkulturen« in den Peripherien des ehemaligen sowjetischen Imperiums.[24] So kann es wenig verwundern, daß mittlerweile als Ergebnis mehr oder weniger freier Wahlen in zahlreichen der exkommunistischen Länder (wenn wir alle exsowjetischen Republiken und Spaltprodukte mitzählen, vielleicht gar der Mehrheit) die ehemaligen Kommunisten als »sozialistische« oder »sozialdemokratische« oder nationalistische und populistische Parteien wieder an der Regierung oder im deutlichen Aufwind sind: Parteien, die heute vornehmlich als soziale Interessensachwalter der Bauern und kleinen Leute auftreten, vor allem aber als Verteidiger der Nation. Und auch als Beschützer der jeweiligen Nationalkirche.

Die politische Theologie Ostroms vermag uns also auch die Wurzeln der heute wieder mit Gewalt hervortretenden kulturellen Identitäten und Nationalitätenkonflikte der slawischen Welt verständlich zu machen. Für den »Religionspolitologen« gilt es dabei, den entscheidenden Unterschied zwischen der katholischen *Una Sancta* und den diversen nationalen Ostkirchen zu beachten: Er hat seine Wurzeln in der kirchlichen Spaltung des Römischen Reiches, anders gesagt darin, daß Byzanz und dann, nach dessen Fall, auch seine Nachfolgerin Moskau als »Drittes Rom« keinen Investiturstreit zwischen politischer Macht und *dictatus papae* erlebt hat. »Diesem vierhundertjährigen Konflikt schulden wir [westlichen Nationen] den Aufstieg der Bürgerfreiheit. Hätte nämlich [im 11. Jahrhundert] die katholische Kirche fortgefahren, die Throne des Königs abzustützen, oder aber: hätte ihr Kampf nach kurzer Zeit in einer totalen Niederlage geendet, so wäre ganz Europa unter das Joch eines byzantinischen oder moskowitischen Despotismus gefallen«.[25]

Die von Konstantinopel aus missionierten slawischen Nationen, die erst mit ihrer Christianisierung selbständig (später auch kirchlich »autokephal«: mit eignem Oberhaupte) geworden waren, hatten auch das Legitimitätsmuster von Byzanz übernommen: ein Cäsar – ein Patriarch – ein Volk. Sie zersetzten also den Universalismus »Roms«, ohne gleichzeitig mit der weströmischen »päpstlichen Revolution« Gregors VII., das heißt dem Investiturstreit zwischen Kaiser und Papst, den »protomodernen« Rationalisierungsschub einer Ausdifferenzierung zwischen Kirche und Staat, Recht und Souverän, ziviler und merkantiler Stadtgesellschaft und geistlicher wie weltlicher *potestas* durchzumachen, der, lange vor der Reformation, die Grundlagen der westlichen Moderne legte. »Phyletismus« lautet der kirchenhistorische Ausdruck für dieses nationalistische oder »Stammesdenken« in der Kirche, das nach dem Untergang des Kommunismus im orthodox-christlichen Europa wieder um sich greift.

Die mit jeder neuen Grenzziehung im ehemaligen Ostblock wiederoder neu entstehenden »schismatischen« Nationalkirchen – oder aber umgekehrt: die wider bestehende Grenzen agierenden, implizit expansionistischen Bestrebungen von Vertretern der serbischen oder griechischen Orthodoxie – zeigen, daß diese »phyletistische« Gefahr einer völkischen Militanz kirchlicher Gemeinschaften und Würdenträger nicht mehr als bloße Randerscheinung abgetan werden kann. Immerhin sind auf dem Balkan die orthodoxen Kirchen von Beginn an in den Prozeß der Nationenbildung und der Volksbefreiungskriege mit all ihren Praktiken »ethnischer Säuberung«[26] verwickelt gewesen: Die serbischen, griechischen und bulgarischen nationalistischen Propagandazentren, die in den letzten Jahrzehnten des 19. Jahrhunderts praktisch die um die ethnische Aufteilung Mazedoniens geführten Balkankriege der Jahre 1912 und 1913 vorbereitet haben, wurden von den Nationalkirchen getragen, »die unter der christlichen Bevölkerung im Osmanischen Reich die jeweilige nationale Gesinnung verbreiten sollten«.[27]

Gewiß, die Greueltaten der letzten Jahre im ehemaligen Jugoslawien fanden auf allen Seiten statt; und die Erinnerung an den Terror der katholischen Ustascha-Milizen des faschistischen Kroatien während des Zweiten Weltkriegs wider orthodoxe Serben ist nicht verblaßt. Gleichwohl hat vor allem das Belgrader serbisch-orthodoxe Patriarchat zum serbischen Volkskrieg gegen die europäische muslimische Nation der Bosniaken viel zu lange geschwiegen, es hat sogar die Einladung zu einem ökumenischen Friedensgebet in Assisi zurückgehen lassen. Im Falle der ehemaligen jugoslawischen Teilrepublik Makedonien, dem nächsten potentiellen Kriegsschauplatz, agitiert der griechisch-orthodoxe Erzbischof von Saloniki wider die internationale Anerkennung des Nachbarlandes – und bringt damit das prekäre Gleichgewicht dieses »letzten intakten multi-ethnischen Staates auf dem Balkan« (George Soros) in Gefahr.[28]

Polen: Das Scheitern der ecclesia triumphans

Im Gegensatz zur nationalistischen Selbstbehauptung orthodoxer Kirchenmänner hat sich der polnische Papst auf seinen jüngsten Pilgerreisen ins Heimatland und dessen kirchen- wie geopolitisch komplizierte Umgebung eben nicht für die nationale, sondern für die moralische Intransigenz entschieden. So wetterte Karol Wojtyla zwar im August 1991 (und seitdem ohne Unterlaß) gegen Abtreibung, moralischen Relativismus und westliches Konsumdenken; er versuchte aber im national-religiösen Konflikt zwischen der westukrainischen, »griechisch-katholischen« (d. h. mit Rom unierten und jahrzehntelang sowohl von der russisch-orthodoxen wie der polnisch-katholischen Hierarchie unterdrückten) Minderheit und der katholisch-nationalistischen Mehrheit zu vermitteln, bislang wohl ohne großen Erfolg.

Weitaus eher an solchen Konflikten zwischen verfeindeten »religiös-nationalistischen Subkulturen« denn an theologischen Fragen scheiterte bereits Ende 1991 die vom Vatikan einberufene europäische Bischofskonferenz, als die Mehrzahl der orthodoxen Bischöfe die Einladung des weströmischen Papstes zurückwies, mit einer Gastdelegation an den Beratungen teilzunehmen. Denn die Vorstellung des einen »christlichen Europa« muß unweigerlich auch die Konflikte zwischen seinen verschiedenen Versionen bzw. den Christenheiten in Europa wieder zum Leben erwecken.[29] Und so war es nicht allein aus christlicher Nächstenliebe geboten, sondern auch aus kirchendiplomatischen Motiven wichtig, daß der Pole Wojtyla im September 1993 auf seiner jüngsten Reise ins Baltikum permanent auf die Rechte der dortigen russischen, zugleich ethnischen und religiösen Minderheiten hingewiesen hat – ganz wider den antirussischen Trend der dortigen nationalen und religiösen (katholischen bzw. protestantischen) Mehrheiten.

Im Unterschied zum »autokephalen« Staatsgehorsam der orthodoxen Tradition bleibt der römische Katholizismus eben nicht primär an die Nation gebunden. Weil er universal ist und heute eben z. T. auch intransigenter, integristischer oder (*cum grano salis*) »fundamentalistischer« in Sittenlehre und Moralfragen auftritt, weil er eine *ecclesia militans*, eine kämpfende Kirche, aber keine Nationalbewegung ist, wird er zugleich von den Säkularisierungstendenzen der jetzt im Ostblock neu entstehenden Markt- und Ellenbogengesellschaften weitaus stärker bedroht als die »autokephalen« Patriarchen und nationalistischen Wendehälse.

Die wichtigste Ausnahme heißt Polen: Ein mehrheitlich katholisches Land, das wie Irland Jahrhunderte nichtkatholischer Fremdherrschaft erlebte und in dem die katholisch-romantische »Zivilreligion« einer Nation ohne Staat bis in den antitotalitären Widerstand von »Solidarność« wirksam war.[30] Doch diese und die litauische Ausnahme bestätigen nur die weströmische Regel. Die Gleichung »polnisch gleich katholisch«, auf die der Episkopat Polens nicht zuletzt in den nachkommunistischen, innenpolitischen Auseinandersetzungen solchen Wert legte, bleibt, vom Westen der Christenheit her gesehen, ein Paradox: Die Form der Staats- oder Nationalkirche nämlich verweist auf den orthodoxen Osten oder lutherischen Norden Europas. Die Katholizität aber richtet sich an Rom und die Welt, segnet *urbi et orbi*. Der Horizont der katholischen Kirche – und die katholische Botschaft in den Nationalitätenkriegen des ehemaligen Ostroms – ist nicht die Nation. Im *design* des Papstes heißt Katholizität »Neue Evangelisierung Europas«. Deren Gelingen wäre der geistliche Sieg Westroms über Byzanz.[31] Die polnisch-katholische Hierarchie ist dabei bislang jedoch eher ein Hindernis gewesen.

»Die ideale Situation für die Kirche in Polen war der Kommunismus«, so erklärte im September 1993 der Wahlsieger, der Exkommunist und Anführer des Linksbündnisses Alexander Kwasniewski, einem italienischen katholischen Journal das Wahldebakel der katholisch-vaterländischen Koalition (die mit 6,4 % der abgegebenen Stimmen die für den Einzug eines Wahlbündnisses ins Parlament erforderlichen 8 % nicht erreichte): »Unter dem Kommunismus nämlich repräsentierte die katholische Kirche eine Alternative zum totalitären System, konnte auf soziale Unterstützung und den Zuspruch eines Teils der Intellektuellen rechnen und stellte einen wichtigen Bestandteil der politischen Auseinandersetzung und einen zentralen Gesprächspartner für den Staat dar. Heute zeigt sich, daß die Kirche nicht begriffen hat, daß mit 1989 sehr viel tiefgreifendere Wandlungen eingesetzt haben. Der freie Markt [...] setzt die Menschen in Bewegung. Und Demokratie bedeutet auch, sich ohne die Vermittlung der Kirche ein eigenes Urteil bilden zu können.«[32] Die Kirche, die unter dem Kommunismus die einzige Institution war, die das Terrain sozialer Kommunikation »besetzt« hatte, wird im Postkommunismus zur klerikalen Partei, wenn sie ihre eigenen moralischen Normen zum positiven staatlichen Gesetz erheben will. Ebendies hat die katholische Hierarchie in Polen versucht – statt der Verkündigung der frohen Botschaft und zum Schaden des politischen Katholizismus: Sie hat aus dessen Kinderkrankheiten im vorigen Jahrhundert nicht lernen wollen. So hat sie nicht nur innerhalb der Bevölkerung den (für andere katholische Länder längst klassischen) Antiklerikalismus des 19. Jahrhunderts provoziert. Sie hat auch entscheidend mit dazu beigetragen, daß das moralische Kapital der gleichzeitig (»zivil«-)religiösen, politischen (antitotalitären) und sozialen Bewegung »Solidarność« innerhalb weniger Jahre parteipolitisch verspielt worden ist.

Dabei ließ der polnische Episkopat sogar die Lehrschreiben des Papstes links liegen. Wie mir zu meiner großen Überraschung der ehemalige »Solidarność«-Seelsorger und Philosophieprofessor Józef Tischner mitteilte, wurden aber gerade im katholischen Polen die päpstlichen Sozialenzykliken wie »Centesimus annus« vom offiziellen Katholizismus überhaupt nicht zur Kenntnis genommen – ganz im Gegensatz übrigens zu den protestantischen USA.[33] In einer Neubelebung der katholischen Soziallehre, d. h. im Eintreten für eine weder liberalkapitalistische noch staatssozialistische Sozialordnung, hätten nämlich katholische Priester und Laien durchaus eine wichtige öffentliche Debatte zum Verhältnis von Freiheit und Gerechtigkeit in der nachkommunistischen Gesellschaft initiieren können. Statt aber mit einer parteiunabhängigen Debatte über sozialethische Orientierungen zur Entstehung einer sozialpolitisch kompetenten zivilen Öffentlichkeit beizutragen, hat die katholische Kirche versucht, das Privatleben zu reglementieren: also konfessionelle Werte, moralische Einstellungen und Handlungsmaximen (v. a. zur Sexualität und Geburtenkontrolle) zu staatlichen Verfassungs- oder Gesetzesnormen zu machen.[34]

Ausgerechnet zu einem Zeitpunkt, zu dem im westlichen Europa die christlichen oder katholischen Volksparteien entweder vom Verschwinden bedroht sind (wie z. B. die Democrazia Cristiana in Italien) oder aber ihren religiösen Milieucharakter längst abgelegt haben (wie z. B. die deutsche CDU)[35], versuchte ein lautstarker Teil des polnischen Episkopats, sich durch Stützung »katholischer« Parteien einen weltlichen »Transmissionsriemen« zu verschaffen. Das polnische Wahlergebnis vom September 1993, das die beiden Ex-Nomenklatura-Parteien (Bund der demokratischen Linken mit 20 % und die Bauernpartei mit 15 % der Stimmen) als Sieger und die liberalen Katholiken der Demokratischen Union (10 %) als relative Verlierer sah, während die Koalition nationalistisch-klerikaler Rechtsparteien mit 7,1 % an der 8 %-Hürde scheiterte, konnte somit auch als Quittung für die Sünden der Kirche, für ihren Triumphalismus und ihre fehlende Bescheidenheit angesehen werden.

Häresie und Katholizität

Die Trennung dessen, was Cäsars, von dem, was Gottes ist – der irdischen von der *civitas Dei* – verbietet aber nicht nur jede nationale oder sozialpolitische Heilslehre, sondern auch die administrative Durchsetzung kirchlicher Moralauffassungen. »Nur dort, wo in irgendeiner Form der Dualismus von Kirche und Staat, von sakraler und politischer Instanz erhalten wird, besteht die Grundbedingung der Freiheit. Wo die Kirche selbst zum Staat wird, geht die Freiheit verloren«, schrieb Kardinal Ratzinger, Hüter der dogmatischen Trennschärfe im römischen Katholizismus.[36] Auch die Botschaft seines Papstes richtet sich gar nicht primär an Parteien, Staaten oder politische Körperschaften, sondern an den einzelnen. Zuletzt schrieb er gar einen Brief an die Familien.

Eine »eusebianische« Auffassung, die dem politischen Souverän eine Übermacht gegenüber der Kirche einräumte, ist Wojtyla und seinem Chefberater Ratzinger schließlich mindestens ebenso fremd wie ein »Gelasianismus« des Vorrangs vom geistlichen vor dem weltlichen Schwerte. Die aktuellen Gefahren eines katholischen Integrismus (ich würde ihn nicht »Fundamentalismus« nennen[37]) liegen daher auch ganz woanders als dort, wo sie die antiklerikale Vulgata vermutet: Sie entspringen nicht dem partikularistischen Geist verbohrter Pfaffen, sondern dem Universalismus der römischen Kirche selbst. Sie liegen in der Natur ihres umfassenden Auftrags, die an alle Menschen guten Willens gerichtete Heilsbotschaft zu verkünden. Ein solcher Anspruch auf Universalität (und das heißt schließlich: »katholisch«) kann sich in der Tat nur schwer mit einem Pluralismus der Religionen und Weltanschauungen in der modernen Gesellschaft verständigen. Er wird bereits die konfessionelle Vielfalt der Christenheit nur als vorläufige, defiziente und zu überwindende, institutionelle Form von »Gottes Volk auf dem Wege« (1. Petrus 2,9–10) anerkennen wollen.

Der Philosoph Ernst Tugendhat hat darauf aufmerksam gemacht, daß der Grundkonflikt in der heutigen Gesellschaft nicht »zwischen demjenigen, der sich moralisch verstehen will, und demjenigen, der sich nicht so verstehen will«, verläuft, sondern eher im Konflikt ganz verschiedener Moralkonzeptionen selbst besteht.[38] Dieselbe Situation bringt es nun zugleich mit sich, daß auch die religiöse Tradition der jeweils eigenen Religionsgemeinschaft für den einzelnen zur bloßen Option wird. Wie es nämlich in einer sittlich pluralistischen Gesellschaft nicht nur die Alternative zwischen moralischem und unmoralischem Handeln gibt, so gibt es in einer weltanschaulich pluralistischen Gesellschaft noch andere Optionen als die zwischen (dem einen) Glauben und Unglauben. Die Glaubens- und Gewissensfreiheit des Christenmenschen sieht sich heute nicht mehr nur mit den »einfachen« Fragen von Glauben und Zweifel konfrontiert – oder den Entscheidungen, zu sündigen oder nicht zu sündigen, auf die es dann freilich häufig recht komplizierte kasuistische Antworten gab. Das christliche Selbst steht in der heutigen Gesellschaft einer Vielfalt von Begegnungsmöglichkeiten mit der Transzendenz gegenüber: einem Supermarkt inner- wie außerweltlicher Heilsangebote. Von der transpersonalen Psychiatrie über den Esoterikmarkt und der atemtherapeutischen Begegnung mit kosmischen Schwingungen bis hin zu Zungenrednern wie Eugen Drewermann.

»Für den prämodernen Menschen«, schreibt der Soziologe Peter L. Berger zur (Psycho-)Logik der Glaubensentscheidung heute, »stellt die Häresie eine Möglichkeit dar, für gewöhnlich allerdings eine fernab gelegene; für den modernen Menschen wird Häresie typischerweise zur Notwendigkeit.«[39] Aus dieser allgemein gewordenen häretischen Situation der religiösen Erfahrung in der modernen Welt – der Ausdruck »Häresie« bedeutet ja nichts anderes als (Aus-)Wahl – folgt nun eine existentielle Ungewißheit des Gläubigen: Woher will ich gewiß sein, daß mein Therapieangebot, meine Religionsgemeinschaft, meine Interpretation der Heiligen Schrift die einzig richtige ist? Kann ich eine Gotteserfahrung, die nur Ergebnis meiner *Hairesis*, meiner Wahl oder Konsumentenpräferenz wäre, als Begegnung mit dem Absoluten ernstnehmen? Das allgemeine Problem des Zweifels im Glauben betrifft, wenn nicht alle, so doch die meisten Formen christlichen Bekenntnisses. Jedenfalls seit den »Bekenntnissen« des heiligen Augustinus. Die katholische Kirche hat aber den Auftrag des Religionsgründers »Gehet hin in alle Welt« stets auch als Auftrag einer Vereinigung des Christenvolkes verstanden – unter verschiedenen, sich teils widersprechenden, teils »dialektisch« ergänzenden Metaphern: als *communio*, als *unio mystica*, als *societas perfecta*, als *populus Dei*. Da ich Leserin und Leser hier aber nicht mit Kirchengeschichte und Konzilsakten langweilen will, nehme ich eine der letzten lehramtlichen Äußerungen, aus der Sozialenzyklika »Centesimus annus«, verkündet zum hundertsten Jahre der offiziellen Geburt der katholischen Soziallehre mit Leos XIII. Enzyklika »Rerum novarum«.[40] Johannes Paul beschäftigt sich darin u. a. mit den Konsequenzen des Zusammenbruchs der kommunistischen Herrschaft für den Heilsauftrag seiner Kirche.

»Das Jahr 1989« ist für den polnischen Papst nämlich weit mehr als das Ende des kalten Krieges. Es ist sowohl ein heilsgeschichtliches Zeichen als auch ein Fingerzeig Gottes für die Art und Weise, wie die Kirche als Verkünderin des Reiches Gottes, »das in der Welt gegenwärtig ist, ohne von der Welt zu sein« (CA, N. 25), sich in Zukunft verhalten und bewegen soll. Denn die Kirche solle sich jetzt als »Bewegung« (*motus*) begreifen – so der Papst am 1. Mai 1991 auf dem Petersplatz: Hatte die *Una Sancta* mit »Rerum novarum« im Jahre 1891 den *status civitatis* in der Industriegesellschaft erhalten (CA, N. 5: »gleichsam das Statut des Bürgerrechtes in der wechselvollen Wirklichkeit des öffentlichen Lebens der Menschen und Staaten«), so soll sie jetzt »zu einer Großbewegung für die menschliche Person und zum Schutz ihrer Würde« werden (*magnum motum prop humana persona tuenda eiusque dignitate*, N. 3). Dabei gibt der »Einsatz der Kirche für die Verteidigung und Förderung der Menschenrechte« (*Ecclesiae officium in tutandis adiuvandisque hominis iuribus*, N. 22) in den Ländern des ehemaligen Ostblocks und die dort entstandenen »neuen Formen der Demokratie« gewissermaßen das Erfolgsmodell ab. Der gewaltlose Kampf der Bürgerbewegungen biete »ein Beispiel für den Erfolg des Verhandlungswillens und des evangelischen Geistes gegenüber einem Gegner, der entschlossen war, sich nicht von sittlichen Normen eingrenzen zu lassen«. Er sei eine regelrechte Widerlegung gewissenloser Realpolitik; ja, dieser Kampf »ist in gewissem Sinne aus dem Gebet entstanden« (CA, N. 25).

Das politische *officium* der Kirche als Großbewegung, deren Macht im Gebete wurzelt: So sieht Papst Wojtyla »eine authentische Theologie der umfassenden menschlichen Befreiung« (CA, N. 26: im Gegensatz natürlich zur lateinamerikanischen politischen Theologie der Befreiung). Doch das »Modell Solidarność« ist in Europa längst fragwürdiger geworden als die Befreiungstheologie in Lateinamerika. Denn derzeit gibt es in Polen wohl kaum erbittertere politische Gegner als gerade die aus »Solidarność« hervorgegangenen Parteien. Die durch Kirche und »Solidarność« (mit-)bewirkte Überwindung des Kommunismus hat keineswegs zur Festigung der Einheit der katholischen Kirche in Polen geführt, sondern – wie in westeuropäischen Ländern auch – zu einem weiteren Auseinanderdriften von Religiosität und kirchlicher Institution.

Die polnische Soziologin Miroslawa Grabowska hat für ihr Heimatland von einer »polymorph« gewordenen Religiosität gesprochen; und der ehemalige »Solidarność«-Seelsorger, Philosoph und Pater Tischner unterscheidet am polnischen Beispiel drei Hauptmuster nachtotalitärer Christenheit: erstens einen neomanichäischen Weg mit seiner »Hermeneutik des universellen Verdachts«; zweitens eine (national-)politische Theologie der »Vergesellschaftung des Glaubens«, die die Religion in den Dienst der Durchsetzung »christlicher Werte« in der Politik stellen will, den Gläubigen also zum Aktivisten macht; und drittens eine »evangelische« *retour aux sources*, eine Rückkehr zu den Quellen des Glaubens auf dem Wege der persönlichen Glaubenserfahrung, der authentischen Gemeindebildung jenseits »katholischer« Politik oder kirchenamtlicher Verkündigung.[41] Man findet somit im konfessionell fast vollständig katholischen Polen – und übrigens auch in Litauen[42] – zunehmend ähnliche Alternativen innerhalb des christlichen Selbstverständnisses, wie wir sie auch in westlichen Gesellschaften feststellen können.

Modell Deutschland? Pluralismus im Katholizismus

Für die Entwicklung in Deutschland kommt Karl Gabriel in einer ausgezeichneten Untersuchung zum Ergebnis, daß sich die anfängliche, zugleich politische, religiöse und soziale Kompaktheit des katholisch gebundenen Milieus seit den sechziger Jahren im Auflösungsprozeß befindet.[43] Es gab ja in den fünfziger Jahren durchaus eine Art von »historischem Kompromiß« zwischen organisiertem Katholizismus und den Institutionen der bundesdeutschen Nachkriegsgesellschaft. Solange es gelang, die »funktionale Ausdifferenzierung« von Rationalitäts- und Handlungssphären der modernen Gesellschaft durch eine »segmentär differenzierte« und religiös integrierte Großgruppe gleichsam zu konterkarieren oder doch »subsidiär« zu kompensieren, so lange funktionierte auch der Kompromiß von Tradition und Moderne im deutschen Katholizismus. Er funktionierte im Rückblick sogar hervorragend; vielleicht am besten verkörpert im Zusammenspiel von kölschem Kanzler (Konrad Adenauer) und Kardinal (Josef Frings). Die ersten strukturellen Modernisierungen Westdeutschlands, der Übergang zur nachnationalsozialistischen Demokratie, zur sozialen Marktwirtschaft (oder zum »rheinischen« Kapitalismusmodell), zur Montanmitbestimmung usw. tragen auch ein katholisches Signet.

Der Katholizismus als »Sozialform der Christentumsgeschichte« (Karl Gabriel) war somit in Westdeutschland ein außerordentlich erfolgreiches »sozial-moralisches Milieu« (Rainer Lepsius) mit mehreren institutionellen Ausprägungen und organisierten, kollektiven Aktoren. Das katholische Zusammenspiel funktionierte so lange – von der überkonfessionellen, aber katholisch dominierten CDU bis zum Zentralkomitee der Deutschen Katholiken und der katholischen Bischofskonferenz –, wie Politik und Kirche *intra muros* unbefragt Ressourcen traditionaler Sittlichkeit und Folgebereitschaft der katholischen Gläubigen in Anspruch nehmen konnten. Kultur und Moral, Lebenssinn und Lebensgestaltung blieben, bis zum kulturellen Durchbruch zur Modernisierung auch der privaten Lebenssphären und Sinnrationalitäten in den sechziger Jahren, sozusagen aus dem Prozeß der sozialen Modernisierung ausgeklammert. Sie konnten daher von der Kirche und ihren Vorfeldorganisationen für inner- und außerweltliche Heilsangebote nach eigenen Kriterien verwaltet werden.

Allerdings vermochte der deutsche Katholizismus die Folgewirkungen des kulturellen Modernisierungsprozesses in den letzten drei Jahrzehnten immer weniger als bloße Außenprobleme des Saeculum abzufiltern. Mit den sechziger Jahren nämlich erfassen die Konsequenzen der soziokulturellen Moderne auch das religiöse Innenleben des katholischen Milieus. Ja, sie erhalten durch die hermeneutische Revolution oder »Umcodierung« (Gabriel) des Zweiten Vaticanum sogar für eine Zeitlang kirchenoffizielle Legitimität. Auch die katholische Religion wird nunmehr, wo sie nicht säkularer Gleichgültigkeit weicht, immer stärker individualisiert (erlebt); der Alltag verliert seine Einbindung in die rituell strukturierte Zeit des Kirchenjahres; existentielle Sinnrationalitäten im Glauben, Glaubenszweifel und Hoffen entkoppeln sich zunehmend von den institutionellen und »Weltanschauungs«-Vorgaben der kirchlichen Hierarchie und des Lehramts; auch die soziale Bedeutung der Nachfolge Christi und ihre politischen Implikationen lassen sich nicht mehr über einen kirchlichen oder verbandskatholischen Leisten scheren.

Die mögliche Zukunft der Kirche – und die genannten deutschen Entwicklungen finden durchaus Parallelen in anderen katholischen Ländern Westeuropas[44] – läßt sich vielmehr in mindestens drei alternative Szenarien fassen: erstens eine durchaus »neomanichäisch« eingestellte fundamentalistische Richtung, die Karl Gabriel in Anlehnung an den protestantischen Fundamentalismus der Evangelikalen den »katholikalen« Weg nennt; zweitens die basiskirchliche Erneuerung durch einen »alternativen Bewegungskatholizismus« mit häufig ökumenischer Ausrichtung; und drittens schließlich eine innere Pluralisierung des katholischen Selbstverständnisses selbst, einen pluriformen Katholizismus (Gabriel). Aber natürlich finden, wie ja auch die konkurrierenden Selbstverständnisse des polnischen Christentums nach der totalitären Situation (Tischner), alle drei Szenarien gleichzeitig und gegeneinander statt. Doch hier lag bereits ein fruchtbarer und, wie sich zeigt, unauflöslicher Widerspruch des Zweiten Vatikanischen Konzils: im Konflikt zwischen der hermeneutischen »Akkulturation« des Glaubens und der dogmatischen »Katholizität« der Kirche – ein Konflikt, der allerdings nicht mehr allein auf das Verhältnis zwischen Nationen, Kulturen und ihren Glaubensweisen bezogen werden kann. Der Streit der Interpretationen ist auch die »normale« Existenzform des Glaubens innerhalb einer modernen Gesellschaft, Nation und Kultur.

Die Gegenprobe: In Ländern, wo es nicht mehrere Glaubensbotschaften, Konfessionen und konkurrierende Religionen gibt, wie etwa in Polen oder Italien, setzen sich Konkurrenz und Konflikt innerhalb der einen Kirche durch. Die *eine* heilige, katholische und apostolische Kirche wird dann ihrerseits kulturell zum *Multi*versum, wiewohl sie sich als Institution monopolistischer Verwaltung des Zugangs zur und der Deutung von Transzendenz doch zugleich mit all ihrer Identität dagegen wehren muß. Vermutlich wird die Kirche erst mit und in diesem Konflikt wirklich in der Moderne anlangen können. Die Gestalt Jesu, der Seine Kirche dort begegnete, wäre in der Tat nicht mehr die des Pantokrators, welcher die Ökumene zum Imperium vereint: »Wenn Jesus als Mittelpunkt des Glaubens einen Platz im Europa von morgen haben soll, dann wird das nicht durch institutionelle Macht und etwaige Privilegien der Kirchen zustande kommen [...]. Jesus Christus wird dabei nicht mit Hilfe der Kirchen eine vereinigende Funktion übernehmen, sondern er wird sie scheiden und insofern auch anstiften zu neuem Tun.«[45]

Der Staretz Philotheos von Pskow aber hatte recht, als er um 1510 an Großfürst Wassilij III. schrieb, nach dem »Dritten Rom« Moskau werde es ein viertes Rom nicht mehr geben können. Die geistlichen Nachfolger Ostroms und Westroms (aber natürlich auch Wittenbergs und Genfs) müssen heute lernen, das Faktum des religiösen Pluralismus – den »amerikanischen« Supermarkt der Konfessionen, ebenso wie den »orientalischen« Basar der Traditionen – als Existenzform der Nachfolge Christi zu akzeptieren. Andernfalls würden sie wohl das Schicksal der Verteidiger Konstantinopels des Jahres 1453 teilen. Nicht alle »Wiederholungen« von Tragödien enden als Farce. Vor allem nicht auf der Balkanhalbinsel.

3. Katholizismus und Liberalismus

Römische Kirche und politische Moderne

> Wenn der Christ nicht frei ist, innerhalb der rein welt-
> lichen Ordnung nach seinem Gewissen und seiner Ver-
> nunft zu handeln, dann allerdings muß er in der reinen
> Theokratie, in der doppelten [geistlichen und weltlichen]
> Souveränität des römischen Pontifex eine göttliche Insti-
> tution erblicken. Dadurch aber würde die gesamte Tradi-
> tion auf den Kopf gestellt, die die Existenz von zwei
> Gewalten und von zwei getrennten Gesellschaften ver-
> kündet. Und das Ergebnis wäre, die Katholiken der be-
> ständigen Unterdrückung durch Menschen ohne Gott
> und ohne jeden Begriff von Recht und Gerechtigkeit zu
> überlassen – sie mögen nun Robespierre heißen oder [Zar]
> Nikolaus.
>
> Abbé Félicité Robert de Lamennais
> *(Brief an Benoit d'Azy, Nov. 1833)*

Was ist Katholizismus?

Am Anfang einer Erörterung des Verhältnisses von »Katholizismus«
und »Liberalismus« sollte eigentlich eine Definition der beiden Begriffe oder Entitäten stehen. Doch genau dies erweist sich, da beide
Namen ebenso für philosophische Thesen oder Theorien wie für historische Institutionen oder Bewegungen stehen, als außerordentlich
schwierig. Beginnen wir mit dem ersten Begriff: Was nämlich verstehen wir unter »dem« Katholizismus? Die Institution der katholischen
Kirche, ihre Hierarchie, ihr offizielles *magisterium*, oder gar nur die
Äußerungen des Stellvertreters Christi *ex cathedra*? Oder meinen wir
die Ideen, Einstellungen, normativen Ansprüche, die von einer Mehrheit von Katholiken in Sachen Gesellschaft und Staat vertreten werden?
Karol Wojtyla, der derzeitige Papst, also die höchste katholische Autorität, hat in seinen letzten Sozialenzykliken »Sollicitudo rei socialis«

(1987) und »Centesimus annus« (1991) den »liberalistischen Kapitalismus« ebenso als Verfehlung an der personalen Würde des Menschen verurteilt wie den kollektivistischen Kommunismus. Im neuen Weltkatechismus der katholischen Kirche hingegen, also der aktuellen verbindlichen Summa katholischer Glaubens- und Sittenlehre, kommt das Stichwort »Liberalismus« überhaupt nicht vor, ebensowenig wie sich dort übrigens irgendeine positive oder negative Äußerung zur »Demokratie« finden läßt.

Gleichzeitig wissen wir nun aber, daß in den westlichen Demokratien die Mehrheit der Katholiken die Prinzipien liberaler Meinungs-, Gewissens-, politischer und wirtschaftlicher Freiheit nicht mehr nur passiv hinnimmt oder *nolens volens* akzeptiert wie vielleicht noch zu Ende des vorigen Jahrhunderts, sondern für sie aktiv als Grundwerte eintritt, sie somit in die eigene Welt- und Gesellschaftsanschauung integriert hat. Das gilt insbesondere, aber keineswegs ausschließlich, für die Katholiken, die Wähler, Anhänger oder Mitglieder christlich-demokratischer Parteien sind. Hat aber dieser empirische Befund auch ein katholisches *fundamentum in re*, d. h. ist er in der katholischen Weltanschauung angelegt? Anders gefragt: Gibt es einen auch theologisch schlüssigen Weg von der katholischen Tradition, von jener »Kultureinheit« (Werner Sombart) des christlichen Europa also, auf die sich gerade der aktuelle Papst immer wieder als Inspiration für das Projekt seiner Re-Evangelisierung des alten Kontinents beruft,[1] zur liberalen und demokratischen Moderne?

Meine vorläufige Antwort (bevor ich mich dann auch dem zweiten Protagonisten, dem »Liberalismus« etwas genauer zuwende) lautet: »Ja – aber«[2]: Ja, es gibt solche theologischen Brücken – aber es gibt nicht einen einfachen Weg, sondern es gibt deren mindestens zwei, und zwar zwei einander konträre Wege von der katholischen Ordo zur modernen liberalen Demokratie. Doch dazu müssen wir uns zunächst den mittelalterlichen Ausgangspunkt beider Entwicklungen vergegenwärtigen. Ein Abriß der mittelalterlichen Kirchen-, Reichs- und Gesellschaftsgeschichte ist an dieser Stelle natürlich ebenso unmöglich wie ein Resümee der Entwicklung ihrer »ideologischen Apparate«: von Theologie und Philosophie bis zur Doktrin beider Rechte. Als Abkürzung und somit auch Verkürzung wähle ich vielmehr den konventionellen Weg eines Vergleichs. Ich vergleiche die geistliche und politische Ordnung des hohen Mittelalters mit einer Kathedrale. Natürlich mit einer gotischen Kathedrale.[3] Allerdings sollten wir uns heute vor einem romantischen Blick auf die aus Licht gewebten Architekturen der mittelalterlichen Gotik hüten. Ganz zu schweigen von Goethes »deutscher Baukunst«...

Die societas christiana als Kathedrale

Bekanntlich wurde die gotische Sakralbaukunst in ihrer idealtypischen theologischen Architektur im 12. Jahrhundert von Abt Suger von Saint Denis konzipiert und dann nach dieser Konzeption vor Ort, d. h. in der Klosterkirche von Saint Denis, erstmals realisiert. Diese beruhte übrigens im Wortsinne auf einer Fälschung.[4] Unsere metaphorische Kathedrale der *societas christiana*, die spezifische »mittelalterliche Synthese« (Talcott Parsons) zwischen Kirche und säkularer Gesellschaft, steht zwar für das Projekt einer kosmischen, moralischen, politischen Harmonie zwischen Gott, Kirche und Christenheit. Doch ist dieses Projekt selbst keineswegs das Produkt von Harmonie, sondern das Ergebnis eines erbitterten Machtkampfes zwischen Kirche und weltlichen Souveränen: der Papstrevolution des 11. Jahrhunderts.[5]

Gemeint ist der mit wahrhaft »moralischem Terror« errungene Sieg des »gregorianischen« Reformpapsttums im Kampf um die *libertas ecclesiae*, d. h. um die administrative wie moralische Kontrolle des Klerus durch die zentralisierte geistliche Monarchie Roms.[6] Zu den Voraussetzungen dieses Siegs der »päpstlichen Revolution« gehörte nicht nur die Kirchenreform – eine interne Reorganisation der Kirche als *societas* eigener Legitimität und Disziplin: nach dem Vorbild der mönchischen Gemeinschaft –, sondern auch der Ausbau ihrer geistlichen Interventionsfähigkeit in die weltliche Politik: zunächst mit der zisterziensischen Reform (und mit den Kreuzzügen) und später dann vor allem mit der Entstehung neuer, »mobilisierbarer« und »interventionsfähiger« Orden, insbesondere der Dominikaner und Franziskaner (und auch der Inquisition).

Beim Bau der neuen Kathedrale, der hochmittelalterlichen geistlichen Ordo, wirken im 12. und 13. Jahrhundert alle genannten Elemente und Instrumente (noch) zusammen. Ihre intellektuelle Architektur ruht auf philosophisch-theologischen Denkpfeilern, die schon ein Jahrhundert später kein gemeinsames Gebäude mehr zu stützen vermochten: auf dem »augustinischen« Puritanismus des heiligen Kriegers Bernhard von Clairvaux, auf der neuplatonischen Harmonielehre der Schule von Chartres und schließlich dann auch auf den dominikanisch rationalisierten *artes liberales* an der neuen ideologischen Zentralakademie, der Universität von Paris.

Was nun ist das *tertium comparationis* zwischen gotischem Gotteshaus und mittelalterlichem Kosmos? Wenn wir die auf kein materielles Fundament gegründete, sondern auf geistliche Ordnung und göttliches Licht hin gebaute Kathedrale mit der geistigen Architektur des katholischen Abendlandes vergleichen, so können wir dies in mindestens dreifacher Hinsicht tun. Erstens kosmologisch: Das mittelalterliche Weltbild stellt hinieden, auf der Erde, eine real existierende Architektur vor – eine *ordo*. Sie ist kein Abbild der himmlischen Ordnung wie noch die Fresken in romanischen Kirchen, sondern gehorcht ihrer Harmonie und Struktur. Sie ist eine »diaphane« (durchscheinende: vom göttlichen Licht erleuchtete) Architektur;[7] sie findet ihr Prinzip, ihre *archè*, ihre Statik, ihre Legitimität im Jenseits, mithin in der Theologie. Diese Theologie läßt sich dann selbst wiederum wie ein Bau beschreiben: mit ihren oberen Etagen, der »unsichtbaren Schöpfung«, dem Himmel, samt Engeln, Heiligen und den unsterblichen Seelen der Geretteten, deren »himmlische Hierarchie« der Pseudo-Areopagit in seiner gleichnamigen Schrift rekonstruiert hatte, und ihren Zwischenstockwerken bis tief hinab zum *purgatorium* und *inferno*.

Zweitens impliziert das mittelalterliche Weltbild auch in der Moraltheologie einen durch göttliche Vernunft gegliederten, beseelten und gestuften Bau, eine Kathedrale aus Prinzipien: göttlich geoffenbarte, natürliche und menschliche Gesetze. Für ihre Architektur war bald die spezialisierte und durch den neuen Intellektuellenorden der Dominikaner reorganisierte und rationalisierte Schultheologie und -philosophie an den Universitäten zuständig. Dieser gegliederten Ordnung, der christlichen Nachfolgerin des griechischen Kosmos, entspricht nämlich in der Krönung der scholastischen Theologie, der »Summa theologica« des hl. Thomas von Aquin, das Primat der intellektuellen Erkenntnis (ergo auch der Erkenntnis der menschlichen Stellung in der Weltordnung) über die Willensfreiheit.[8]

Und drittens finden sich – ekklesiologisch und herrschaftssoziologisch – auch Kirche und Staat in der Kathedrale der göttlich gewollten Schöpfung als Geschosse mit Streben und Stützpfeilern wieder. In der heute traditionellen, im 11. Jahrhundert dagegen revolutionären katholischen

Gesellschaftslehre entspricht nämlich dieser hierarchischen Weltordnung schließlich nicht nur die Gesellschaftsordnung als ständische Verfassung, sondern natürlich auch die hierarchische Organisation der Kirche selbst, als *societas perfecta* eigener Legitimität: mit einem Zwei-Klassen-Charisma von Klerus und Laien und einem keineswegs »demokratischen«, sondern »organischen« Zentralismus, an dessen Spitze der Nachfolger Petri des Fischers und Vikar des Heilandes, der Stellvertreter Christi auf Erden steht.

Diese geistliche und kirchliche Ordnung ist hier-archisch, und dies sogar im Wortsinne: Am Anfang (*archè*) steht das Heilige (*hieron*), d. h. die souveräne göttliche Offenbarung als Grund aller Ordnung und Vernunft wie als Ermächtigung Seiner Kirche. Souverän wurde die Kirche dereinst vom fleischgewordenen Logos instituiert. »Auf diesem Felsen will ich meine Kirche bauen«, sagte der Herr zu Simon bei Caesarea Philippi. *Quod romanus pontifex efficitur omnino sanctus*: Was immer der Papst erläßt, das hat als heilig zu gelten, statuierte ein gutes Jahrtausend später Mönch Hildebrand als Christi Stellvertreter. Kontrafaktisches Grundgesetz dieser Selbstermächtigung der Kirche war ihr Anspruch auf »Heiligkeit«, als transzendentes Charisma des Heiligen Stuhls. Im erbitterten Kampf wider die zeitweise obsiegenden weltlichen Kaiser und Mächte war im 11. Jahrhundert die Souveränität der Kirche vom asketischen Mönch-Papst Hildebrand von Sovana (Gregor VII.) und seinen Nachfolgern behauptet – besser: neu erfunden [9] – und verteidigt worden. Diese eine, heilige, katholische und apostolische Kirche hatte durch das pfingstliche Charisma des Heiligen Geistes gewiß einen universalistischen Auftrag erhalten, in aller Welt zu missionieren und zu evangelisieren. Aber als auf der »Souveränität des Geistes« (Quinet) beruhende Papstkirche hat sie diesen Auftrag nicht demokratischer Willensbildung zu unterwerfen.

Zwei Stile der Dekonstruktion

Von dieser *hiera archè*, von diesem heiligen Ausgangspunkt des katholischen Mittelalters aus – der einen theo- und kosmologischen Ordo von sichtbarer und unsichtbarer Welt, von göttlichem und menschlichem Gesetz [10] – führen nun in der Geschichte der Christenheit zwei Wege zur Entdeckung des liberalen Individuums, zur Begegnung der christlichen Ordnung mit der individuellen Freiheit und demokratischen Selbstbestimmung. Auch hier muß ich zur Veranschaulichung meine Skizze wieder verkürzen und vereinfachen. Diesmal werde ich sie personalisieren. Ich werde diese beiden Wege nämlich den »thomistischen« Weg einer externen Liberalisierung weltlicher Realitätsprinzipien und Rationalitätsmuster sowie den »augustinischen« Weg der inneren Freisetzung des Christenmenschen nennen.

Der hl. Augustin und der hl. Thomas, der *doctor gratiae* und der *doctor angelicus*, wohl die beiden größten Kirchenlehrer der westlichen Christenheit, sind im Folgenden natürlich nur als Chiffren, *partes pro toto*, für zwei konträre Logiken oder »Stile« der möglichen Modernisierung der christkatholischen Ordo zu verstehen.[11] Aber gewiß gibt es wohl auch persönlich kaum konträrere Charaktere in der Geschichte des Christentums als diese beiden Großen: der gnadenlose Künder der absoluten Souveränität des liebenden Christengottes im Übergang vom 4. zum 5. Jahrhundert neben dem rationalen Dialektiker der Bestimmung des Besonderen aus dem vernünftigen Allgemeinen der göttlichen Schöpfungsordnung im 13. Jahrhundert.

Aurelius Augustinus ist ein Revolutionär. Sein theologischer Lebensweg entfaltet (und liquidiert) in Kurzform gleichsam die gesamte spätantike Philosophiegeschichte; und kaum ein Heiliger hat wohl, um im heutigen Politjargon zu sprechen, so viele konträre »Positionen« im Laufe seines Erdenlebens nacheinander vertreten, verfochten und verworfen wie der Bischof von Hippo.[12] Darum wirkt er auch heute, im 20. Jahrhundert, dessen intellektuelle Geschichte mannigfache, wenngleich zumeist philosophisch anspruchslosere Konversionen kennt, in vieler Hinsicht moderner als der dominikanische Systematisator und Koordinator Thomas. Augustin ist im 5. Jahrhundert nach Christus, in einer Zeit des weltgeschichtlichen Umbruchs, ein Gründer, ein theologischer Terrorist, ein Institutor: Seine kämpfende Kirche ist die »Partei neuen Typs«, die unter dem Gesetz der *civitas Dei* den radikalen Bruch der Christenheit mit dem antiken Kosmos, mit Philosophie, Politik und Perfektionsethik der gebildeten Oberklassen der griechisch-römischen Spätantike vollzieht und die diesen Bruch nicht nur zu begründen, sondern auch durchzusetzen vermag. Sankt Augustin verkörpert eine realpolitisch operative und diskursiv effektive Fundamentalopposition wider die antike Vernunft. Und er kann dabei sogar noch die intellektuellen Standards der griechisch-philosophischen und der römisch-politischen Tradition eben dadurch bewahren, daß er sie (wie Lenin die »bürgerlichen Spezialisten«) unter neuen, entgegengesetzten Vorzeichen einsetzt.

Der hl. Thomas hingegen ist der *clerc*,[13] der Intellektuelle, der neue Typ des Spezialisten par excellence. Der engelhafte Doktor ist ein Spezialist des Allgemeinen. Gewiß: Auch Thomas' Wirken fällt im 13. Jahrhundert in eine Epoche politischer und theologischer, ideologischer und philosophischer Kämpfe. Der Dominikanerorden, der als Ordo Praedicatorum eine der neuen Waffen der Kirche für die von Wachstums- und Krisendynamik geprägte Gesellschaft in den Städten war,[14] pflegte bekanntlich keine benediktinische Klosterkultur der Kultivierung von Werk und Gebet mehr, sondern intervenierte in die Gesellschaft mit Predigten in Volkssprache. Aber er organisierte auch nicht mehr den totalen Kreuzzug wie im Jahrhundert zuvor der mönchische Militarist und Mystiker Sankt Bernhard von Clairvaux, sondern bildete Spezialisten aus: für die Inquisition, für umfängliche politische Gutachtertätigkeit und nicht zuletzt für die Ausbildung, d. h. die erweiterte Reproduktion von Spezialisten. In diesem Zusammenhang sorgte er auch für die »Anschlußfähigkeit« des theologischen Diskurses der hochmittelalterlichen Moderne an die nun wieder neu zugänglichen Schriften von Aristoteles mitsamt seinen arabischen Kommentatoren. Und Thomas, der intellektuelle Star des Ordens, der gegen den Widerstand seiner Familie (der des Grafen Landulf von Aquino) Dominikaner geworden war, empfahl sich »durch Prägnanz der Polemik, mit Durchsichtigkeit der Argumentation, durch die optimale Verwertbarkeit für den Schulbetrieb, für die Interessen des Ordens und für die Weltherrschaftspläne der Päpste«.[15]

Sankt Thomas' systematische »Summen« wie seine Kampfschriften, seine umfänglichen Kommentare und *Quaestiones disputatae* verkörpern somit eine Kirche, einen Klerus und eine Theologie, die aus der »päpstlichen Revolution« des 11. und 12. Jahrhunderts bereits siegreich hervorgegangen sind. Jetzt wird der politische Kosmos als *societas christiana* reorganisiert und rationalisiert: Mit der Kathedrale entsteht eine ausdifferenzierte theologisch-philosophische Architektur, gegen die dann die diversen »augustinischen« Fundamentalisten immer wieder revoltieren sollten. Thomas' große dialektische Synthese aus Glauben und Vernunft, aus Freiheit und Ordnung, war freilich weit davon entfernt, die einzige oder unumstrittene Version der herrschenden Lehre zu sein. Schon im 14. Jahrhundert sollte sie im Milieu der Intellektuellen (also der akademischen Kleriker) keine mehrheitliche Zustimmung mehr finden können. Und in gewisser Hinsicht ist der Thomismus als »katholische Philosophie« sogar ein retrospektives, posthumes Projekt, mit dem die katholische Kirche intellektuell auf die Reformation reagiert – und viel später dann, im 19. Jahrhundert, ist der (Neo-)Thomismus die katholische Antwort auf Revolution, Liberalismus und Nationalismus.

Die *complexio oppositorum*, als die ein berüchtigter Staatsrechtler des 20. Jahrhunderts die katholische Kirche beschrieb,[16] läßt sich in extremer Verkürzung im Gegensatz von Augustin und Thomas zusammenfassen: als Verschränkung von augustinischer Revolution und aquinatischer Rationalisierung. Beide, die das Individuum und dessen Seele, Glauben und Gewissen isolierende Vertikale der göttlichen Souveränität als Prinzip der augustinischen Revolution und das vermittelnde Filigran der moralischen und soziologischen Rationalisierungen der christlich-kirchlichen Weltanschauung in der mittelalterlichen Scholastik, haben sich in einem historisch einzigartigen Zusammenwirken konträrer Logiken beim Bau der gotischen Kathedrale noch gemeinsam entfalten können. Ja, man könnte die hochmittelalterliche Ordo geradezu als »Synergieeffekt« dieser beiden symbolischen Logiken, der augustinischen Logik des Bruchs und der thomistischen Logik der gegliederten Ordnung, beschreiben. Die *Una Sancta*, dereinst entstanden aus einem Bruch mit dem antiken Kosmos, ist nach dem 11. Jahrhundert erstmals in der Lage, diesen Bruch autopoietisch durch einen eigenen kirchlich codierten Kosmos zu heilen, zu rationalisieren und zu überbrücken.[17]

Die Kirche, wie sie aus der »totalen Revolution« (Karl Leyser) der Reformpäpste hervorgeht, ist somit noch beides zugleich: Sie ist die permanente Institution *par excellence*, und sie enthält ein Prinzip permanenter Revolution. Die moderne Auflösung dieser kosmotheologischen Ordo konnte dann den »augustinischen« Weg der Revolution oder den »thomistischen« Weg der Rationalisierung gehen. Der Konflikt dieser (Theo-)Logiken sollte dann auch den »genetischen Code« der im Schoße der Christenheit seit dem 13. Jahrhundert heranwachsenden Moderne prägen. Ihre konstruktive Dialektik schlägt um in zwei Weisen der Dekonstruktion.

Der thomistische Weg in die Moderne

Ich will nun beide Wege der Dekonstruktion dieser Architektur skizzieren, wiederum nur recht schematisch und gewissermaßen im D-Zug-Tempo. Der erste Weg, der von einer hierarchischen Vision der Weltordnung ausgehend zu einer möglichen Begegnung mit der Moderne – in unserem Fall mit Liberalismus und Demokratie – führen konnte, bestand darin, die strikte hierarchische Abhängigkeit der säkularen von der theologischen Legitimität zwar nicht ontologisch in Frage zu stellen, aber doch *in rebus saeculi* pragmatisch, d. h. politisch, ökonomisch und moralisch zu lockern oder zu »liberalisieren«. Es ist dies der Weg zunächst der Thomisten und später vor allem der Jesuiten, des in der Epoche der Gegenreformation neuesten und stärker noch auf funktionale Eliten ausgerichteten Spezialistenordens. Allgemeiner gesprochen, und ohne hier auf die philosophischen Details eingehen zu wollen, ist es die Methode weltfreundlicher »katholischer Schläue« oder, wie man in Italien sagt, der *saggezza cattolica.*

Dogmatische Festigkeit und pragmatische Offenheit schließen sich natürlich für einen guten, also dialektisch geschulten Thomisten oder Jesuiten nicht aus. Im Gegenteil, gerade die ontologische Rückendeckung »in letzter Instanz« (Friedrich Engels) durch die göttlich instituierte Weltordnung erlaubt solcher katholischer Weltweisheit eine operative Flexibilität bei der Implementation des göttlichen und Naturgesetzes unter den Bedingungen einer sich wandelnden weltlichen Gesellschaft. Die mit der Entwicklung der Moderne in Wissenschaft, Staat und Gesellschaft fortschreitende Emanzipation der Zwischenglieder der *societas christiana* aus der Vertikalität des kosmotheologischen Gebäudes konnte so durchaus als ein katholisches Realitätsprinzip gegenüber dem Saeculum funktionieren. In Stichworten: Von der Etablierung einer eigenen philosophischen Disziplin in den *artes liberales* im 12. Jahrhundert;[18] bis hin zur Lehre von der Staatsräson (und philosophisch zum cartesischen Rationalismus der Gegenreformation); bis hin zur jesuitischen Kasuistik in der Moraltheologie;[19] und schließlich – noch einige Jahrhunderte später – bis zur »modernistischen« Anerkennung der Autonomie der säkularen Dimension einzelner sozialer (Sub-)Systeme. Anders gesagt: vom dominikanischen Papstgutachter bis zum purpurnen Politikberater (oder eher noch »Macher«) Richelieu; von der Staatsräson bis zu katholischen Investmentexperten und zu katholischer *business-ethics*, wie sie in Deutschland seit einigen Jahrzehnten z. B. der Jesuitenpater Rupert Lay mit wachsendem Erfolg verkauft.

Die katholische Vernunft ist auf diesem Wege der Liberalisierung der kosmologischen Hierarchie sehr wohl in der Lage gewesen, die »legitime Autonomie« diverser säkularer Lebensbereiche – von Staatsräson und Markt, von Wissenschaft und Demokratie – in das christliche Weltbild zu integrieren. Sie werden gewissermaßen »externalisiert«, in ihre (relative) theologische Freiheit entlassen. Auf diesem Wege versuchte sich dann auch der sogenannte katholische »Modernismus« im 20. Jahrhundert lange heroisch und vergeblich; am Ende, mit Papa Giovanni, dem Modernisten Paul VI. und offiziell mit der Pastoralkonstitution »Gaudium et spes« des Zweiten Vaticanum ist dann schließlich selbst die katholische Herde bei dieser Anerkennung der liberalen und demokratischen Moderne angelangt.[20]

»Augustinisches« Selbst und göttliche Souveränität

Der zweite, weitaus radikalere Weg aus der hierarchischen Ordo des Mittelalters in die demokratische Freiheit der Moderne führte hingegen über die augustinische Gnadenlehre. Erinnern wir uns noch einmal an das hierarchische Bild der Kathedrale, mit ihren diversen Stockwerken, lichtdurchwirkten Wänden und der gegliederten Folge ihrer Pfeiler und Streben. Die politische und soziale Menschenwelt des Saeculum ist im thomistisch-scholastischen Weltbild »eingebettet« in die große Kette der Abhängigkeiten vom göttlichen Schöpfer. Auf Erden ist dieser Bau nach christkatholischer Lehre jedoch zugleich begabt mit einer heimtückischen Vertikale, die nicht nur die unsterbliche Seele des Menschen zu Gott erhebt (»*ad Deum, qui laetificat iuventutem meam*«, wie es im Introitus der lateinischen Messe heißt), sondern auch umgekehrt wie ein tonnenschwerer Schlußstein nach unten drückt: Allein die Gnade eines in seiner All- und Übermacht unbegreiflichen göttlichen Willens nämlich garantiert »in letzter Instanz« die heilsökonomische Stabilität des Gebäudes. *Sola gratia.*

Gottes Gnade gehorcht aber, so lehrte uns der hl. Augustinus nach seiner »Kehre«,[21] selbst keiner Ordo mehr. Sie ist souverän: Gott allein entscheidet über ewige Seligkeit oder Verdammnis der einzelnen Christen; und er entscheidet *legibus solutus*, d. h. nach für uns unbegreiflichen Prinzipien. Diese Souveränität göttlicher Erwählung jenseits aller menschlichen und somit auch theologischen Vernunft versetzt naturgemäß jeden einzelnen in Furcht und Schrecken; aber – und hier liegt das Paradox der augustinischen »Logik des Schreckens« (Kurt Flasch) – sie setzt ihn auch frei: von äußeren, weltlichen Ordnungen wie kirchlichen Hierarchien. Der Weg der Begegnung mit Gottes Gnade und Liebe führt nicht nach »außen«, in die Welt, sondern geht nach »innen«, in die Seele. Die Wahrheit des Glaubens »wohnt« gleichsam im Subjekt: *Noli foras ire, in teipsum redi; in interiore homine habitat veritas.*[22] Doch dieses Subjekt ist sich selbst fraglich geworden: Die Suche nach Gottes Gnade setzt das Individuum als ein sich selbst, d. h. gegenüber dem eigenen Leibe entfremdetes, in sich zwischen gefallener Existenz und Hoffnung auf die göttliche Gnade gespaltenes, an sich zweifelndes »Selbst«. Sie konstituiert in gewisser Weise erst das vereinzelte Individuum.[23]

Auf den souveränen Gott antwortet somit beim hl. Augustinus ein reflexives Selbst, ein vereinzeltes Ich, das sich voller Unruhe ständig selbst befragt. Und in Umbruchzeiten läßt sich diese Unruhe immer weniger rationalisieren. Die Unhintergehbarkeit des »Selbst« in der Frage nach dem Heil: »bin ich gerettet?«; die ängstliche Suche nach einer direkten Beziehung zwischen göttlicher Allmacht und menschlichem Gewissen – all diese »augustinischen« Muster von Angst können auch zur Grammatik von Massenbewegungen werden. Im 14. Jahrhundert jedenfalls, einem Jahrhundert der Kriege und Hungersnöte, der großen Pest, der Sozialrevolten und der religiösen Sektierer, sollte der »augustinische« radikale Individualismus den »thomistischen« Kompromiß zwischen allwaltender göttlicher Rationalität und der in diese metaphysische Ordnung eingebetteten menschlichen Handlungsfreiheit sprengen. Gott spricht seit dem 14. Jahrhundert für intellektuelle Radikale wieder im Idiom des hl. Augustinus, d. h. er spricht zum »Herzen« jedes einzelnen (Paulus). Vor allem jedoch spricht er unmittelbar *in interiore homine*, nicht durch weltliche oder kirchliche Mittelsmänner. An die Stelle der aus rationaler Metaphysik ableitbaren »natürlichen« Koordinationsleistung der Gesellschaft, die sich in der dialektischen »Soziologie« des Aquinaten durch die abgestimmte Tätigkeit aller einzelnen reproduzierte, treten nun die Erfahrung der Kontingenz der Welt, die Unbedingtheit und Unmittelbarkeit der Gottsuche und ein neuer Individualismus in Glauben und Wollen.[24]

Die Freisetzung des christlichen Gewissens aus kirchlicher wie weltlicher Hierarchie sollte dann historisch zwar in der Reformation gipfeln, doch sie beginnt schon lange vorher.[25] Göttlicher Wille und erwählter Mensch finden z. B. bereits in der mittelalterlichen Mystik zu einer einsamen Zwiesprache, die den Christenmenschen völlig unabhängig macht von allen kirchlichen und säkularen Ordnungen. Die Seele des Gläubigen, so predigte Meister Eckhart, muß völlig leer werden von allen weltlichen Belangen und den vermeintlichen Meriten unserer guten Taten. So, wie Jesus den Tempel säuberte von den Tischen der Wechsler und Andenkenhändler (Matth. 21.12): »Warum warf Jesus hinaus, die da kauften und verkauften, und hieß die, die da Tauben feilhielten, wegräumen. Er meinte damit nichts anderes, als daß er den Tempel leer haben wollte... Dieser Tempel, darin Gott gewaltig herrschen will nach seinem Willen, das ist des Menschen Seele, die er so recht als ihm selbst gleich gebildet und geschaffen hat.«[26]

Auch die politische Ordnung ließ sich immer weniger aus objektivem Wissen des natürlichen Gesetzes begreifen, denn kirchliche und weltliche Mächte waren im 14. Jahrhundert sowohl untereinander verfehdet als auch innerlich labil.[27] Gleichzeitig wankten die geistigen Fundamente der mittelalterlichen Weltordnung – am Ende von Umberto Ecos Roman »Der Name der Rose« geht das Aedificium der Bibliothek in Flammen auf. Der Christenmensch muß aufpassen, um von den Trümmern des einstürzenden Baus nicht erschlagen zu werden. Das Subjekt steht zunehmend vor dem Zwang, die Ordnungsprinzipien der Wirklichkeit, die Regeln von Welt und Reich selbst überprüfen zu müssen. »Daraus ergibt sich, daß das Wirkliche nicht mehr als Nachahmung eines allgemeinen Wesens verstanden werden kann. Die Faktizität des Realen kann zwar anerkannt, aber nicht mehr im traditionellen Sinne erkannt werden.«[28] Und dies verändert nicht zuletzt politische Rolle und existentielle Identität des Intellektuellen.

Kritischer Rationalismus und franziskanische Armut

Mit dem Franziskaner Wilhelm von Ockham trennt sich im 14. Jahrhundert die Philosophie von der Theologie, deren Magd sie bis dahin sein sollte: Glauben und Wissen treten auseinander, und der »Streit der Fakultäten« beginnt. In den Philosophiehandbüchern findet sich der

Name Ockham zumeist verzeichnet unter der Rubrik »Nominalismus«: Gemeint ist die Kritik an der objektiven Realität von Allgemeinbegriffen, also die Gegenbewegung zur »begriffsrealistischen« Onto-theologie der Scholastik. Weitaus weniger bekannt jedoch ist der Umstand, daß Wilhelm von Ockham auch einer der Vordenker der politischen Moderne war.[29] Auch in der politischen Theorie nämlich öffnete sich mit dem Konflikt um Kaisertum und Papsttum die Schere zwischen Legalität und Legitimität, und zwar für die weltliche ebenso wie für die geistliche Gewalt. Vor allem das weltliche Regiment der Kirche ist unter den Beschuß radikaler Reformer geraten. Und eine dieser Parteien ist der Franziskanerorden: die Partei der apostolischen Armut der Kirche und die Partei der *devotio moderna*, der inneren, einzig vom Glaubenswillen des Subjekts ausgehenden Frömmigkeit. Die sog. »Armutsfrage«, d. h. der Streit darum, ob die Kirche Güter und Macht besitzen oder nur zur Erfüllung ihres Auftrags gebrauchen dürfe, die schon zu einer »spiritualen« und radikalen Abspaltung des Franziskanerordens geführt hatte, bekam nun eine neue, politische Funktion.[30]

Auf dem Stuhle Petri sitzt ein Ketzerpapst: Mit diesem Ausnahmezustand beginnt Wilhelm von Ockhams politische Theorie. Doch der ekklesiologische Disput, den Schüler und Lehrer im »Dialogus« führen, weitet sich aus zur Frage nach Macht und Herrschaft überhaupt.[31] Die *ecclesia militans*, die konkrete Form der institutionellen Kirche, wird von Ockham anhand derselben analytischen Checkliste überprüft wie die Frage nach der Struktur des weltlichen politischen Verbandes; denn keine objektive, ontotheologische, überzeitliche Ordo stützt mehr politische und geistliche Gewalten. Die Formen jeglicher sozialer Organisation – ergo auch das Regiment der Kirche – müssen danach bewertet und gegebenenfalls reformiert werden, ob sie für ihren Zweck und für ihre Zeit funktional eingerichtet sind.

Der theologisch-politische Ausnahmezustand macht also die menschliche Konvention als einzige Basis sozialer Macht sichtbar. Das Ockhamsche Kriterium der »Funktionsfähigkeit« (Miethke) von Institutionen läßt ihn soziale Strukturen als radikal kontingent, geschichtlich entstanden und daher durch Menschenhand veränderbar begreifen. Gegenüber tradierten Institutionen des *regnum* besteht ein Widerstandsrecht, gegenüber einem Ketzerpapst Widerstandspflicht. Nicht nur das erkennende Individuum im sogenannten Nominalismusstreit, sondern auch der handelnde Mensch als soziales und moralisches Subjekt ist bei Ockham auf seine Subjektivität zurückgeworfen. Kein objektives Naturrecht vermag die willentliche Zustimmung der Christenheit zur institutionellen Struktur ihrer geistlichen wie weltlichen Gewalten zu ersetzen.[32]

Ockhams Herrschaftsanalyse bedient sich rationaler Standards des analytischen Vergleichs und der Kritik. Doch ihr Ausgangspunkt ist eine neue, innere Freiheit im Glauben. Die stets historisch zu beurteilende Gerechtigkeit der Herrschaftsordnung gründet nicht in der Erkenntnis von Universalien, sondern in der willentlichen Zustimmung von Subjekten. Auch die universale Monarchie darf Menschen nicht zu Sklaven machen, sonst verletzt sie »Würde und Nutzen des gesamten Menschengeschlechts«. Und dieses »Gesetz der Freiheit« beruht nicht auf objektivem Wissen, sondern besteht im Glauben des Subjekts. Denn der unerbittliche, kritische Rationalismus in der Erkenntnislehre Wilhelm von Ockhams, jenes »ersten und größten Philosophen der Neuzeit« (Alois Dempf), hat als seine Kehrseite oder gar als Voraussetzung einen in mancher Hinsicht »augustinischen« Existentialismus. Auch der höchst moderne, funktionale Konventionalismus der Ockhamschen politischen Theorie wurzelt in einer nicht minder modernen, inneren Freiheit des Christenmenschen: in der *fides infusa*, der durch keine Stellvertreter zu ersetzenden Gotteserfahrung des Individuums, des Umgangs mit der Bibel als dem »Gesetz der Freiheit«.[33]

Dieses existentielle *interface*, die Parallelschnittstelle der »inneren« Begegnung des Gläubigen mit Gottes / Christi »unendlicher Subjektivität« (Hegel) als Kriterium der persönlichen Erwählung sollte auf lange Sicht dann auch die ontotheologische Ordo der katholischen Kathedrale ausheben. Die Emanzipation des Gewissens von der Architektur der Zwischenglieder einer hierarchischen *societas christiana* läßt den Fluchtpunkt und Schlußstein der mittelalterlichen Kathedrale in aller Wucht zur Erde kommen. Mit der Reformation werden dann Gnadenlehre und die Unverzichtbarkeit gläubiger Innerlichkeit zum Banner der Freiheit des Christenmenschen. Wohl niemand hat dies Prinzip der evangelischen Brüderlichkeit besser beschrieben als G. W. F. Hegel: »Indem das Individuum nun weiß, daß es mit dem göttlichen Geiste erfüllt ist, so fallen damit alle Verhältnisse der Äußerlichkeit weg: Es gibt jetzt keinen Unterschied mehr zwischen Priestern und Laien, es ist nicht eine Klasse ausschließlich im Besitz der Wahrheit wie aller geistigen und zeitlichen Schätze der Kirche; sondern es ist das Herz, die empfindende Geistigkeit des Menschen, die in den Besitz der Wahrheit kommen kann und soll, und diese Subjektivität ist die *aller Menschen*.«[34]

Bürgerliche Zucht und puritanische Schwärmerei

Mystik und Reformation, die illegitimen Kinder des Katholizismus, eröffneten also neben der Suche nach der inneren Freiheit des Individuums (und aus dieser Suche heraus) auch den Weg zur evangelischen Gleichheit aller Gläubigen.[35] Mit der Reformation wird die *via moderna* der christlichen Spiritualität, die um die Unmittelbarkeit der Gotterfahrung der einzelnen ringt, auch explizit zur politischen Theologie einer universalen Brüderlichkeit, die für die Gemeinde und gegen die verfaßte Kirche der Mediatoren und Stellvertreter ficht. Man kann daher von der Kirchen- und Institutionenfeindschaft der Chiliasten und Mendikanten im 13. Jahrhundert über Lollarden und böhmische Brüder bis zum Antiklerikalismus der städtischen Reformatoren des 15. und schließlich der Puritaner des 16. Jahrhunderts durchaus Kontinuitätslinien ziehen.

Doch soll hier die europäische Reformation wahrlich nicht idealisiert werden. Vor allem der deutsche Sonderweg – das real existierende Luthertum – läßt sich schwerlich als Etappe in der Entwicklung und Entfaltung liberaler Freiheiten verstehen.[36] Luthers Trennung des »inneren Menschen« vom »äußeren Menschen«, der in jedem Falle der Obrigkeit zu folgen habe, war natürlich auch ein Hindernis für die Emanzipation des »äußeren« Menschen zum Bürger, wie bekanntlich bereits Karl Marx wider die Hegelsche Idealisierung einwandte.[37] Ein weiteres, gleichfalls kaum liberales Erbe der Reformation vor allem in ihrer zweiten Phase (und damit natürlich auch der Gegenreformation) war der konfessionelle Staat.[38] Das schon früh, nach dem Augsburger Religionsfrieden von 1555, gleichsam per Reichsrecht »verstaatlichte« lutherische Landeskirchentum sollte die theologisch-politischen Konsequenzen des evangelischen Radikalismus bald wieder verraten, frustrieren oder – in den Worten Carl Schmitts – territorial »versanden« lassen.

Im Gegensatz zur lutherischen machtgeschützten Innerlichkeit war aber die calvinistische Reformation weitaus eher eine städtisch-bürgerliche Bewegung. Nicht die Konfession des Landesvaters, sondern der Ratschlag der Stadtgemeinde öffnet den Weg zur politischen Institutionalisierung christlicher Brüderlichkeit. Charakteristischerweise wird die Reformation in zahlreichen Städten durch kommunikatives Handeln eingeführt: durch Ratsbeschluß, nach der öffentlichen Disputation der evangelischen wider die katholischen Wortführer in vom jeweiligen Stadtrat veranstalteten und entschiedenen theologischen Streitgesprächen. Allerdings fanden diese Disputationen von vorneherein unter reformierten Spielregeln statt. Mit dem *sola scriptura*-Prinzip der reinen Schriftautorität war schließlich den Stadtbürgern eine unschlagbare Waffe gegen jede klerikale Prärogative katholischer Traditionen an die Hand gegeben worden. »Auf diese Weise mündete die evangelische Bewegung in eine radikale Reformation ein, bei der die politischen Instanzen diese Bewegung selbst in die Hand nahmen, und zwar sowohl auf sozialem Gebiet, etwa durch die Eingliederung der Kleriker in das Bürgertum, als auch im bürgerlichen Bereich.«[39]

Mit und in der calvinistischen »Internationale«[40] gelingt der permanenten Revolution des Christenmenschen wider die römische Hierarchie auch eine alternative (und praktisch zum Katholizismus antagonistische)[41] Institutionalisierung. Ihr Zentrum bildet das Ideal eines christlichen Stadtwesens. Im Wirken der zweiten Generation der Reformer, bei Martin Bucer, Johann Calvin und Theodor Beza, verbindet sich die Prädestination (die Lehre von der »inneren« Erwählung des einzelnen) mit einer sozialen Organisationsform der christlichen Freiheit als zugleich »äußerer« bürgerlicher Zucht. Häufig ist das (neue) Modell einer moralischen und politischen Ordnung des städtischen Gemeinwohls mit dem biblischen Bilde des im (alten) Bunde vereinten Gottesvolkes verknüpft: Die Ortskirchen verwachsen mit den Bürgergemeinden, die sittliche Zucht des einzelnen steht unter der Kontrolle der Gemeinde, des christlichen Magistrats und / oder der Presbyter, Pastoren und »Minister«.

Gewiß: Wie alle Basisdemokratien war auch die puritanische zunächst alles andere als tolerant. Calvins und Bezas Genf ist eine aristokratische Bürgerrepublik mit einer theokratischen Elite von »Dienern«, den Ministern, Presbytern und Pastoren gewesen. Die Pastorenschaft wurde permanent auf ihre ideologische Zuverlässigkeit geprüft. Sie hatte vom Volk oder Magistrat plebiszitär bestätigt zu werden, andernfalls wurden die »Diener« suspendiert oder exkommuniziert. Und nicht nur die

Katholiken errichteten Scheiterhaufen, sondern auch die Reformation: Johann Calvin höchstpersönlich sorgte 1553 dafür, daß der aus papistischer Gefangenschaft geflüchtete Humanist und »antitrinitarische« Dissident Michael Servet in Genf verbrannt wurde.

Die reformierte Glaubenszucht war politisch autoritär – wenngleich theologisch egalitär, indem sie alle Sonderkompetenzen der Klerikerhierarchie beseitigte – und die »Schwärmerei« biblischer Revolutionäre ist der Tendenz nach totalitär. Die nunmehr jedermann in Volkssprache zur Verfügung stehende Heilige Schrift gibt schließlich jedem Gläubigen die Waffe zum Kampf wider Abweichler und Versöhnler in die Hand. So lebt in ganz Europa die evangelische Bewegung von Beginn an unter dem Druck ihrer eigenen Radikalen, Fundamentalisten oder Enthusiasten, wie schon David Hume bemerkte.[42]

Religiöse Freiheiten für Andersgläubige gedeihen zunächst auch nicht in Genf und anderen Hochburgen des Calvinismus, sondern weitaus eher im seit dem 15. Jahrhundert in Personalunion regierten, multikonfessionellen Polen-Litauen, also in einer föderalen Monarchie.[43] Die Freiheit für von der gemeinsamen reformierten Generallinie abweichende Religionsgemeinschaften, für Radikale oder Versöhnler, Wiedertäufer und Spirituale, Antitrinitarier oder Sozinianer mußte von Dissidenten und Humanisten in der Schweiz, im damals religiös vielfältigen Polen-Litauen und in den reformierten Niederlanden, dem Laboratorium der Reformation, von den liberalen Reformatoren, den »Arminianern«, wider das »Etablissement« (die calvinistische Orthodoxie) verteidigt werden.[44]

Nicht also die calvinistische Revolution *per se*, nicht die von David Hume in seinen Schriften zu den englischen Religionsstreitereien so genannte »Enthusiasterey« puritanisch-unitarischen Schriftglaubens führte zur bürgerlichen Freiheit. Der Sozialanthropologe Gellner vertritt vielmehr die These, »daß der unitarische Schriftglaube an sich antiliberal ist, daß er aber *in einem bestimmten Fall* zum Freiheitsfreund wird... Die Antwort muß lauten, daß die Schwärmer, um zu Freunden der Freiheit zu werden, eine Niederlage erleiden müssen, aber keine vernichtende. Ihre Niederlage bekehrt sie zur Toleranz (die ja jedenfalls im Einklang mit der Überzeugung ist, daß die Wahrheit nur aus dem Innern kommen und nicht von außen aufgezwungen werden kann). Daß die Niederlage sie nicht völlig entmachtet, erleichtert es ihnen, selbst Toleranz zu finden.«[45]

Es bedurfte somit auch der Erfahrungen von Niederlage und Diaspora, von Exil und Exodus, bevor der Puritanismus dann in den amerikanischen Kolonien mit dem »Separatismus«, der Trennung von Kirche und Staat, auch den religiösen Pluralismus legitimierte.[46] Vor allem über den Exodus der protestantischen Sekten in die Neue Welt hat der puritanische Radikalismus zur christlichen Begründung der Demokratie beigetragen (und, wenn wir Max Weber oder Talcott Parsons Glauben schenken wollen, sogar zur Begründung des kapitalistischen »Geistes«).

Zwei Liberalismen?

Doch kommen wir endlich zum zweiten Begriff unseres Themas, und auch hier stellt sich sogleich die Frage: Was ist denn »der« Liberalismus? Eine Richtung in der Moral- oder Sozialphilosophie? Als solcher firmiert er z. B. in den aktuellen amerikanischen Diskussionen zwischen »Liberalen« und »Kommunitaristen«.[47] Oder ist er ein Wirtschaftssystem, z. B. das der reinen »Chicago-liberalen« Marktwirtschaft nach den Rezepten eines Milton Friedman, wie sie offenbar heute der Papst im Auge hat, wenn er in seinen Sozialenzykliken den ungebremsten Kapitalismus, den *capitalismus effrenus*, als sittliche Verfehlung an der menschlichen Berufung zur Freiheit geißelt? Oder aber: Ist der Liberalismus eine historisch-soziale Bewegung, die in den letzten beiden Jahrhunderten, ausgehend von der Aufklärung, der Freihandelsbewegung sowie der industriellen und der Französischen Revolution verschiedene, zum Teil konkurrierende politische Verwirklichungsformen erlebt hat und bis heute noch erlebt?

Um nur ein Beispiel zu erwähnen: Der aus der (protestantischen) »christlich-sozialen Bewegung« herkommende deutsche Liberale Friedrich Naumann hat zu Anfang dieses Jahrhunderts sowohl die liberale Partei wie auch die sozialdemokratische Partei als Vertreter des »liberalen Prinzips« verstanden: Die »alten«, klassischen Liberalen versuchten den Vorrang der Freiheitsrechte und die demokratische Machtkontrolle gegenüber dem absolutistischen Staat durchzusetzen, während die Sozialdemokratie als Vertreterin des »neuen Liberalismus« – in Anwendung des »alt«-liberalen Prinzips auf den Großbetrieb – die Kontrolle der Konzentration wirtschaftlicher Macht und die Freiheitsrechte in der Arbeitswelt zu erkämpfen versuchte.[48] Auch nach Naumann haben linke Liberale immer wieder zwischen altem und neuem Liberalismus unterschieden, wie etwa heute der bedeutende liberale Rechtsphilosoph Norberto Bobbio[49] in Italien oder Michael Walzer[50] in den USA. In mancher Hinsicht deckt sich diese Differenz zwischen altem und neuem Liberalismus auch mit einem anderen Akzentunterschied: zwischen dem individualistischen Ideal eines Liberalismus einerseits, der dann in der Regel sozialpolitisch auf die Befürwortung eines »Minimalstaats« (Robert Nozick) und einer ungebremsten Marktwirtschaft hinausläuft, und dem demokratischen Ideal eines Liberalismus andererseits, der Gesellschaft und Staat der Kontrolle freier Bürger unterwerfen und daher freiheitsfeindliche Machtkonzentrationen in welcher gesellschaftlichen Sphäre auch immer verhindern oder doch begrenzen will.

Diese Unterscheidung zwischen der individualistischen und der demokratischen »Seele« des Liberalismus ist des weiteren verwandt mit einem transatlantischen Bedeutungsunterschied in der Verwendung des Etiketts »liberal« – ich meine den Unterschied etwa zwischen der deutschen, wirtschaftsliberalen FDP unter Otto Graf Lambsdorff und dem US-amerikanischen, sozialliberalen Präsidenten Bill Clinton. In der europäischen Tradition nämlich wird in der Regel unter »Liberalismus« vorrangig die individualistische Verteidigung von »negativen« Freiheitsrechten (Isaiah Berlin) gegenüber institutionellen oder ideologischen Machtpositionen verstanden: also die Verteidigung der Wirtschaftssubjekte vor staatlicher Intervention, die Verteidigung der individuellen Lebensführung gegenüber ideologischen Institutionen (seien es nun kommunistische Parteien, fundamentalistische Mullahs oder auch das kirchliche Lehramt). Wohingegen in den USA der Ausdruck »liberal« immer auch eine demokratische, soziale und (nach Amy Gutmann) egalitäre Komponente beinhaltet und damit in eine Art Verwandtschaft zur europäischen Sozialdemokratie rutscht.[51]

Familienähnlichkeiten und Wahlverwandtschaften

Aber statt uns weiter mit Definitionen und Differenzierungen aufzuhalten, gehe ich im Folgenden davon aus, daß es zwischen diesen beiden Hauptbedeutungen von Liberalismus, der individualistischen und der egalitären, doch zumindest eine Art Familienähnlichkeit gibt: Wirtschaftsliberale und Sozialliberale also wären immerhin entfernte, wenn auch unter Umständen verfeindete Vettern. Wie man ja auch zwischen den eingangs erwähnten verschiedenen Bedeutungen von »Katholizismus«, den Lehren der Kirche, der Päpste, des Lehramts und den Haltungen der Gläubigen, eine in der *traditio ecclesiae* verwurzelte Verwandtschaft annehmen muß. Von Anfang an sind diese beiden Familien verfeindet. Benedetto Croce hat seiner »Geschichte Europas im 19. Jahrhundert« Liberalismus und Katholizismus sogar als zwei gegnerische »Religionen« beschrieben: Da ihm »seiner Rolle gemäß der Katholizismus der römischen Kirche [...] als die gradlinigste Verneinung des freiheitlichen Ideals« erscheint, könne dieser sogar »als Ur- und Vorbild aller übrigen Gegner des freiheitlichen Gedankens« im 19. und 20. Jahrhundert gelten.[52]

Beide Großfamilien, die Familie Kirche und Katholizismus und die sehr viel jüngere Familie Liberalismus und Demokratie, haben sich jedoch im Laufe der Geschichte entwickelt und verändert. Zudem haben sich innerhalb beider Verwandtschaften mit der Zeit Entfremdungen und Trennungen, Spaltungen und Feindschaften entwickelt. Gleichzeitig können zwischen einzelnen Mitgliedern oder Zweigen beider Familien durchaus Freundschaften, ja Wahlverwandtschaften entstehen. Gewiß: Die idealtypischen Extreme schließen sich aus. Zwischen hierarchisch-katholischem Ordo-Denken und einem bindungs- und rücksichtslosen Individualismus (ökonomisch gesprochen: einer Welt von Individuen, die ihre sozialen Beziehungen allein nach Grenznutzenkalkülen regeln), sind kaum Verwandtschaften denkbar. Aber es gibt denkbare Konvergenzen zwischen »liberalen Katholiken« und Ordo-Liberalen, zwischen katholischer Sozialkritik und sozialem Liberalismus – oder heute: zwischen liberalen und katholischen »Kommunitaristen« in der Sozialphilosophie.

Manchmal kommt es zwischen Vertretern beider Familien zu *liaisons dangéreuses* und manchmal zu stabileren Beziehungen, manchmal zu illegitimen Liebesabenteuern und manchmal sogar zu Vernunftehen: zwischen Elementen katholischer Sozialität und liberaler Freiheit, zwischen antitotalitären Freiheitsbewegungen und katholischem Menschenbild. Dennoch bleiben es zwei Familien. Und natürlich bedeuten Verwandtschaften nicht das Fehlen von Gegensätzen oder Konflikten innerhalb der jeweiligen Familie: Diese mögen gelegentlich sogar noch erbitterter ausfallen als äußere Kontraste. Und doch gehen wir an »häusliche Gegensätze« anders heran als an »äußere Feinde« (Croce). Katholizismus und Liberalismus lassen sich einfach nicht auf denselben Stammvater zurückführen. Zwischen Katholizismus und Liberalismus gibt es keine prästabilisierte Harmonie.

Auch die im 19. Jahrhundert zunächst konfliktuelle und erst in der zweiten Hälfte des 20. Jahrhunderts etwas harmonischere Begegnung zwischen katholischer Lehre und liberaler Demokratie ist keine primär »logische«, philosophische und deduktive Implikation oder wechselseitige Exklusion, sondern eine »empirische«, historische und induktive Begegnung. Denn hinter den Etappen dieser Begegnung stehen zwei epochale Erfahrungen, aus denen die katholische Kirche und Lehre jeweils konträre Schlußfolgerungen gezogen hat. Die Französische Revolution, nach den Worten des großen katholischen Konterrevolutionärs Joseph de Maistre »der erste Aufstand des Menschen gegen Gott«, ist die erste dieser Epochenerfahrungen: Sie begründet die Erbfeindschaft beider Familien. Das Jahrhundert des Totalitarismus, und hier insbesondere der Zweite Weltkrieg gegen das nationalsozialistische Europa, ist die zweite dieser epochalen Erfahrungen: Sie hat dann auch zu einer Art Vernunftehe geführt, deren vorläufiger Höhepunkt das Zweite Vatikanische Konzil war. Ob wir nun heute, nach dem Zusammenbruch des europäischen Kommunismus, am Anfang einer dritten Variante von Wahlverwandtschaften stehen oder aber vor einem Rückfall in die alte Erbfeindschaft, ist keineswegs ausgemacht. Das Verhältnis von Kirche und Demokratie in Polen ist ein Testfall dafür.

Römische Reaktionen

Historisch gesehen jedenfalls sind beide Familien Erb- und Erzfeinde: Die römische Kirche hat im 19. Jahrhundert ebensosehr den politischen Liberalismus – den Kampf für Verfassung, Demokratie und die Trennung von religiöser und politischer Macht – als Todfeind der Christenheit betrachtet, wie sie den ökonomischen Liberalismus als Verfehlung an der sittlichen Weltordnung kritisierte. Diese doppelte Feindschaft ist vor allem das Ergebnis der Französischen Revolution und der sich aus ihren Prinzipien inspirierenden demokratischen Nationalbewegungen, nicht zuletzt des italienischen Risorgimento, das mit dem Vatikanstaat auch die weltliche Macht der Kirche zum Gegner hatte.

Mehr noch: Der Katholizismus als eigenständige politisch-soziale Massenbewegung gab es im *Ancien régime* der europäischen Mächte überhaupt nicht. Im Mittelalter und der frühen Neuzeit hatte es gewiß die Kirche und die geistlichen Stände, den Klerus und die in die weltliche Politik intervenierenden Orden gegeben, aber keine katholische Laienbewegung. Der Katholizismus als politische Ideologie, als soziale und kulturelle Bewegung bildet sich vielmehr erst als Reaktion im Wortsinne: als Gegenkraft wider die demokratischen, liberalen und nationalen Bewegungen für Verfassung und Demokratie. Römische Kirche und antirevolutionärer Katholizismus verteidigen im 19. Jahrhundert erstens die Monarchie, und zwar in Kirche und Staat (es ist die Zeit der »Heiligen Allianz«); zweitens lehnen sie die Trennung von Kirche und Staat ab; und drittens verwerfen sie liberale Marktwirtschaft.[53]

Erstens: Direkt auf die Französische Revolution reagierte der katholische Konterrevolutionär Joseph de Maistre.[54] Er tat dies nicht allein mit seinen »Considérations sur la France« (1797), sondern zwanzig Jahre später auch mit dem Buch »Du pape« (1819), das im Grunde bereits das ordnungspolitische Programm des ultramontanen Katholizismus im 19. Jahrhundert vorweggenommen hat: »Die Unfehlbarkeit im Bereich der geistlichen Ordnung und die Souveränität im Bereich der weltlichen Ordnung sind zwei völlig synonyme Begriffe«, hatte de Maistre geschrieben,[55] und das Erste Vaticanum (1869/70) sollte ihm ein halbes Jahrhundert später in dieser Konsequenz folgen. Als Kompensation für seinen weltlichen Machtverlust durch die demokratische Volkssouveränität baute das Papsttum seine kirchenrechtliche Souveränität geradezu monarchisch aus. Innerhalb der kirchlichen *societas perfecta* verfügte der Stellvertreter Christi auf Erden nunmehr über eine souveräne Macht (*summa potestas*), die die Päpste im Jahrhundert zuvor gegenüber den starken Staatskirchen katholischer Monarchien nie besessen hatten.

Zweitens: Auf die in ganz Europa stattfindenden Revolutionen des Jahres 1848 reagiert Pius IX. mit dem berühmten »Syllabus errorum« (1864) wider die »theologisch-politischen Irrtümer der Zeit«. Als solche Irrtümer gelten dem Papst: die Trennung von Kirche und Staat (Syllabus, N. 55), die Suche nach einer religionsfreien Begründung der Moral (N. 56), aber auch die Meinungs- und Religionsfreiheit für andere christliche Kirchen bzw. sogenannte »religiöse Sekten« (N. 77). Es gibt wahrscheinlich im ganzen 19. Jahrhundert – abgesehen von den Schriften der Reaktionäre de Maistre, de Bonald und Donoso Cortes – kein antiliberaleres Dokument als den »Syllabus« Papst Pius IX. Konsequenterweise gipfelt er in der Verdammung des »liberalen Katholizismus«, d. h. Pius IX. verurteilt die Auffassung, der römische Pontifex solle sich »mit dem ›Fortschritt‹, dem Liberalismus und den jüngsten Entwicklungen in der bürgerlichen oder zivilen Gesellschaft aussöhnen« (Syllabus, N. 80).

Drittens: Die katholische Soziallehre, deren offizielle Geburtsurkunde Leo XIII. in seiner Enzyklika »Rerum novarum« (1891) ausstellt, ist von Anfang an ein fast ebensosehr antiliberales wie antisozialistisches Dokument.[56] »Rerum novarum«, die katholisch-lehramtliche Entdeckung der sozialen oder Arbeiterfrage, ist antiliberal sowohl in ihrer Diagnose des proletarischen Elends wie in der Therapie: Die Wurzel der Hilflosigkeit der Proletarier wird einerseits in der Beseitigung aller Berufs- und Handwerksverbände während der Französischen Revolution gesehen, also in der Beseitigung aller »intermediären Gewalten« und sozialen Vertretungen zugunsten der reinen politischen Repräsentation durch das »Loi Le Chapelier« (1791); andererseits in der »Unordnung« einer durch keine höheren sittlichen Prinzipien gebändigten Marktökonomie. Und alle von Papst Leo angeführten Mittel zur Behebung des sozialen Elends des industriellen Proletariats, wie die Anerkennung des Naturrechts der Arbeiter auf Berufsvereinigungen, die Notwendigkeit staatlicher Intervention zur Beseitigung von Ungerechtigkeit und schließlich erste, zarte Hinweise auf die soziale Funktion des Privateigentums, verstehen sich nicht nur als Kritik an der liberalen Wirtschafts- und Gesellschaftsordnung (reine Marktwirtschaft und liberaler »Minimalstaat«), sondern auch als Kritik am Prinzip der demokratischen Volkssouveränität. Ökonomischer Liberalismus und politische Revolution gehören also im 19. Jahrhundert aus der Sicht des Papsttums zusammen: Die Revolution beseitigte die Stände und Korporationen, sie zerstörte somit die geordnete und gegliederte Gesellschaft zugunsten der reinen politischen Vertretung, und eben damit beseitigte sie gleichzeitig jegliche institutionelle und sittliche Bremse für das Wirken der Marktgesetze.[57]

Diese Ablehnung der demokratischen Regierungsform und der liberalen Marktwirtschaft hat die katholische Kirche bekanntlich erst sehr viel später aufgegeben. Offiziell wurde jedenfalls die parlamentarische Demokratie vom Stellvertreter Christi auf Erden erst in der berühmten Weihnachtsbotschaft Pius' XII. vom Dezember 1944 als die Regierungsform der Zukunft bezeichnet: also erst, nachdem der Krieg der Alliierten gegen den nationalsozialistischen Totalitarismus militärisch bereits entschieden war. Und ob heute die funktionale – mithin bedingte und begrenzte, nicht absolute – Befürwortung der freien Marktwirtschaft, die Papst Johannes Paul II. nach dem Untergang des kommunistischen Totalitarismus verkündete, nun wahrhaft den Frieden zwischen katholischer Lehre und Wirtschaftsliberalismus zu stiften vermag, darüber streiten sich die Liberalen noch.

Michael Novak, der liberal-konservative katholische Vordenker vom American Enterprise Institute ist dieser Auffassung; Milton Friedman hingegen, der Papst der Chicago-Schule, ist davon noch längst nicht überzeugt. Ich vermute, Friedmann hat durchaus recht, wenn er im Gegensatz zu Novak dem neuen Frieden zwischen Katholizismus und Wirtschaftsliberalismus weiterhin mißtraut: Eine bedingungslose Seligsprechung des Marktes lehnt schließlich der Papst explizit als *idolatria*, als Vergötzung des Marktmechanismus, ab, der als solcher rein funktional zu bewerten sei.[58] Er tut dies übrigens mit guten Gründen: Karol Wojtyla befindet sich hier in der guten Gesellschaft von John Kenneth Galbraith oder André Gorz, von G. W. F. Hegel oder Thomas von Aquin. Da ich aber kein Ökonom bin, will ich mich im Folgenden auf das Verhältnis von Katholizismus und politischem, demokratischem und sozialem Liberalismus beschränken.

Daß die katholische Kirche in ihrer Weltsicht lange Schwierigkeiten mit der demokratischen Regierungsform haben mußte, liegt politisch auf der Hand. Aber es hängt nicht nur mit der »Heiligen Allianz« von Thron und Altar oder allgemeiner mit der ideologischen und Interessen-Konvergenz zwischen der *Una Sancta* und den christlichen Monarchien im Europa des 19. Jahrhunderts zusammen. Es gibt eben nicht nur – *prima facie* – ideologische Motive, sondern auch gewichtige theologische Gründe. Und diese konnten nur durch göttliche Vorsehung entkräftet werden, d. h. durch die katholische Erfahrung der Geschichte des 20. Jahrhunderts.

Das Reich Jesu Christi ist bekanntlich nicht von dieser Welt, eine nicht vom Glauben an den einen Gott inspirierte *civitas* kann daher, wie der hl. Augustinus im XIX. Buch seiner »Civitas Dei« gegen die römische

Republik Ciceros und Scipios einwendet, keine gerechte Ordnung sein: »Denn wenn [der Mensch] Gott nicht dienstbar ist, kann der Geist unmöglich in rechter Weise über den Leib, oder die menschliche Vernunft über die Leidenschaften gebieten. Und wenn in solch einem Menschen keine Gerechtigkeit ist, dann auch zweifellos nicht in einem Kreise, der aus lauter solchen Menschen besteht. Hier gibt es also jene Rechtsgleichheit nicht, die aus einer Menschenmenge ein Volk macht, dessen Sache, wie es heißt, der Staat ist.«[59] Die Demokratie und der liberale Parlamentarismus aber sind in der europäischen Neuzeit als weltliche Regierungsformen entstanden – die diversen Lehren vom Gesellschaftsvertrag (von Hobbes über Locke bis Rousseau) beriefen sich allein auf die *humana ratio.* Und die entscheidende Ausnahme, die protestantisch-biblische Republik der Vereinigten Staaten von Amerika, konnte oder wollte die katholische Kirche schon aus Gründen konfessioneller Konkurrenz lange nicht wahrhaben.

Es war daher erst die europäische Erfahrung des Nationalsozialismus und der entscheidenden Rolle der amerikanischen Demokratie bei der Niederschlagung des nationalsozialistischen Deutschland (natürlich auch die Rolle vieler Katholiken im antinazistischen Widerstand), die innerhalb der katholischen Philosophie zu einer neuen hermeneutischen Anstrengung gegenüber Formen und Idealen der liberalen Demokratie geführt hat. Es kommt im antitotalitären Kampf zu einer neuen katholischen Lesart von Liberalismus und Demokratie, die dann in den Spielregeln der demokratischen Regierungsform und innerhalb der Tradition der demokratischen Revolutionen auch den Geist der »evangelischen Inspiration« ausfindig gemacht hat.

Katholische Re-Visionen und evangelischer Geist

Verbunden ist diese katholische Entdeckung der Demokratie mit dem Philosophen Jacques Maritain. Dieser bedeutende thomistische Denker hatte sich schon in den dreißiger Jahren auf den Weg der Freilegung einer (wie er sie nennt) »personalistischen Demokratie« gemacht – auch dies übrigens nicht zuletzt als Reaktion auf die Machtergreifung des nationalsozialistischen heidnischen Reichs in Deutschland. »Personalistisch« ist eine Demokratie, die über das Menschenbild des klassischen Liberalismus hinausgeht, insofern sie das Eingebettetsein der menschlichen Person in eine sittliche Weltordnung berücksichtigt.[60] Man könnte sie in heutiger Terminologie auch eine »kommunitaristische« Demokratie nennen; ein Ausdruck, den Maritain selber bereits verwendet. Doch sollte diese Demokratie gleichzeitig vom hierarchischen Ideal der mittelalterlichen Christenheit definitiv Abschied nehmen, das einer Begegnung von katholischer Kirche und liberaler Demokratie im Wege stand und bislang – von der Restauration des Thomismus als offizieller »katholischer Philosophie« im 19. bis hin zum »Modernismusstreit« im 20. Jahrhundert – jeden ernstzunehmenden Dialog zwischen lehramtlicher Kirche und moderner Gesellschaft verhindert hatte. Jacques Maritains selber thomistisch argumentierende Begründung der pluralistischen und sozialen Demokratie in »Humanisme intégral« (1936) kann somit als wahrhaft kopernikanische Wende in der katholischen Staats- und Sozialphilosophie bezeichnet werden.

Wirksam aber wird diese philosophische Wende im Katholizismus erst mit der politischen Entdeckung Amerikas.[61] Ihr eigentliches *coming out* erlebte die Begründung einer »christlichen Demokratie« in den Vereinigten Staaten von Amerika, als sich Maritain – aus der Erfahrung heraus, daß Demokratie und Christentum durch »dieselben Feinde« bedroht wurden[62] – im Zweiten Weltkrieg als Franzose wie als katholischer Philosoph an der westlich-alliierten antinazistischen Propaganda beteiligte. Seine Schriften »De la justice politique« (1939), »A travers le désastre« (1941) und »Christianisme et démocratie« (1943) rechtfertigen den Kampf der westlichen Demokratie gegen Deutschland als gerechten Krieg für die Verteidigung der Demokratie, wobei Maritain den Geist des hl. Thomas mit der amerikanischen Republik, die Thesen Walter Lippmanns und Präsident Roosevelts mit dem Geist der Bergpredigt versöhnt.[63]

Wie aber geht Maritain mit der Tatsache um, daß Liberalismus und Demokratie sich historisch außerhalb und gegen die Familie katholischer Institutionen, Lehren und Regimes entwickelt und durchgesetzt haben – mit Ausnahme der USA, wo, wie er schreibt, »die Demokratie ihre christlichen Ursprünge nicht vergessen hat«?[64] Sein Schlüsselbegriff für dieses Mysterium der göttlichen Vorsehung in der Menschheitsgeschichte lautet »le travail obscur de l'inspiration évangélique«: Es ist das »verborgene Wirken der Inspiration des Evangeliums«, der Botschaft von der, die bloße Staats- oder Wirtschaftsordnung transzendierenden, »gleichen Würde« aller Menschen.[65] Diese Würde speist sich aus gemeinsamer Menschlichkeit (»humanité commune«) und bindet daher legitime Regierungsautorität an die Zustimmung freier Menschen.[66]

Die Botschaft der evangelischen Brüderlichkeit sei sogar in der und durch die Französische Revolution wirksam gewesen, welche Maritain als »Explosion eines laizisierten christlichen Idealismus« deutet. Trotz der philosophischen Fehlentwicklungen der rationalistischen Moderne also[67] – und trotz der sittlichen Krise der modernen Welt, von welcher das heidnische Reich Hitlers ebenso zeugt wie der atheistische Kommunismus[68] – trotz alledem sei die Bewußtseinsentwicklung des Menschen weitergegangen, trotzdem habe das Selbstbewußtsein seiner Würde als personales Wesen innerhalb der zivilen Gesellschaft immer weitere Kreise erfaßt.

Maritain spricht natürlich nicht vom »Fortschritt im Bewußtsein der Freiheit«,[69] aber er sagt im Grunde nicht viel anderes: Der im Schoß des Christentums entsprungene Keim des Freiheitssinnes und der sozialen Gerechtigkeit habe sich innerhalb der säkularen Gesellschaft weiter entwickelt und im Herzen der Menschen Fuß gefaßt.[70] Und ganz im Gegensatz zur Tradition Joseph de Maistres schwenkt der demokratische Thomist hier auf die Argumentationslinie des französischen Protestanten und Republikaners Edgar Quinet ein. Der hatte gut hundert Jahre zuvor in seinen Vorlesungen über »Le Christianisme et la Révolution Française« den Geist der christlichen Brüderlichkeit zum Stammvater der demokratischen Revolution gemacht. Dieser evangelische Geist wurde bei den Protestanten Quinet und Hegel – und wird nun auch beim katholischen Thomisten Maritain – zur verborgenen Inspiration des universalistischen Humanismus. Nachdem sich der evangelische Geist in der Urkirche gegen das römische Imperium, dann als revolutionäre Klerikerkirche Gregors VII. wider die Prärogativen der weltlichen Macht hatte behaupten müssen, kommt nach weiteren Etappen erst mit der demokratischen Moderne die Botschaft der christlichen Brüderlichkeit auch in säkularen Institutionen zur Geltung: als Legitimitätsnorm politischer Autorität in demokratischen Republiken.

Natürlich ist Demokratie für Maritain mehr als eine bloße Regierungsform, als »Faktizität und Geltung« des demokratischen Rechtsstaats. Dies in doppelter Hinsicht: Zum einen nämlich wurzeln liberal-demo-

kratische Normen und Formen selbst noch in einem »höheren« moralischen Grundsatz, dem Prinzip personaler Menschenwürde. Der Kanti-
sche Grundsatz, die Menschheit in jeder Person als einen Zweck an sich
selbst anzusehen, verkörpert z. B. eine »tiefere« Grundnorm als der
Begriff »eines unter idealen Bedingungen geführten Diskurses«, den
heute Jürgen Habermas als Grundprinzip der rationalen Rechtfertigung eines demokratischen Rechtsstaates ansetzt. Das Prinzip der
Menschenwürde kann durchaus (aber muß nicht) aus dem christlichen
Menschenbild begründet werden.[71]

Zum andern erfordert laut Maritain die Demokratie selbst eine »intellektuelle und moralische Reform«, eine »Philosophie«, einen *état
d'esprit*. Und auch dieser bedarf der christlichen Inspiration. Ja, das
Christentum habe in der politischen Kultur der Demokratie eine un-
verzichtbare öffentliche Rolle zu spielen. Natürlich behauptet auch
ein Maritain nicht, daß die katholische Christenheit auf die Demokratie angewiesen sei: Unter jeder politischen Ordnung, unter jeder politischen Fahne könne man als politischer Militant ein guter Christ sein
– »allerdings unter der Voraussetzung, daß das sittliche Naturgesetz
und das Gesetz der göttlichen Offenbarung nicht verletzt wird«.[72]
Aber, so fährt Maritain fort, die Demokratie sei ihrerseits angewiesen auf das Christentum. Gewiß nicht auf die katholische Theologie,
gewiß nicht auf das religiöse Credo, aber auf das Christentum als Res-
source »bürgerlicher Freundschaft« (*amitié civique*), als Quelle demokratischen Engagements, als *eine* Wurzel republikanischen Gemeinsinns.

Religiöse Freiheit oder konfessioneller Staat?

Ich glaube, Maritain hat recht. Es dürfte angesichts der aktuellen moralischen Krisen der westlichen Gesellschaften – jener politischen und
ethischen »Anomie« gerade unter den jüngeren Generationen, die zuletzt im wiedervereinigten Deutschland zu Episoden und Gefahren ras-
sistischer Barbarei geführt hat, von denen wir alle dachten, sie gehörten
der Vergangenheit an – schwer sein, dieser These, die Jacques Maritain
im Kampf gegen den Nationalsozialismus aufgestellt hat, zu widersprechen.

Das Christentum kann (und sollte) auch unter den liberalen Bedingungen einer Trennung von Kirche und Staat durchaus mehr bedeuten und

beanspruchen als bloße private Frömmigkeit: wenn es sich nicht auf den Staat, sondern auf die Öffentlichkeiten und Handlungssphären der zivilen Gesellschaft bezieht. Nicht als Staatsreligion oder als nationale Konfession also, sondern als *public religion*, als öffentliches Engagement aus transzendenter Inspiration, kann das Christentum (wie Maritain sich ausdrückt) ein »Ferment« von Bürgersinn darstellen.[73]

Damit die katholische Christenheit in Europa aber zum Ferment bürgerlichen Engagements werden kann – und das ist meine letzte These –, muß sie die Lehre der nordamerikanischen »christlichen Demokratie« wirklich ernst nehmen, die angesichts der totalitären Erfahrung bereits Jacques Maritain zu seiner kopernikanischen Wende inspiriert hat. Ich meine hiermit, daß die katholische Kirche Europas, auch in Polen, die Bekenntnisfreiheit und den religiösen Pluralismus als positive Existenzform der Nachfolge Christi annehmen muß. Sie muß also bewußt auf die staatliche Sanktionierung von spezifischen Glaubenswahrheiten, von christlichen Werten und Pflichten verzichten – und dies gerade in einer Republik, die auf der Freiheit des Christenmenschen fußt. Deren Muster ist gewiß historisch von den Nachfahren protestantischer Sekten in der Neuen Welt entwickelt worden, denselben Puritanern, die dereinst in Amerika der Sklaverei den Todesstoß versetzt haben. Heute aber muß sich in Europa auch der römische Katholizismus »verwestlichen«, um »Ferment« der Demokratie bleiben oder werden zu können – vielleicht nicht theologisch, aber politisch.[74]

»Rom« muß daher zwar nicht unbedingt die radikale Version der augustinischen Gnadenlehre wiederaufnehmen, die in den Worten eines großen polnischen Theologen »aus Gott einen launischen Tyrannen macht, der über die ewige Erlösung oder Verdammnis der Menschen nach unbegreiflichen Prinzipien entscheidet, die mit unseren Anstrengungen nichts zu tun haben«.[75] Aber »Rom« sollte sich mit den politischen Wirkungen und normativ-institutionellen Spielregeln anfreunden, die die protestantische Gewissensfreiheit als Grundlage der Trennung von religiöser und politischer Gemeinschaft, von Kirche und staatlicher Ordnung, in der Neuen Welt gezeitigt hat: vor allem mit dem religiösen Pluralismus.

Sooft die Kirche sich in ihrem Evangelisierungsauftrag auf staatliche Macht stützte, sooft »ein Fürst eine Kirche für eine Korporation erklärte, für eine Gemeinschaft mit eignen Vorrechten, für eine ansehnliche Person in der bürgerlichen Welt« – diese Kritik am Staatskirchentum schrieb zehn Jahre nach der Französischen Revolution der liberale protestantische Theologe Friedrich Schleiermacher – »sooft ein Fürst, sage ich, zu dieser gefährlichsten und verderblichsten aller Handlungen sich verleiten ließ, war das Verderben dieser Kirche unwiderruflich beschlossen und eingeleitet. Wie ein furchtbares Medusenhaupt wirkt eine solche Konstitutionsakte politischer Existenz auf die religiöse Gesellschaft: alles versteinert sich, sobald sie erscheint.«[76]

4. Wenn Engel schlafen

Der Katechismus als Sackgasse der Verkündigung

> Nun wird dieser Gott von seinem Wort verherrlicht, das
> sein ewiger Sohn ist, und von dem Heiligen Geist, der die
> Weisheit des Vaters von allem ist; und die Mächte dieser
> [letzteren], des Wortes und der Wahrheit, welche Cheru-
> bim und Serafim heißen, verherrlichen mit immerwäh-
> rendem Lobgesang Gott.
>
> Irenäus von Lyon
> (*Epideixis*, 10)

Im Gegenlicht

»Woran man sich halten kann«, kündet das Poster in großen Lettern.
Das Plakat zur Buchhandelspräsentation des neuen »Katechismus der
Katholischen Kirche« (im Folgenden zitiert als KKK, mit Paragraphen-
nummer)[1] zeigt vor glühend leuchtendem Abendrot einen Kletterer an
einer Steilwand. Seine Hand greift nach oben, auf der Suche nach Halt,
und fast kann er auch die Rechte bereits ergreifen, die ihm eine Person
mit wallenden Haaren entgegenhält. Das Photo im Gegenlicht und der
leicht kitschige »Alpenglühen«-Weichzeichner lassen beim ersten Blick
nicht alle Details erkennen; doch unwillkürlich denkt man etwa an die
Schöpfungshand des Vatergottes in Michelangelos Sistina-Fresken, die
den Menschen als Gottes Ebenbild zum Leben erweckt.
Woran man sich halten kann? Na klar doch: der Mensch, als das einzige
aller »sichtbaren Geschöpfe fähig, seinen Schöpfer zu erkennen und zu
lieben« (KKK, 356), muß diese seine persönliche Beziehung zum transzendenten Gott als den Ausgangspunkt seiner Grundorientierungen
im Leben, am Abhang, in Gefahr und höchster Not akzeptieren, will er
nicht in den Abgrund der Sinnlosigkeit fallen. Ein zeitgenössischer
»Kat*ech*ismus«, der diese Botschaft zum Ausgangspunkt nähme,
würde im »Echo« menschlicher Grenz- und Entscheidungssituationen

nach den »Spuren der Transzendenz« Ausschau halten: nach verwundertem Innehalten im tagtäglichen Trott, nach Stoßgebeten aus Angst und Hoffnung, nach enthusiastischer Freude über unverdient geschenktes Glück, nach absurden Momenten des »Außer-sich-Seins«, nach Augenblicken, in denen wir uns selber fremd werden.[2] Gottes Gegenwart erwüchse diesem Katechismus aus Geistesgegenwart, also aus Irritation. So käme er vielleicht gar der antiken Katechese wieder näher.

Babel und Diaspora

»Katechese« nannten sich die Übersetzungs- und Überzeugungsbemühungen der frühchristlichen »Diaspora«, einer verstreuten Minderheitskirche in der ersten Postmoderne unserer abendländischen Geschichte, nämlich der ordnungspolitisch siegreichen *One World* des Imperium romanum. Dieses »thalassische« Reich war politisch römisch und kulturell hellenistisch. Gewiß war es stärker vereinigt als das Mittelmeer je zuvor – in soziologischer Terminologie: stärker »systemisch« integriert; doch seine »Lebenswelt« war zugleich innerlich zerrissen und im pluralistischen Chaos einer Unzahl therapeutischer oder philosophischer Heilslehren, lokaler Kulte, chiliastischer Religionen und mystischer Gemeinschaften weltanschaulich unübersichtlich geworden.

Und so waren die ersten Katechesen, etwa die im ersten Jahrhundert im östlichen Mittelmeer entstandene »Zwölf-Apostel-Lehre« (*Didache*), gleichzeitig Unterweisung von Gläubigen und Heranführung von Noch-Nicht-Christen an das exotische Mysterium des fleischgewordenen Logos oder Wort-Geistes. Fast wichtiger als die Taufe war die Vorbereitung, die Initiation in den Ritus: die Inkulturation von Neulingen in die urchristlichen Gemeinden, welche sich in einem Gewirr von Charismatikern, Zungenrednern, Therapeuten, judenchristlichen Traditionalisten, essenischen Militanten und gnostischen Spinnern um ebenso handfeste wie flexible Trennschärfe bemühen mußten.

Daher waren solche Handreichungen häufig gleichzeitig Katechese und Apologetik: So richtete sich beispielsweise im zweiten Jahrhundert die von Bischof Irenäus auf Bitten eines verunsicherten Freundes verfaßte Darlegung der richtigen Lehre wider eine offenbar recht erfolgreiche

75

aggressive Konkurrenzfirma, die Gnostiker. Und der polemische Minderheitsstatus solcher Gebrauchsanweisungen im christlichen Glauben und seiner Verteidigung behinderte ihre universale (»katholische«) Zirkulation im Imperium keineswegs, ganz im Gegenteil: Die »Epideixis« oder »Darlegung der apostolischen Verkündigung« etwa, also der erwähnte antignostische Kurzkatechismus des aus Izmir stammenden Bischofs der griechischen Ausländergemeinde, der Gallia inferior, Irenäus von Lyon, ist uns nur in einer armenischen Übersetzung aus Eriwan überliefert.

Diese spätantike Postmoderne, jahrtausendlang vergessen und – mit der kurzlebigen Ausnahme der Renaissance – verdrängt, hat sich heute in unseren Breiten wieder eingestellt. Allerdings umfaßt sie nicht mehr nur ein Binnenmeer oder einen Kontinent allein; und die Mobilität von Gütern, Informationen und Menschen ist in unvorstellbarem Ausmaße gewachsen. Doch wohl noch nie, jedenfalls seit Aufklärung und Psychoanalyse, waren Hunger nach Orientierung und »Identitätssuche« so allgegenwärtig verbreitet wie heute, unter den vereinzelten einzelnen der Weltrisikogesellschaft. Den ambivalenten, prekären und umkämpften Charakter der aktuellen postmodernen Identitäten betonen nahezu alle wichtigen neueren soziologischen oder sozio-moralischen Analysen.[3] Weil wir beständig mit anderen Optionen, Versionen und Zugehörigkeiten konfrontiert sind und weil wir die eigene Identität von der Konfektion bis zur Konfession »wählen« müssen, verlieren unsere kulturellen wie persönlichen Muster von »Identität« ihre Selbstverständlichkeit. Sie werden stärker zu Optionen bzw. häufiger als solche wahrgenommen, und sie werden somit prekär oder doch als prekär erlebt – und gerade deshalb sind sie ja so erbittert umkämpft.

Erstens kommt uns das Fremde nahe: So lassen sich die »Bruchlinien zwischen den Zivilisationen« (Sam Huntington) keineswegs mehr an den Grenzen von Staaten oder Imperien bzw. zwischen Kontinenten oder geographischen Großregionen festmachen.[4] Sie verlaufen längst durch unsere Gesellschaften, vielleicht sogar in uns selbst. Allein die Fahrt mit der U-Bahn in jeder Metropole der westlichen Welt bringt in selbstverständlicher Gleichzeitigkeit täglich Gläubige aus verfeindeten Konfessionen oder Weltreligionen zusammen, die unter nur wenig veränderten Bedingungen – und in Europa nur wenige hundert Kilometer entfernt – auch blutige Kreuzzüge gegeneinander führen könnten. Tag für Tag sehen sich »unsere« alltagspraktischen Routinen von Sittlichkeit mit ganz »anderen« konkurrierenden moralischen Mustern und zivilisatorischen Codes konfrontiert. Und zweitens wird uns das Eigene fraglich: Immer weniger kognitive Nischen an fragloser Plausibilität stehen uns zur Verfügung. Es ist schließlich die Auflösung der vertrauten Traditionen – wohlgemerkt: einschließlich der Fortschrittshoffnungen, der Identitätsmuster und Verhaltenssicherheiten der industriellen »Moderne«! – es sind nicht zuletzt die existentiellen Enttäuschungen über die Versprechungen der Aufklärung selbst, die allenthalben echten und falschen Propheten, Therapeuten oder kurzlebigen Heilsbringern ihre Schäflein zutreiben, welche sich dann oftmals nach den ersten Enttäuschungen alsbald wieder dem nächsten Bhagwan anschließen müssen.

Die wachsende Mobilität aller sozialen Parameter personaler Identität, der postmoderne Pluralismus der Lebensstile und das »globale Dorf« der Kommunikationstechnologie haben also den »häretischen Imperativ«, wie Peter Berger den Zwang zur Wahl des eigenen Glaubens genannt hat,[5] keineswegs in seiner Dramatik entschärft. Das postmoderne »Ich«, dessen soziale, moralische, kulturelle Identität völlig beliebig der eigenen Entscheidung oder »Konsumentenpräferenz« auf dem Markt der »Erlebnisgesellschaft« überantwortet scheint, könnte sich mithin bald als überfordert erweisen. Oder aber das »Selbst«, welches den eignen Lebens-»Sinn« ständig neu aus multiplen Identitätsangeboten zusammenbasteln bzw. rekonstruieren muß, wäre leer: allen Trends, Moden und Life-styles folgend und doch nirgends »bei sich«.

Ist also der Mensch doch ein »religiöses Wesen« (KKK, 28), ein *animale religiosum*? Die auch vom Weltmanne nachvollziehbare Erfahrung, daß der Mensch auf unendliche Weise den Menschen übersteigt, war bekanntlich in der frühen Neuzeit eines der existentiellen Schlüsselargumente für Blaise Pascals »Apologie« der christlichen Religion. Das kognitive »Verlangen, einen festen Halt und eine beständige letzte Grundlage zu finden, um darauf einen Turm zu errichten, der sich bis zum Unendlichen erheben soll«, ist für uns endliche Intelligenzen zwischen zwei Unendlichkeiten, zwischen dem unendlich Großen und dem unendlich Kleinen, nicht einlösbar (wie der Erfinder des Infinitesimalkalküls wußte): »Aber unser ganzes Fundament kracht auseinander, und die Erde tut sich bis in die Tiefen auf.«[6]

In der Postmoderne ist der eine, gemeinsame Turm der Menschheit bereits eingestürzt; unsere multikulturelle Wirklichkeit ist längst Babel. Doch die Menschen bauen weiter: an zahllosen Türmen und Tempeln, an Gotteshäusern oder Wegweisern »nach oben«. Und so lassen sich heute für Pascals Diagnose vom Elend des Menschen ohne Gott auch soziologische Gründe anführen. Ohne die Annahme einer transzendenten, absoluten Grundlage humaner Personalität – eines göttlichen »Rufes«, der die Menschheit in meiner Person erweckt und mich damit auch zur Verantwortung gegenüber dem »anderen«, dem Nächsten, dem Dritten und allen anderen Mit-Menschen und Mit-Gerufenen verpflichtet – könnte sich das diesseitig »völlig losgelöste« In-dividuum als bloßes Dividuum erweisen: als beliebige Teilmenge zufälliger Kompromisse zwischen verschiedenen Identitätsprogrammen. Oder, wie sich der Papst zu einer anderen Version einer rein sozialen Konstruktion der humanen Identität geäußert hat: »Der Mensch wird auf diese Weise zu einem Bündel gesellschaftlicher Beziehungen verkürzt, es verschwindet der Begriff der Person als autonomes Subjekt moralischer Entscheidung.«[7]

Écraser l'infâme? Das überlegene Lächeln des atheistischen Philosophen wirkt bereits leicht gezwungen. Selbst säkulare Humanisten sprechen heute nur mehr von einem »methodischen« Atheismus. Wie weit aber kommt man auf dem Wege bloßer sprachpragmatischer »Transzendenz von innen«?[8] Fragen, die die lebenspraktischen Dimensionen von »Trost« und letzte Hinsichten von »Sinn« angehen, müssen da schon aus Gründen der Zuständigkeit an die Kollegen von der Theologischen Fakultät oder in den konkreten Fällen wie Jugendseelsorge oder Drogenberatung, bei Sterbefällen und Gewissenskonflikten an den Gemeindepfarrer weitergeleitet werden. Doch Vorsicht, die Kirchen und ihre »zuständigen« intellektuellen Apparate stehen keineswegs besser da als die säkularen Heilslehren und Kleriker der Moderne. Die Hoffnung, wenigstens das kirchliche Gottesvolk sei wider die skizzierten normativen Desorientierungen des weltanschaulichen Pluralismus der Postmoderne immun, findet – jedenfalls in Europa – keine empirische Bestätigung. Die bekannten Schlagworte lauten: »Vom Untertanen zum Freiheitskünstler« (Zulehner); wachsende »Entkirchlichung Europas«, aber zugleich die Suche nach einem »Werte-Monotheismus«. Die persönliche und die kulturelle Dimension von »Religiosität« trennen sich zunehmend von ihrer christlich institutionalisierten Form; aber auch »Christlichkeit« und »Kirchlichkeit« treten im Selbstverständnis der Gläubigen immer mehr auseinander.[9] Und das ist kein Widerspruch: Die Kirchenbindung nimmt ab, und die Suche nach existentiellem Rück-Halt (re-ligio) nimmt zu! Wir wollen Freiheit und Bindung – und das sagen heute nicht mehr allein die (Neo-)Konservativen, sondern auch Linke, Liberale, »Kommunitaristen«. Mit dem Zerfall der traditionsentsprungenen Bindungen und Plausibilitäten, die ja auch noch den individualistischen Freiheitsbegriff der Moderne getragen haben, könnte im endlosen »Prozeß-Progreß« (Carl Schmitt) auch die Freiheit haltlos – im Fachjargon: anomisch – werden.

»Unruhig ist unser Herz, bis es ruhet in Dir«, wußte der hl. Augustinus (er kannte die existentielle Dynamik solcher Sinnsuche aus eigener Erfahrung). Heute solche vielfältigen Sprachen der Unrast zu verstehen, in ihnen gar das »Verlangen nach Gott« (KKK, 27) zu dechiffrieren, das, fürwahr, wäre schon einen neuen Katechismus wert. Heute: nach dem Untergang der innerweltlichen »Karikatur« der christlichen Botschaft der Nächstenliebe – des Kommunismus.[10] Und heute: mitten im Prekär-Werden auch des liberal-aufklärerischen Fortschrittsglaubens. Aber heute – *en situation*!

Denn der letzte gesamtkatholische »Catechismus Romanus« aus dem Jahre 1566 stammte ja noch aus den Schützengräben der angehenden Moderne. Im Kampf zwischen katholischer Kirchenräson und protestantischer Gewissensfreiheit stellte dieser »Katechismus des hl. Pius V.« vornehmlich eine Waffe psychologischer Kriegsführung und ein Instrument zur Stärkung der Moral der eigenen Truppe dar; ein *Catechismus ad parochos*, der sich nicht zuletzt verstand als ein »heilsames Gegenmittel« wider »eine nahezu unendliche Reihe von [sc. häretischen] Büchern, die unter dem Anschein von Frömmigkeit die unvorsichtigen Seelen einfacher Gläubiger aufs Leichteste täuschen können«[11]: Luthers »Großer Katechismus« und Calvins »Instauratio magna« waren im Kampf um die Seelen der Christenmenschen der römischen Kirche zuvorgekommen. Nach der theologischen Frontbegradigung auf dem tridentinischen Konzil (1545–1563) war der »Catechismus Romanus« somit eine Art »Großer Lehrgang« für die dann äußerst erfolgreiche Propaganda der Gegenreformation, vorrangig für Pfarrer und Seelenführer, für die Kader der Avantgarde im antiprotestantischen Kampf bestimmt. Er sagt heutigen Priestern wie Laien, Christen wie Heiden nichts mehr.

Ent-Täuschungen

Unser erster Augenschein des neuen Katechismus-Posters täuschte: Die Gestalt, die dem zum Himmel steigenden Kletterer die Hand entgegenhält, ist von nahem besehen gar kein Jesus mit wallendem Haar und auch kein Gottvater aus der Bilderbibel. Sie ist eine junge Frau, wie der Kletterer in Shorts und Turnschuhen. Ist damit die Hand der Partnerin im Freizeitdreß etwas, »woran man sich halten kann«?

Das ist nicht sicher. Die Berührung der Hände hat noch gar nicht stattgefunden. Es bleibt fraglich, ob die zwischenmenschliche Begegnung gelingt, ob sie Sinn, Stabilität und Glück zu stiften vermag.[12] Doch keine Sorge, die beiden Freizeitalpinisten werden schon nicht in den Abgrund fallen. Denn jetzt, sobald sich die Augen ans Gegenlicht gewöhnt haben, sieht man auch die Aluminiumhaken und Ösen. Vor allem das Halteseil, das am nächsten Felsvorsprung festgemacht ist. Woran unser Kletterer sich somit auf jeden Fall halten kann, das ist das Seil – also die Institution, der TÜV, das kirchliche Lehramt: ergo der mit höchstamtlicher Approbation, der Apostolischen Konstitution »Fidei depositum« (gezeichnet Rom, 11. Okt. 1992) ausgestattete Katechismus der Einen, Heiligen, Katholischen und Apostolischen Kirche.

Nur die professionellen Theologen sind wieder einmal sauer. Produktion und Überarbeitung, Redaktion und Lektorat der »maßgebenden Zusammenfassung katholischer Glaubens- und Sittenlehre« lagen ausschließlich in den Händen der römischen Hierarchie, die dann nur noch das Marketing auslagerte. Eine Kommission aus zwölf Kardinälen wachte unter Vorsitz von Joseph Ratzinger über die Systematik; ein achtköpfiges bischöfliches Redaktionskomitee entschied über die Präsentation; und die Schriftführung lag dann beim Dominikaner und Wiener Weihbischof Schönborn.

Gewiß, Rom hatte in die Weltkirche gerufen. Zwischen 1986 und 1992 wurde der erste Entwurf an alle katholischen Bischöfe der Welt und vierzig handverlesene Experten verschickt.[13] Mehr als 20.000 Änderungsvorschläge sollen daraufhin im Rücklaufverfahren eingegangen und berücksichtigt worden sein. Doch nicht die zeitgenössische akademische Theologie, mehr oder minder modernistisch, politisch, feministisch usw., war gefragt.[14] Insbesondere, so wird bemängelt, sei die gesamte historische, hermeneutische und philosophische Wissenschaft der Bibelkritik völlig vernachlässigt worden.[15] Statt dessen greife das römische Redaktionskollegium auf eine erbauliche, »traditionelle Querbeet-Lektüre« (Hansjürgen Verweyen) der Heiligen Schrift zurück.

Das mag zwar zutreffen, scheint mir aber eher ein Randproblem. Die selbstgestellte Aufgabe des Katechismus-Redaktionskollektivs, eine »maßgebende Zusammenfassung katholischer Glaubens- und Sittenlehre« zu liefern, hat schließlich wenig zu tun mit einer gewiß nicht allein für Theologiestudenten höchst wünschenswerten Einführung in den Forschungsstand der historischen Bibelkritik. Aber die Kluft zwischen historisch-kritischer Hermeneutik und theologisch-dogmatischer Exegese der Heiligen Schrift wäre dadurch keineswegs kleiner geworden: Diese Dimensionsdifferenz ist schließlich prinzipiell unüberbrückbar – und hierin stimmt übrigens der Chef der Glaubenskongregation durchaus mit den Kritikern »seines« Katechismus überein.[16] Zu sehr unterscheiden sich die Hinsichten und Kriterien dieser beiden Lektüren, etwa zwischen einer Rekonstruktion der Quellen über den »historischen« Jesus von Nazareth und einer christologischen Hermeneutik des Neuen Testaments als Offenbarung. Auch eine anders gewichtete, stärker quellenkritische Darstellung der »Mysterien des Lebens Jesu« (KKK, 512 ff.) würde wenig daran ändern.[17]

Ob aber ein in pluralistischen Expertenkommissionen, mit *theologically correct* zusammengesetzten Quoten für Thomisten und Existentialisten, für feministische oder BefreiungstheologInnen, für Hermeneutiker und Dogmatiker zuwege gebrachter »Weltkatechismus« tatsächlich eine bessere Systematik, eine lesbarere Botschaft, eine existentiell »ansprechendere« Form zuwege gebracht hätte – die dann auch noch amtskirchlich konsensfähig gewesen wäre? Ich persönlich zweifle daran. Und sehe hier übrigens auch wenig Grund zum Ärgernis.

Die zeitgenössische Theologie hat mit *pistis, logos* und *pleroma* nicht mehr viel zu tun, sie hat schon ihren legitimen Platz im sozialen Subsystem der universitären Wissenschaften gefunden. Zum existentiellen Skandalon des (Un-)Glaubens hat sie immer weniger zu sagen. Nicht nur die Kirchen haben sich geleert, auch die theologischen Fakultäten haben Seelen- und Bodenhaftung verloren. Die Fortschrittler und Modernisten befriedigen sich fruchtlos in periodischen antirömischen Unterschriftskartellen.[18] Und auf kurzatmige Medienereignisse (Frau Sölle und Franziskaner, Bruder Drewermann und Nonnen, Benediktinerpater Steindl-Rast und New-Age-»Physiker« Capra, Herr Küng und die UNESCO) verzichtet der Mann von Welt und Geschmack recht gerne.

All das wissen natürlich Ratzinger und sein Chef bestens. Schließlich versucht der Papst ohnehin – das haben wir in den letzten fünfzehn Jahren seines Pontifikats lernen müssen –, die theologischen Experten, egal ob nun Traditionalisten oder Modernisten, etablierte oder alternative, durch einen charismatischen Appell an die Konsumenten der Frohen Botschaft zu unterlaufen. Evangelisierung läuft heute über die Medien, geht somit direkt an den Endverbraucher. Flankiert wird dies durch den päpstlichen Rückgriff auf neue inner- und parakirchliche Bewegungen, Lobbies und *pressure groups*, die auf diversen seelischen Teilmärkten (Jugend, Hochschule, Eliten) mit je spezifischem Profil konsumentenorientiert präsent sind: Comunione e Liberazione, Renouveau charismatique, Opus Dei usw.[19]

Johannes Pauls II. Vorliebe für diesen charismatischen *bypass* ist bekannt. Sein Katechismus wird ergo auf dem freien Markt durchgesetzt werden müssen, die theologischen Fakultäten mögen dann nachziehen oder maulen. Und der Katechismus richtet sich ja auch gar nicht primär an Theologen, wie die meisten seiner Vorläufer, die eher als Material zur internen Kaderschulung gelten konnten. Schwieriger ist gewiß die Frage, an wen er sich überhaupt richtet: irgendwie an alle und daher an niemanden speziell. Auch der Papst äußert sich in seiner einleitenden Apostolischen Konstitution nur wenig präzise: Ein »gültiges und legitimes Werkzeug im Dienste der kirchlichen Gemeinschaft« sei der KKK, »eine sichere Norm für die Lehre des Glaubens«. Der Katechismus wird präsentiert als apostolischer *service*, als ein »Dienst, den der Nachfolger Petri der heiligen katholischen Kirche und allen Einzelkirchen erweisen möchte«, die den päpstlichen Primat anerkennen. Er richte sich an »die Hirten der Kirche«, zugleich aber an alle Gläubigen; er will außerdem »Stütze« für die ökumenischen Bemühungen sein und wird schließlich auch noch »einem jeden Menschen angeboten, der (...) kennenlernen möchte, was die katholische Kirche glaubt«.

Daß die katholische Kirche nicht allein das wissenschaftliche Subsystem Theologie links liegen läßt, sondern sich danach auch bei der Vermarktung ihres lehramtlichen *outputs* keines der theologisch einschlägigen Fachverlage bediente, paßt ins Bild. Es muß auch nicht nur damit zusammenhängen, daß man in Rom Herder, Patmos, Benziger oder in

Frankreich die Editions du CERF für ihre Publikationen von latein-amerikanischen Befreiungstheologen, Schweizer Transkatholiken oder deutscher Drewermänner »abstrafen« will. Die katholische Kirche hat die legitime Autonomie der Teilbereiche säkularer Systemrationalitä-ten spätestens seit dem hl. Thomas begriffen und dann mit den jesuiti-schen Kasuistikern der frühen Neuzeit durchrationalisiert.

So vertraut man in Rom auch heute auf die professionelle Marktratio-nalität eines eingeführten weltlichen Verlags (Oldenbourg in Deutsch-land, Plon in Frankreich), der dann noch einige folgsame, aber bislang wenig erfolgreiche katholische Verlagshäuser per Mitnahmeeffekt sa-nieren helfen muß, in Deutschland z.B. den Nachfolger des weiland einzigen katholischen Verlages des ehemaligen Missionsterrains DDR.[20] Einzig das »internationale Logo« wurde von der römischen Zentrale vorgegeben. Es zeigt eine Darstellung aus den Domitillakata-komben (3. Jahrhundert): Christus als Hirte mit Autoritätsstab und der Flötenmelodie der Wahrheit beschützt das zu ihm aufblickende Schaf unter dem kühlen Schatten des Lebensbaums, der zugleich das Myste-rium des Kreuzes vertritt.

Die Operation ist gelungen: Die neue Summa des römischen Lehr-amts ist auf dem öffentlichen Markt in Millionenauflage präsent. Im laizistischen Frankreich führte der Katechismus die Bestsellerliste an und erlaubt es dann sogar dem vermeintlichen Vertreter einer »neuen Reformation«, Eugen Drewermann, als Trittbrettfahrer im Lande der republikanischen Aufklärung mit seiner Kleriker-Psychoanalyse von der kritischen Empörung über die römisch-katholische Medienoffen-sive zu profitieren.[21] Wer aber wird dieses Opus wahrhaft lesen, um dort geistliche Tröstung und geistige Orientierung zu finden? Über-haupt: Wie liest man diesen ersten postkonziliaren, Nach-Vaticanum-II-Katechismus?

Sein Aufbau ist nicht neu. Die Vierteilung in das Credo, die Liturgie, das christliche Handeln (systematisiert nach den zehn Geboten) und zuletzt das Gebet folgt jahrhundertealter, bewährter kirchlicher Syste-matik. Sie geht zurück auf das erste kirchliche Massenmedium bei der Rückeroberung häretischer Seelen im 13. Jahrhundert, auf die domini-kanischen Predigten, und natürlich auf ihre parallele Systematisierung, das Lebenswerk des hl. Thomas. Leben und Handeln des Menschen sind also, sieht man einmal von der schönen Einleitung »Ich glaube – wir glauben« ab, gerade nicht Ausgangspunkt der katholischen Glaubenslehre; im Weltkatechismus finden sie sich »eingebettet« zwischen Amtscharisma und *vita contemplativa* – zwischen Liturgie und Gebet. Die *vita activa*, das rechte Handeln der Christenheit, mit all den journalistisch einschlägigen »Stellen« zu Zölibat, Abtreibung, Empfängnisverhütung, Steuerhinterziehung, Todesstrafe, gerechter Krieg usw., steht gerade nicht im Vordergrund: »Der Katechismus beginnt nicht mit der Moral, mit dem, was der Mensch tun soll, sondern mit den Taten Gottes.« (Chefredakteur Schönborn) Und dies ist für eine Institution, die ihre *raison d'être* nicht aus Menschenwerk bezieht, auch völlig in Ordnung.

Das Skandalon des Glaubens erfordert gerade, wie Meister Eckhart verkündete, daß der Mensch seine Seele (oder mit Paulus: »sein Herz«) leerräumt von allen weltlichen Belangen.[22] Die Fülle des Glaubens bzw. das Mysterium der Menschwerdung setzt ein mit einem Herzen, das sich frei macht, zu hören auf die fremde Botschaft, die es weder begreifen kann, noch theologisch zu positivieren, zu rationalisieren vermag. Nicht umsonst ist alle große Mystik immer auch »negative Theologie«. Gott ist größer als alle Begriffe der Theologie, als alle kirchlichen Symbole.[23]

Doch eben diese Konfrontation mit dem beständigen Skandal der christlichen Glaubensbotschaft leistet der Katechismus nicht. So kann es übrigens auch nicht verwundern, daß bei aller Fülle der Referenzen gerade die mystische Tradition weitgehend fehlt. Man wird im Register vergeblich nach dem Namen eines Meister Eckhart oder Johannes Tauler suchen, auch wenn immerhin einigen wenigen heiligen Frauen, unter ihnen Sancta Theresa von Avila und Theresa von Lisieux, als Mystikerinnen die Ehre der Zitation zuteil wurde.

Daß ansonsten der Katechismus reine Männersache ist, versteht sich ja sozusagen von selbst. Nur 9 – in Worten: neun – weibliche Stimmen sind in den Chor der Kirchenväter aufgenommen worden, darunter immerhin die beiden Politikerinnen Katharina von Siena und Jeanne d'Arc. Als Kompensation ist dann freilich die allerheiligste Jungfrau und Gottesmutter nahezu allgegenwärtig.

Vielleicht verdanken sich diese marianischen Perlen in einer ansonsten (mit Ausnahme des vierten Teils zum christlichen Gebet) wenig enthusiastischen Prosa aber auch, ebenso wie die immerhin 138 (!) Zitate aus dem segensreichen lehramtlichen Wirken des Generalsekretärs Wojtyla, dem taktischen Geschick des bischöflichen Autorenkollektivs.

Christologisch relevanten dogmatischen Schaden wird man damit schließlich kaum anrichten können; schlechtestenfalls produziert man noch etwas Redundanz.[24] Aber man trifft das Feeling des Chefs: Sicher ist sicher. Ebendieser mütterlichen Jungfrau (»tota pulchra es«) und siegreichen Patronin Polens hatte bei Amtsantritt der aktuelle Stellvertreter ihres Filius bekanntlich sein Pontifikat unterstellt.[25]

Auch ansonsten strotzt der neue Katechismus vor römischer Versicherungsmentalität. Er fordert nicht die Offenheit der Seelen, sondern präsentiert eine Fülle von Referenzen. Kein Glaubensschock, keine Provokation, kein *Metanoia*, kein Ruf zur radikalen Umkehr. Das ist kein Wegweiser zu jenem, der von sich sagte, er sei Weg, Wahrheit und Leben. Weder Fisch noch Fleisch – weder Katechese noch Apologie.[26] Die intensiven Konsultationen haben vielmehr ein juridisches Meisterwerk innerhierarchischer Diplomatie zustande gebracht: Selbst die päpstliche Unfehlbarkeit des »Haupts des Kollegium der Bischöfe«, also die monarchische Konterrevolution des Ersten Vaticanum, kommt heuer gut verpackt, kollegial und quasi beiläufig daher (KKK, 262); Joseph de Maistre und Pius IX. würden sich im Grabe herumdrehen. Wer aber nicht bereits vorgewarnt ist durch Küng oder andere Protestanten, schluckt die Pille und merkt es zunächst überhaupt nicht. Und bei der nächsten lehramtlichen Verkündigung des Papstes wider die Pille tritt die solcherart gewonnene Katechetin dann wieder aus.

Wesen und Wahrheit

Was ist aber mit der »Transsubstantiation« von Brot und Wein beim Abendmahl? Über diese Frage haben sich schließlich jahrhundertelang die besten Geister des Abendlandes ihre Köpfe zerbrochen. Immerhin sind darum dereinst gerechte katholische Kriege ausgefochten worden: im 16. Jahrhundert, also zur selben Zeit, als der letzte römische Weltkatechismus in Druck ging. Da möchte man doch wissen, was dieselbe Institution heute dazu als verbindliche Glaubenslehre ausgibt.

Um es gleich zu sagen: nichts Genaues. Die »wahrhafte, wesenhafte und substanzhafte« Gegenwart von Jesus (im einzelnen: 1. von Fleisch und Blut des HErrn, 2. von Christi Logos und Psyche, seiner Gottheit und Menschheit, 3. seines menschlichen Leibes und seiner menschlichen Seele) in den »Gestalten« von Wein und Brot wird im neuen

Katechismus überhaupt nicht mehr erläutert. Sie wird vielmehr mit einer Fülle von Zitaten überschüttet und persuasiv »eingebettet« in die vielfältigen Formen der Anwesenheit Gottes in Seiner Kirche (KKK, 1373–1381).

Ich deute diese performative Redundanz als Pädagogik der schleichenden Überredung. Das anstößige Dogma soll sozuagen indirekt – oder einfach durch Ermüdung – an den Mann und an die Frau gebracht werden: Wenn man nämlich schon wie die meisten Christen gleich welcher Konfession an die mannigfache Präsenz Christi in Seiner Gemeinde glaubt – im Bande der Liebe, im neuen Bande priesterlicher Brüderschaft, als symbolische Präsenz, Anwesenheit des Herrn im gemeinschaftlichen Gebet und in der sakramentalen Feier –, dann wird man ja wohl auch mit dem hl. Thomas von Aquin in der Eucharistie »gleichsam die Vollendung des geistigen Lebens und das Ziel aller Sakramente« erblicken dürfen (Summa theologiae III a, quaestio 73. 3). Und somit (das jedenfalls scheinen Autoren und Redakteure des KKK zu meinen) hat man dann auch die dogmatische Pille der Lehre von der Verwandlung von Brot und Wein beim Abendmahl so gut wie geschluckt: einfach als eine weitere sakramentale Form der Anwesenheit dessen, in dessen Namen wir uns schließlich versammeln.

Ist der Mensch ein zugleich leib-seelisches wie soziales Wesen, verlangt auch seine Beziehung zum transzendenten Gott nach Dimensionen der Verkörperung. Die Aktualisierung der göttlichen Liebe im menschlichen Dasein muß dann mehr und anderes sein als ein bloßer Bewußtseinsprozeß; und sie wird sich auch nicht allein auf eine rein symbolische Weise verstehen lassen. Die Mit-Teilung Gottes an den Menschen erfordert deshalb auch menschlich faßbare Formen der Verkörperung, sprachliche wie leibhafte (Summa theologiae III a. 60. 5 u. 6.). Um hierzu einen anderen, aber im Katechismus (natürlich) vernachlässigten, bedeutenden Theologen zu zitieren: Der »Cultus« ist mehr als die »Erwekkung der Gemüther« zur »inneren Gewißheit der Wahrheit« der frohen Botschaft, sondern impliziert eine soziale Dimension der Vergegenwärtigung der Inkarnation selbst, die »Erhaltung der Gemeinde [...] Fortdauernde Thätigkeit sie zu erschaffen, zu bilden, hervorzubringen und ewige Wiederholung des Lebens Leidens und Auferstehung Christi – in den Gliedern der Kirche«.[27]

Auch für seine Ablehnung eines Verständnisses der Sakramente als bloßes »Zeichen«[28] hat Thomas von Aquin gute, anthropologische wie semiologische Argumente, die dann auch von Denkern ganz anderer Provenienz und Konfession geteilt werden sollten. Außerhalb seines Kontextes bedeutet ein Zeichen nichts; der Kontext der Sakramente aber ist die Inkarnation: die von Christus gestiftete und in seiner Kirche überlieferte Heilsgeschichte und Heilshoffnung. Schon darum können die Sakramente keine einfachen, ein-eindeutigen Zeichen sein. Sie haben eine komplexe Funktion, und dies auch in ihrer zeitlichen Dimension von »Vergegenwärtigung« der individuellen Partizipation des Christenmenschen an der Heilsgeschichte. Sind sie doch Erinnerung, Beweis und Antizipation zugleich: *signum rememorativum passionis Christi, et divinae gratiae demonstrativum, ac futurae gloriae prognosticum* (Summa theologiae III a. 60. 3.). Sakramente bewirken und verkörpern das, wofür sie stehen: die Gnade Christi und die Gemeinschaft der Kirche. *The medium is the message.*

Es hat mithin seinen guten Grund, daß Gott seine Liebe nicht nur als Botschaft mitteilt, sondern in kommunikativen Handlungen sinnlich wahrnehmbar verkörpern läßt. In diesem Sinne und das heißt durch die Wirkkraft der Gnade kann dann die eucharistische Feier der Kirche gleichzeitig als Abbild des Leidens Christi (*imago quaedam est passionis Christi*), als Teilhabe an Jesu Christi Priesterschaft und vor allem an den Ergebnissen dieses Opfers gesehen werden: *per hoc sacramentum partecipes efficimur fructus Dominicae passionis* (Summa theologiae III a. 80. 1.; wir haben teil an den Früchten der Gottespassion). Und nicht einmal der Vernunftprotestant wird an diesem allgemeinen Prinzip etwas auszusetzen finden: Sakramente können den Vollzug der Vereinigung der Christen in Christo als »Bürger« seines Reiches nur bedeuten, indem sie ihn zugleich als »sinnlichen Genuß« vollziehen.[29]

Nun folgt aus einer derart thomistischen Argumentation keineswegs auch schon Thomas' recht spezifische und, wie wir sogleich sehen werden, metaphysisch paradoxe Deutung der Transsubstantiation in der Eucharistie. Erstere läßt sich zudem mit dem Geist des Zweiten Vaticanum problemlos vereinbaren, letztere hingegen nicht – jedenfalls nicht *prima facie*, ohne eingehende Erörterung. Doch genau diese findet nicht statt. Der neue Katechismus will offenbar mit der bloßen Anspielung auf die sakramentale Dimension der kirchlichen Teilhabe an der Inkarnation auch die dogmatische Zustimmung zur Transsubstantiation erschleichen. Ein Kritiker hat in anderem Zusammenhang solche im neuen »Weltkatechismus« versuchte Belegbalance zwischen vor- und nachkonziliarer Theologie sogar als »sophistisch« gescholten.[30] Ich würde eher von der Verwischung der Spuren oder vom Verlust dogmatischer Klarheit sprechen.

Denn die skizzierte »ekklesiologische« Vision der Sakramente allgemein und der Eucharistie im besonderen präjudiziert ja noch keinesfalls die recht spezifische scholastische und dann vor allem tridentinische Auffassung der *conversio* von Brot und Wein in Leib und Blut des HErrn. Die Teilhabe der Gläubigen an der Priesterschaft Christi in der Feier der Eucharistie fordert schließlich nur von Katholiken die Verehrung der konsekrierten Gestalten der Anwesenheit Christi auch jenseits der sakramentalen Feier, wodurch »solches Objekt für sich [also] als Äußerliches – das Göttliche sei – [und nur] Katholiken verehren die Hostie als solche, auch wenn nicht genossen«, also auch nach der Meßfeier.[31] Der »protestantische« Hinweis auf die kommunitäre Partizipation der Gläubigen als das Wesen der Präsenz des HErrn im Sakramente kann mithin die »katholische« Sonderlehre von der Wesensverwandlung der empirischen Hostie als solcher gerade nicht begründen.

Just dies aber simuliert uns die Darstellung im neuen Katechismus. Im eucharistischen Sakrament, so heißt es dort (KKK, 1375), wird uns schließlich Christus »gegenwärtig« – und dann geht der Satz weiter: »durch die Verwandlung des Brotes und des Weines in den Leib und das Blut Christi«. So finden wir im neuen Katechismus friedlich nebeneinander sowohl die klassische, harte und anstößige Version der Transsubstantiationslehre, wie sie in den heiligen Kriegen der Gegenreformation vom tridentinischen Konzil als kirchenamtliches Glaubensdogma festgeklopft wurde, als auch die partizipatorische, erbauliche, weichere Fassung des Zweiten Vaticanum. Nach der klassischen Version ist die Transsubstantiation total, und sie gilt exklusiv für das Meßsakrament: »In jeder der Gestalten [Brot und Wein nach der Wandlung] und jedem ihrer Teile ist der ganze Christus enthalten, so daß das Brechen des Brotes Christus nicht teilt.« (Tridentinum, Dekret über die Sakramente, 1547 n. Chr.)

Das Zweite Vatikanische Konzil hingegen bemühte sich um weitaus konziliantere Redeweisen. So wird für den Modernisten Paul VI. die Gegenwart Christi im eucharistischen Sakrament gerade nicht »ausschlußweise ›wirklich‹ genannt, als ob die anderen [Weisen der Gegenwart des HErrn: in Gebet, in Gestalt der Nächsten und Armen, in Gestalt des priesterlichen Dienstes usw.] nicht ›wirklich‹ seien, sondern vorzugsweise, weil sie substantiell ist« (Enzyklika Mysterium Fidei, 1965). Aber – im Ernst – wenn alle Weisen der Gegenwart Christi, symbolische Feier, christliches Gebet, kirchliche Gemeinde und sonstige liturgische Erinnerung, »wirklich« sind, warum dann soviel Aufhebens um die Transsubstantiation in der hl. Messe? Wenn alle Sakramente als »Realsymbole welthafter Gottesbegegnungen« und »kommunikative Handlungen der Kirche« (Arno Schilson)[32] die Gegenwart Christi evozieren, worin unterscheidet sich nun die »substantiell« wirkliche Anwesenheit Christi in der eucharistischen Wandlung von seiner »nur« wirklichen Anwesenheit in sonstiger sakramentaler Präsenz? Denn jede individuelle oder kollektive Begegnung mit der Gegenwart Gottes ist ja wohl »einzigartig« (KKK, 377). Warum also und inwiefern ist die Eucharistie einzigartiger als diese anderen?

Wenn der katholische Katechismus weiterhin den Begriff der Transsubstantiation als verbindliches Dogma vorschreiben will, dann muß er Gläubigen und Ungläubigen schon genauer sagen, was er damit meint. Was passiert denn nun bei der Wandlung, nach dem Klingelzeichen, während des *Hoc est enim corpus meus* in der Feier der heiligen Eucharistie? Bleibt die empirische Natur von Brot und Wein bestehen? Oder ist, wenn ein Stück der Hostie zu Boden fällt, damit auch der Herr Jesus in den Schmutz gefallen? Ist es eine Todsünde, sich beim Abendmahl zu verschlucken? Oder spielt das alles keine entscheidende Rolle für das Gelingen des »Opfergedächtnisses Christi und seines Leibes der Kirche« (KKK, 1362 und Umfeld)? Wir tun dies ja zu seinem Gedächtnis, als symbolische Feier der Gemeinde – wie weiland schon Ulrich Zwingli und die Schweizer Reformatoren meinten.

Statt sich hier wortreich hinter Ambrosius' und Chrysostomus' Hinweisen auf Gottvaters / Christi / des Hl. Geistes »Allmacht« zu verstecken (KKK, 1375), hätte das Lehramt lieber Klartext reden sollen: Was müssen wir nun glauben? Die *soft version* von Paul VI. oder den *hard core* der thomistischen Metaphysik? Denn offensichtlich ergibt die ganze Geschichte von der Transsubstantiation nur dann dogmatischen Sinn, wenn wir gleichzeitig auch die »quasiaristotelische« Substanzenlehre des hl. Thomas voraussetzen:[33] Wenn wir also die Substanz versus ihre Akzidenzien setzen und damit nur in der Substanz ihr wahres Wesen lokalisieren, mit anderen Worten ihre *essentia* (»sofern ein Seiendes durch es und in ihm ein Sein hat«) jenseits der bloß empirisch-phänomenalen Welt annehmen: *essentia vere et proprie est in substantiis.*[34]

»Aristotelisch« ist Thomas' Beschreibung der Eucharistie insofern, als die *conversio* von Brot und Wein in Leib und Blut des HErrn nicht bloß irgendeinen Teil, ein wie auch immer nicht wahrnehmbares Substrat oder die Elementarstruktur dieser Nahrungsmittel in Jesus Christus verwandelt, sondern Brot und Wein selbst: *Hoc est enim corpus meus.* Die Substanz des Brotes *ist* dieses Brot, die Substanz von Christi Leib *ist* sein Leib.[35] Doch gleichzeitig stellt der die aristotelische Substanzenlehre voraussetzende Begriff der Transsubstantiation, in den Worten des bedeutenden Thomas-Spezialisten und Dominikaners Herbert McCabe, »den Zusammenbruch der Grundbegriffe der aristotelischen Philosophie angesichts eines Mysteriums dar«.[36] Nur »quasi«-aristotelisch ist die Auffassung des Aquinaten nämlich insofern, als Aristoteles' Unterscheidung von Substanz und Akzidenz keineswegs die Annahme rechtfertigen könnte, daß sich beide derart absolut voneinander trennen lassen, wie dies laut Thomas nach der Wandlung im Abendmahlssakrament der Fall sein soll. Zwischen den beiden Sachverhalten der verwandelten Natur, Identität oder Substanz von Brot und Wein einerseits und der weiter bestehenden empirischen und sinnlich wahrnehmbaren Existenz von Brot und Wein andererseits, besteht also keinerlei rationale oder metaphysisch faßbare Verbindung mehr: Die Akzidentien, die empirischen Eigenschaften von Brot und Wein, sind bloße Überbleibsel ihrer verschwundenen Substanz.[37] Wie der Geruch von Zwiebeln in der Küche – auch wenn die Zwiebeln längst verschwunden sind – hängen sie gewissermaßen in der Luft: *sine subjecto.*[38]

Wenn also im Sakrament der Eucharistie unser Herr Christus »selber wesenhaft (*essentialiter*) enthalten ist, während die anderen Sakramente [nur] eine gewisse werkzeugliche *virtus* enthalten« (Summa theologiae, III a. 65. 3), dann heißt das: Wahrhaftes, wesenhaftes Sein kommt beim Abendmahl nur den total verwandelten Substanzen, Leib und Blut des Herrn zu; und die weiter bestehende empirische Faktizität von Brot und Wein, ihre sinnliche Erfahrbarkeit (Geschmack, Gewicht, Größe und Form), hat daher keinen »wirklichen« Bestand im Sein. Wir essen Gott in der heiligen Kommunion – den Meßwein trinken die Ministranten nur heimlich in der Sakristei, *vor* der Wandlung.

Himmel und Hölle

Bei aller Fülle des Textes fällt jeden gläubigen Leser Traurigkeit an, wenn das Dreifaltigkeitsdogma und die Lehre von der gottmenschlichen Doppelnatur des fleischgewordenen Logos trocken heruntergekliniert werden: eine Substanz – drei Hypostasen (Personen) – ihre innige Beziehung. Lieblos, ohne Verwunderung ob der »Härten«[39] dieser Doktrin, ohne Neugier für ihre Paradoxien – keine Spur von Skandal. Viel Kleingedrucktes informiert uns zwar über die diversen »Häresien« der ersten christlichen Jahrhunderte (Monophysitismus, Arianismus, gnostischer Doketismus, Nestorianismus usw.), die am laufenden Bande Schismen produzierten und serienweise Konzile lahmlegten. All das kann man in jedem kirchengeschichtlichen Lexikon besser nachlesen. Eine echte Konfrontation mit all diesen Häresien, etwa mit den einsichtigen Vorwürfen des Islam, die Christenheit betreibe unter dem Signum des Mysteriums von der Trinitas im Grunde Vielgötterei (Hegel: »drei Götter – Subjektivität wäre verloren«), findet hingegen überhaupt nicht statt.[40]

Ein Beispiel nur: Der große Alexandriner Origenes, der allererste Systematiker einer Begegnung zwischen hebräisch-montheistischem Erbe und hellenischem Logos, der sich aus Liebe zum Logos selbst entmannte – »Wer es fassen kann, der fasse es« (Matth. 19.12) –, wird zwar mit allerlei netten Homilien auch unter den Kirchenvätern aufgeführt. Kein Wort davon aber, daß derselbe Origenes in seiner Fundamental-Theo-Logie »Über die Prinzipien« (»Peri Archon«, I.3) eine saubere funktionale Arbeitsteilung der drei göttlichen Personen vorgeschlagen hat: der Vater JAHWE, »Ich bin, der ich bin«, als Onto-Logos, als Grund allen geschöpflichen Seins; Sohn Christus als Logos, spezialisiert auf die vernünftigen und damit (als freie Geschöpfe) auch fehlbaren Wesen (Menschen und Geister); der Heilige Geist aber zuständig für die Heiligen, sprich Menschen und Engel, und spezialisiert auf die Funktion der *Gnade*.

Überhaupt die Gnadenlehre, das Skandalon von der Prädestination der Menschen zu ewiger Seligkeit oder Verdammnis: Wird die Mehrheit der vernunftbegabten sichtbaren Geschöpfe wahrhaftig als »Sünden- und Sünderhaufen« auf ewig nur zum »Gefäße der Schande« (Augustinus) taugen? Muß sie deshalb für alle Ewigkeit in der Hölle des »unauslöschlichen Feuers« (KKK, 1034) braten? Hat Gott in seiner unbegreiflichen Weisheit und Allmacht für die Mehrzahl seiner menschlichen Ebenbilder dies traurige Geschick von Anbeginn an gewußt oder gewollt? Folgt es also wahrhaftig aus dem Umstand der Erbsünde (Röm. 5.12), daß alle Menschen in Adam gesündigt haben, so daß wir alle »in die Sünde Adams verwickelt« (KKK, 402) sind, und somit das Gute aus eigener Kraft gar nicht wollen können? Ist somit der rechte, »positiv« freie Wille zum Guten, der eine erwählte Minderheit von uns Menschen der Erlösung teilhaftig werden läßt, nur und ausschließlich der Wirkkraft unverdienter göttlicher Gnade geschuldet?[41]

Oder aber: Werden auch die Sünder dereinst im ewigen Kreislauf von Schöpfung, Fall und Erlösung, von Emanation und Rückkehr des Logos, der ewigen Seligkeit teilhaftig werden? Dies nämlich wußte nicht nur – im dritten Jahrhundert nach der Fleischwerdung des Wortes – ein Origenes. Das vermutete sogar gestern noch der ja mit dem Papst in besten Beziehungen stehende, mittlerweile verstorbene Theologe Hans Urs von Balthasar (»Es gibt zwar die Hölle – aber sie ist leer«) und dies vertritt heute der Holländer Edward Schillebeecks. Zugegeben, letzterer ist etwas weniger gelitten im Vatikan.

Um das Skandalon der Theodizee, also die Frage »Warum läßt der allmächtige und allwissende Gott das radikal Böse zu?«, mögen sich Hans Jonas (»Der Gottesbegriff nach Auschwitz«) oder heute Sergio Quinzio den Kopf zerbrechen;[42] der Katechismus entsorgt dieses metaphysische Drama in wenigen Paragraphen (und vielen Querverweisen) mit dem billigen Hinweis auf die Freiheit. Schließlich seien die Menschen (und die Engel) »intelligente und freie Geschöpfe«, die also auch irren und sündigen können. »So ist das moralische Übel auf die Welt gekommen, das unvergleichlich schlimmer ist als das physische Übel.«

Die Firma jedenfalls haftet nicht: »Gott ist auf keine Weise, weder direkt noch indirekt, die Ursache des moralischen Übels. Er läßt es jedoch zu, da er die Freiheit seines Geschöpfes achtet, und er weiß auf geheimnisvolle Weise Gutes daraus zu ziehen.« (KKK, 311) Der Mensch fragt die heilige katholische Kirche nach dem Grund unermeßlicher Leiden. Die Antwort: Zurück an den Absender. Das apostolische Lehramt antwortet mit »heilsökonomischen« Leerformeln. Der Katechismus verweist hierzu pikanterweise gleichzeitig auf Augustin und Thomas, also die beiden kirchengeschichtlich konträren Paradigmen beim Begreifen von Gnade und Sünde. *Anything goes?*

So wird zwar beiläufig die Prädestination verneint (KKK, 1037), aber dann doch nicht die Hölle. Diese jedoch bleibt, auf die dürre Begriffs-schrift der »Gottferne« gebracht (KKK, 1035), reichlich farblos. Wie auch der Teufel selbst (KKK, 391) und umgekehrt die Engel, Geister und sonstigen »nichtsichtbaren Geschöpfe«.[43] Diese »geistigen, kör-perlosen« Dienstleister Gottes und »Vollstrecker seiner Befehle« wer-den – obwohl sie doch immerhin »personale und unsterbliche Wesen« sind – in liebloser Pflichtübung in drei Paragraphen knapp andefiniert (KKK, 328–330) und dann in sechs weiteren entsorgt.

Das christliche Leben im Glauben soll zwar schon hinieden »an der glücklichen Gemeinschaft der in Gott vereinten Engel« teilhaben (KKK, 336), aber was sollen wir mit einer Personengruppe anfangen, von der wir weder Namen noch Geschlecht noch Funktion erfahren? Als ob es in der kirchlichen Weisheit nicht genug hochinteressante Sto-ries von den himmlischen Heerscharen gäbe (Stellen unter KKK, 332, 333)![44] Wie »evangelisieren« denn die Engel (KKK, 333)? Jeder von uns hat, wie wir erfahren, seinen eigenen Schutzengel (KKK, 335). Gibt es ergo auch eine Bevölkerungsexplosion im Himmel? Oder können En-gel in ihrer »überragenden« Vollkommenheit im Lauf der Heilsge-schichte auch mehrere »sichtbare« Erdenbürger übernehmen, sich viel-leicht gar auf besondere Versuchungen und Gefahren spezialisieren? Läßt sich die englische Dienstleistungsökonomie rationalisieren? Gibt es vielleicht eine Arbeitsteilung mit Fürbittern und Schutzheiligen? Fragen über Fragen – der Katechismus gibt uns keine Antwort.

Und was ist mit Maria: Ist ihre Verkündigung (Sie erinnern sich: Erz-engel Gabriel brachte die gute Nachricht) ihr einziger Kontakt mit der englischen Welt? Immerhin ist sie leiblich in den Himmel aufgefahren: Wie kommuniziert sie jetzt mit den reinen Geistwesen? (Wir werden aber noch sehen, wie umgekehrt die Engel mit ihr verfahren sind.) Und was ist mit den Cherubim und Seraphim? Den sieben Himmeln (Ire-näus, »Epid.«, 9)? Nicht mal einen Registereintrag sind sie wert.

Warum die Engel dann nicht lieber gleich ganz weglassen? Das geht aus einem einfachen Grunde nicht: Die Kirche nämlich ist mit ihnen ver-eint (KKK, 335). Die Engel, körper- und funktionslos wie sie im neuen Katechismus daherkommen, »ihrem ganzen Sein nach Diener und Bo-ten«, verkörpern auch den Geist dieses Kompendiums, reines Medium ohne *message*, ohne *story*. Die Engel sind des Katechismus *software*.

Mutter aller Texte

Der Papst und seine Verleger verweisen nicht ohne Stolz auf die »neue Weise« (Wojtyla), ja »Systematik« der Darstellung, welche »zugleich ein flüssiges Leben ermöglichen soll« (so das Lektorat): Gliederung des Textes durch acht tiefgestaffelte Typen von Überschriften, vierzigseitiges Inhaltsverzeichnis (»Dieses macht die Logik des Textes sehr transparent«, wird uns versprochen), Kurztexte mit Raster unterlegt, Querverweise, Randziffern, international standardisiertes, ausführliches Sach- und Zitatenregister (*summa summarum* gut hundert Seiten). Die Engel haben gearbeitet wie die Heinzelmännchen.

Der Titel von Johannes Pauls II. Einleitung »Fidei depositum« ist leider allzu treffend: Der Glaube ist ins Depot gewandert. So ist der Katechismus eine Datenbank geworden, allerdings ohne Anwenderprogramm. Ein »Hilfe«-Befehl (»type ANGEL«), um im PC zum jeweiligen Stichwort der Glaubenslehre die jeweils legitim-einschlägigen Augustinus-, Thomas-, Johannes Chrysostomos- und Tertullian-Stellen im Fenster einzublenden, wäre weitaus anwenderfreundlicher gewesen. Statt aber die englische Diskette mitzuliefern, präsentiert sich der Katechismus als sein eigenes Benutzerhandbuch in Sachen biblischer und patristischer Zitatologie. Und er liest sich – passagenweit – mit ebendiesem MS.DOS-Charme. Der Leser findet sich von Anfang an in ein Netz von 2865 Paragraphen verstrickt, mit jeweils noch weitaus mehr Zitaten und Verweisen; jeder der »nach international identischen Textziffern« durchnumerierten Paragraphen verweist auf drei, vier, fünf, viele... andere Ziffern in anderen Teilen des Buchs. Die Systematik, die damit hergestellt werden soll, verheddert sich in einer »Zitatencollage«.[45] Die suchende Seele irrt im Labyrinth der Verzweigungen und Querverweise umher. Heraus kommt ein Text ohne Autor, freilich voller Referenzen: ein Dateiverzeichnis. Ein fiktiver Text aus verarbeiteten Texten.

Denn der Katechismus ist ein Text ohne Sprache: Wir lesen zwar einen deutschen, französischen usw. realiter existierenden Text, aber es gilt ein (lateinischer) Text, den es zum Zeitpunkt der Erstveröffentlichung noch nicht gibt. Die redaktionelle Version des Katechismus war die französische Ausgabe. Diese aber ist nur die Bearbeitung eines lateinischen Originals, das, körperlos wie die geschlechtslosen Engel,[46] in schriftlicher Form unfaßbar bleibt. Der Rezensent Dennis O'Brien hat für die intellektuelle »Grammatik« des Katechismus gar von »neoplatonistischer Abweichung« gesprochen, doch das ist zuviel der Ehre. Wahrscheinlicher scheint mir, daß die Engel beim Redigieren zuviel an Franzosentheorie gelesen haben. Die verbindliche Glaubenslehre der katholischen Kirche wäre dann der konsequent verwirklichte Poststrukturalismus: Gott ist Text.

Und natürlich auch seine Mutter. So taucht, um das Referenzsystem des neuen Katechismus auch einmal *in actu* vorzuführen, bereits im ersten Teil, dem Glaubensbekenntnis, die jungfräuliche Gottesmutter als Musterbeispiel für »den vollkommensten Glaubensgehorsam« auf (KKK, 148, 149). Die Engel verweisen uns hier auf gleich sechs weitere Paragraphen. Und diese betreffen dann: 1. die »unbefleckte Empfängnis« Christi und den Gehorsam der gläubigen Jungfrau (KKK, 494 und Umfeld); 2. das Gebet der Jungfrau »beim Anbruch der Fülle der Zeiten«, also der Heilsgeschichte, und ihre gehorsame Hingabe: »mir geschehe nach deinem Wort« (KKK, 1617 f.); des weiteren 3. die allzeit währende Jungfräulichkeit der Gottesgebärerin als »Zeichen ihres Glaubens« und »ihrer ungeteilten Hingabe an den Willen Gottes« (KKK, 506).[47] Sodann wird der und die Gläubige 4. auf Mariae universale »Mutterschaft in der Gnadenökonomie« verwiesen (KKK, 969 und Umfeld) – mit anderen Worten auf die heilbringenden Sondervollmachten ihrer Fürbitten für die gesamte Kirche und Menschheit auch nach ihrer leiblichen Auffahrt in den Himmel, von der wir Katholiken ja erst seit 1950 von Pius XII. *ex cathedra* wissen, daß es sich dabei um ein Dogma handelt, d. h. um eine Weisheit, die das christliche Volk »zu einer unwiderruflichen Glaubenszustimmung verpflichtet« (siehe KKK, 88). Ein weiterer Querverweis betrifft 5. Mariens jungfräuliche Mutterschaft als *signifiant* und *signifié* der Kirche, »weil sie das Inbild der Kirche und Kirche im Vollsinn ist« (KKK, 507). Der nächste Verweis wiederholt 6. mit den Worten der dogmatischen Konstitution des Zweiten Vaticanum *Lumen gentium* diese Aussage noch etwas sinn-(bild)licher, indem er betont, daß »die Kirche in der seligsten Jungfrau Maria schon zur Vollkommenheit gelangt ist, in der sie ohne Makel und Runzel ist« (KKK, 829), während sich die Christgläubigen unter der apostolischen Führung von Hierarchie und Lehramt natürlich permanent weiter um Heiligkeit und die Beseitigung von heilsökonomischer Zellulitis bemühen müssen – »und daher erheben sie ihre Augen zu Maria«.

An den entsprechenden Stellen finden sich dann jeweils weitere Marienverweise in Potenz: Maria als Braut; Maria und die heilige Familie; Maria als neue Eva; Mariae Berufung schon im Alten Bund »durch die Sendung heiliger Frauen vorbereitet« (KKK, 489) ...etc. pp. Man begreift sofort, wie schnell dieses Datenhandbuch zu einem vielhundertseitigen »Depositum« anwachsen konnte. Und dieser textverarbeitende Rosenkranz ist zudem nur so mit Zitaten von Kirchenvätern und Konzilstexten quer durch zwei Jahrtausende gespickt, was den Katechismus zu seiner papiernen Fülle bringt. Vom »flüssigen Lesen« (welches uns das Lektorat versprach) kann da kaum die Rede sein, und in der Tat empfiehlt ein Schweizer Bischof auch gleich, lieber mit dem letzten Teil »Das christliche Gebet« anzufangen: Wer bereits gutgläubig ist, mag hier nur noch die rechte Stimmung suchen und finden.

Aus der Fülle der mariologischen Referenzen sei noch ein Paragraph erwähnt. *Prima facie* scheint er nur die engelhafte Spiritualisierung der Mutterschaft Mariens auf den Begriff zu bringen: »Maria – eine eschatologische Ikone der Kirche« (KKK, 972). Doch solcherart zum Inbild der Kirche geworden, spricht die allzeit jungfräuliche *Theotokos* (die Gottesgebärerin, nach der kanonischen Definition des Konzils von Ephesos i. J. 431) auch eine überaus politische Sprache. Dieselbe mütterliche und überaus barmherzige Jungfrau war in der europäischen Kirchengeschichte der Moderne stets auch die antireformatorische »Ikone« par excellence.[48]

In der Geschichte des christlichen Europa war Maria, die gebenedeite und leiblich in den Himmel aufgefahrne »Ikone«, als Jungfrau und Mutter der rechtgläubigen Christenheit stets zugleich das Banner von katholischer Gegenreform und Gegenrevolution. Dieselbe Madonna, die uns vor den Muselmanen errettete, hielt uns als *corporate identity* der Kirche in und kraft ihrer Leiblichkeit »voll der Gnaden« auch die schriftgläubigen Protestanten vom Leib. In der barocken Praxis des Rosenkranzes garantierte die Gottesmutter nämlich auch eine »katholisch korrekte« Frömmigkeit der Volksmassen – ganz im Gegensatz zur Bibelobsession der Protestanten und Puritaner oder zum Subjektivismus pietistischer Schwärmer.

Seit der Französischen Revolution schließlich steht die Maienkönigin Maria auch für die katholische Mobilisierung der Volksfrömmigkeit wider Nation und Republik:[49] Lourdes und Fatima waren die »großen« Interventionen der Hl. Jungfrau in dem kontinentalen Kulturkampf gegen das protestantische, liberale und sozialistische Europa. Unzählige »kleinere« Marienerscheinungen folgten bis heute, zuletzt in Medjugorie im ehemaligen Jugoslawien. Der Politologe Gianni Baget-Bozzo kommt zu dem Schluß, daß alle Marienerscheinungen seit Ende des letzten Jahrhunderts einen deutlich eschatologischen Bezug aufweisen:[50] Sie sprechen von der Fülle der Zeiten, in der das Fleisch erlöst und die Schöpfung vergöttlicht, von Gott erfüllt sein wird; und sie vergegenwärtigen ein Eschaton, das heute, nach dem Ende des Kommunismus, wieder an die Stelle innerweltlicher Heilslehren rückt.

Die Omnipräsenz der allerheiligsten Jungfrau als »eschatologischer Ikone der Kirche« im Corpus katholischer Verbindlichkeiten zeugt mithin auch davon, daß der Vatikan seinen Blick wieder stärker den Traditionen der Ostkirche zuwendet. Diese fallen in der Tat weit eschatologischer aus als das Gros der westlichen Theologie. Und auch der Akzent, den der Katechismus auf die Inkarnation legt (KKK, 461 ff.), auf das Mysterium, daß das Wort, aus einem Weibe geboren, Fleisch geworden ist, aus dem Grabe wiederauferstand und so die Auferstehung des Fleisches ankündigt, präjudiziert eine österliche Richtung des ökumenischen Blickes. Der jeweilige Grad an marianischer Intensität in katholischer Lehre und Spiritualität – sprich: der Verehrung von Leib und Bild der Gottesgebärerin als *Ecclesiae typus* (KKK, 967) – ist demnach geradezu Indiz für die Himmelsrichtung, in der der Vatikan seine interkonfessionellen Bemühungen zu intensivieren gedenkt. Als grobe Faustregel mag dabei gelten: je marianischer das katholische Feeling, desto antiwestlicher ausgerichtet die römische Ökumene. Was aber heißt hier schon Osten, was Westen? Kann man denn von theologischen, politischen und konfessionellen Himmelsrichtungen sprechen?

Go east oder Ökumenische Nullsummen

Natürlich handelt es sich um eine Metapher, aber diese ist, wie wir schon im zweiten und dritten Kapitel sahen, für eine politische Hermeneutik der unterschiedlichen Traditionen der Christenheit äußerst fruchtbar: Theologisch gesehen steht nämlich in der Christenheit »der Westen« für die »augustinianische« Tradition, d. h. für die radikale Beantwortung der Frage nach der »Rechtfertigung« des gefallenen Menschen (vor dem souveränen Richterstuhl des HErrn).[51] Politisch vertritt »der Westen« den Grad der Freiheit des Gottesvolks gegenüber Cäsar, dem Imperium und dem Territorium. Interkonfessionell verstanden ist also der Westen, als theologisch-politische Himmelsrichtung, stets ein relativer Begriff: je westlicher das Bekenntnis, desto freier der Christenmensch gegenüber dem Souverän oder dem Staat, dem Reich oder dem Territorium, was sich dann natürlich wiederum auch als Konsequenz der inneren Freiheit des augustinischen »Selbst« interpretieren ließe (aber dies ist hier nicht die einzige mögliche Deutung).

Der West-Ost-Gegensatz zeigt mithin den Grad an Religionsfreiheit im Rahmen der jeweiligen theologischen Überlieferung an. Konkret heißt das: Im konfessionellen Vergleich vertritt »Rom« (der katholische Universalismus des *urbi et orbi*) gegenüber der monokratischen Tradition von Byzanz oder Moskau den Westen, d. h. den weströmischen Dualismus von Kaiser und Papst; das gesinnungsethisch und staatskirchlich versandete Luthertum bleibt irgendwo im neuzeitlichen Territorialstaat stecken, wenn es nicht gar hinter Canossa zurückfällt; wohingegen der radikale protestantische Pluralismus als »atlantische« Erfahrung gegenüber dem römischen Katholizismus den (Nord-)Westen darstellt.[52] Die barmherzige Madonna aber blickt gen Osten und zum »lateinischen« Süden.

Die Ankündigung des Papstes, der neue Weltkatechismus solle im Zeichen der Gottesmutter auch »den ökumenischen Bemühungen, die den heiligen Wunsch nach Einheit aller Christen pflegen, eine Stütze bieten«, ist somit günstigstenfalls ein (sehr) frommer Wunsch. Welche Handhabe nämlich sollen ökumenische Bemühungen in einem christlichen Katechismus finden, in dessen Namensregister zwar der »kirchliche Schriftsteller« Cicero auftaucht, aber kein Calvin? Jeanne d'Arc – aber nicht Luther? Der hl. Idiot Jean Marie Baptiste Vianney, Pfarrer von Ars, aber natürlich kein Pascal oder Kierkegaard? Die Liturgie des hl. Johannes Chrysostomus, aber kein Schleiermacher? Auch den Jansenismus (im Register zwischen »Jähzorn« und »Jesus«), den Protestantismus (zwischen »Prostitution« und »Psalmen«) oder die Reformation (zwischen »Rechtfertigung« und »Reinheit des Herzens«) braucht man im KKK erst gar nicht zu suchen: Es gibt sie für das katholische Lehramt nicht, was dann natürlich das Problem der verbleibenden Ökumene ziemlich erleichtert. Jedenfalls theologisch.

Diese findet nämlich nur noch unter Brüdern der apostolischen Sukzession statt, also mit den Ostkirchen: »Die Gemeinschaft mit den orthodoxen Kirchen ist so tief, daß ihr [nach den Worten Pauls VI.] nur wenig fehlt, um zu der Fülle zu gelangen, die zu einer gemeinsamen Feier der Eucharistie des HErrn berechtigt« (KKK, 835). Eine thematische Öffnung im neuen Katechismus der *Una Sancta* ist also, wie zu erwarten war, allenfalls gegenüber der Tradition der orthodoxen Ostkirchen festzustellen. Genauer gesagt: gegenüber einer bereits durch die ersten fünf »ökumenischen« Konzilien (bis Konstantinopel, 553 n. Chr.) um alle östliche Heterodoxien, Häresien und theologische Skandala bereinigten Orthodoxie. Diese ist freilich ohnehin eher österliche Liturgie als schöpferischer Logos, eher Volksfrömmigkeit als Verkündigung und eher »dichte Beschreibung« des Mysteriums als Theologie.

Weit haben römisches Kardinals- und Redaktionskollegium daher die Bilder- und Schatzkammer der Ostkirche geöffnet, und zu jedem theologischen Paradox findet sich dann – statt einer Konfrontation mit dem Ärgernis – ein hübsches Gleichnis aus den *orationes* und Homilien der beiden hl. Gregors (von Nazianz und von Nyssa), von Johannes Goldmund, Isaak von Ninive und Clemens von Alexandrien. Probleme mit dem Dreifaltigkeitsdogma? Man nehme Gregor von Nazianz: »Kaum habe ich begonnen, an die Einheit zu denken, und schon taucht die Dreifaltigkeit mich in ihren Glanz. Kaum habe ich begonnen, an die Dreifaltigkeit zu denken, und schon überwältigt mich wieder die Einheit.« (KKK, 256)

Einige verbleibende theo- und ekklesiologische Sonderfragen müßten sich mit solcher Panegyrik doch auch heute wieder regeln lassen; jetzt also, wo die Kirche Europas nach ihrer Befreiung im Osten »wieder mit beiden Lungen atmen kann«[53]. Solche Problemchen, wie das des *filioque* (KKK, 246, 247): Geht der Heilige Geist hervor »aus dem Vater *und dem Sohn*«? Sodann das des päpstlichen Jurisdiktionsprimats (KKK, 834): Warum, o pfingstlichter Pluralismus der Zungen, muß ausgerechnet der Bischof von Rom »den Vorsitz in der Liebe führen« (Ignatius von Antiochien)? Und was ist mit der päpstlichen Unfehlbarkeit »in Fragen des Glaubens und der Sitten« (KKK, 890), also jenem alle Christgläubigen zum unbedingten Gehorsam verpflichtenden Amtscharisma auf Wahrheit, das der Römische Bischof »kraft seines Amtes als oberster Hirt und Lehrer« *ex cathedra* ausübt und das »so weit reicht wie die Hinterlassenschaft der göttlichen Offenbarung« (KKK, 891)?

Denn Johannes Paul II., der multimediale Weltreisende und CNN-Charismatiker, der theologische Antikapitalist von »Centesimus Annus« und marianische Feminist von »Mulierem dignitatis«, ist und bleibt ekklesiologisch – und als Pole! – ein altbackener Alteuropäer. Sein ökumenisches Modell heißt immer noch Florenz-Ferrara (1439 n. Chr.), also jenes kurzlebig unionistische Konzil, als sich der byzantinisch-orthodoxe Kaiser und die römisch-katholische Hierarchie unter dem Eindruck des osmanischen Vormarsches auf die Überwindung des ost-westlichen Schismas einigen konnten. Selbstverständlich zu den Bedingungen des päpstlichen Primats: Der Vatikan machte damals Kaiser Johannes VIII. Palaiologos ein Angebot, das dieser nicht ablehnen konnte. Als aber nach dem Fall Konstantinopels Mehmet der Eroberer der orthodoxen Kirche eine weitaus tolerantere Autonomie einräumte (die Selbstverwaltung nichtmuslimischer Religionsgemeinschaften, das sog. *millet*-System), wurde diese provinzielle West- und Rest-Oströmische »Ökumene« schnell gegenstandslos.

Daß es heute aber gerade die politisch-institutionelle Selbstherrschaft, die »Autokephalie« der Ostkirchen ist, auf die es den diversen orthodox-nationalistischen Kirchen im ehemaligen, in ethnische Spannungen und Volkskriege verwickelten Ostblock vor allem ankommt, mag einem weströmisch-universalistischen Polen leicht aus dem Blickfeld rücken. Dessen Evangelisierungsoffensiven gen Osten wecken zudem bei den Metropoliten im »Dritten Rom« Moskau nur die trübe Erinnerung an das katholische *go East* der polnisch-litauischen Großmacht aus dem 15. und 16. Jahrhundert. Die einzige Ökumene also, die im Katechismus überhaupt theologische Handhaben findet, ist kirchendiplomatisch längst blockiert. Vor 1989 stand zwischen West- und Ostrom weniger das *filioque* als vielmehr der KGB; danach scheiterte schon die gesamteuropäische Bischofskonferenz vom November 1991 am nationalen Reflex der russischen und anderer orthodoxer Hierarchien. Nicht zuletzt der serbischen Orthodoxie.

Aber wir sahen bereits: Die wichtigste Brücke Roms zur Ostkirche liegt für den Papst ohnehin in der Gestalt der allerheiligsten Gottesmutter selbst, die im Katechismus als der privilegierte Weg zu Christus und als Urbild und Mutter der Kirche geschildert wird: »Um die Rede von der Kirche, ihrem Ursprung, ihrer Sendung und Bestimmung abzuschließen, können wir nichts besseres tun, als den Blick auf Maria zu richten« (KKK, 972) – und über die Mutter auf den Sohn. Was sehen wir da?

Vorläufer und Konkurrenten

Das Himmelreich auf Erden hat Gott begründet, »indem er die Menschen um seinen Sohn, Jesus Christus, sammelt. Dieser Zusammenschluß ist die Kirche; sie stellt ›Keim und Anfang‹ des Reiches Gottes auf Erden dar« (KKK, 542). In ihrer »tiefen, letzten Identität« ist sie somit je schon Einig, Heilig, Katholisch und Apostolisch (KKK, 865). Außerhalb ihrer ist kein Heil (KKK, 846); und darum ist sie von der »Liebe Gottes« (KKK, 851) zur Mission berufen – wenngleich hie und da zwischen den Zeilen deutlich werden mag, daß auch die Kirche an den Fehlbarkeiten der sichtbaren Menschenwelt teilhat und darum bis zum »Ende der Zeiten« (KKK, 1042) um besagte Einheit und Heiligkeit, ihre Katholizität und ihren apostolischen Charakter stets neu ringen muß. Aber das sind Binnenprobleme der »pilgernden Kirche«, die »die Einheit des Menschengeschlechtes« bereits jetzt als ihr »Sakrament« verkörpert (KKK, 1045).

Insofern ist es für die »schon seit dem Ursprung der Welt vorausgestaltete« (KKK, 760) Ekklesia logisch, daß sie sich ekklesiologisch nur mit ihrer Vorläuferin befaßt: »Die unmittelbare Vorbereitung [der Sammlung des Gottesvolks] beginnt mit der Erwählung Israels zum Gottesvolk«, nämlich mit dem Alten Bunde als dem »Zeichen der künftigen Sammlung aller Nationen« (KKK, 762), der ganz im Geiste des Zweiten Vaticanum in einer für die katholische Tradition tatsächlich neuen Ernsthaftigkeit gewürdigt wird: als unübersteigbarer und unwiderruflicher Horizont des Anfangs der christlichen Heilsgeschichte. »Im Unterschied zu den anderen nichtchristlichen Religionen ist der jüdische Glaube schon Antwort auf die Offenbarung Gottes im Alten Bund.« (KKK, 839)

In allen Kapiteln – ob es sich nun um die Stufen der Offenbarung Gottes handelt, den Kanon der Heiligen Schrift, den Gehorsam Abrahams (und Mariae), den Namen des dreieinigen Gottes, das österliche bzw. Pascha-Mysterium... bis hin zum Gebet im Alten Bunde – wird die jüdische Gotteserfahrung als zentrale und unüberholbare Inspiration der römischen Christenheit aufgeführt.[54] Und natürlich werden heute endlich auch in Rom die Juden und das Volk von Jerusalem von jeder »Kollektivverantwortung« am Tode Jesu exkulpiert (KKK, 597). Spät? Heilsökonomisch ist es nie zu spät: Es schadet der apostolischen Kirche gewiß nicht, diese Wahrheiten lehramtlich zu bekräftigen und zu wiederholen. Ehrlich gesagt: Das katholische Schuldbekenntnis für die kirchliche Mitverantwortung am christlichen Antijudaismus hätte allerdings doch ein wenig deutlicher ausfallen können.

Was aber ist mit der anderen monotheistischen Buchreligion, dem Islam, für den bekanntlich die jüdische und die christliche Religion beide nur Vorstufen sind, deren relative Wahrheit im Koran enthalten und aufgehoben ist?[55] Generös wird den Muslimen in diesem 800seitigen Kompendium in 5 (in Worten: fünf) Zeilen mit einem Zitat aus »Lumen gentium« zwar noch zugestanden, daß sich die Heilsabsicht des Schöpfers auch auf sie richte, da sie »mit uns den einzigen Gott anbeten, den barmherzigen, der die Menschen am Jüngsten Tag richten wird« und... das war's dann (KKK, 841). Die Engel sind offenbar noch nie einem leibhaftigen Moslem begegnet.

Auf Erden aber sieht es anders aus: Der Islam ist nämlich heute bekanntlich neben den protestantischen »Sekten« und Freikirchen, den Pflingstlern, Baptisten und Evangelikalen, die Weltreligion mit den größten Bekehrungserfolgen. Das weltweit weiterhin kontinuierliche Wachstum des katholischen Gottesvolkes verdankt sich hingegen weniger erfolgreicher Mission als dem simplen Faktum der Demographie, d. h. dem Bevölkerungswachstum, nicht zuletzt auf dem bislang noch fast ausschließlich katholischen lateinamerikanischen Subkontinent. Schon aus diesem Grunde muß sich die *Una Sancta*, die schließlich weiß, daß ihre Zukunft in der Dritten Welt liegt, mit aller Macht gegen die medizinische, künstliche und mithin »objektiv widersprüchliche« Empfängnisverhütung verwahren (KKK, 2370). Würde sie sich nämlich den Wünschen der katholisch die Pille praktizierenden Frauen in ihrer »maßgebenden Sittenlehre« beugen, also den in den lateineuropäischen Herzländern des Katholizismus längst eingefahrenen Geburtenrückgang auch für die Dritte Welt legitimieren, dann wäre es bald mit dem »natürlichen Wachstum« der katholischen Christenheit vorbei.[56]

Die katholische *missio* müßte sich vielmehr in den Konkurrenzkampf um *service* und *community*, um Brot und Seelen einlassen, in dem schon heute in Lateinamerika und Ostasien Adventisten und Baptisten den durch ihre römische Zentrale arg gehandikapten Befreiungstheologen das Wasser abgraben. Die Sendung erwächst aus dem Universalismus der Frohen Botschaft; der Missionsauftrag ist nachgerade »eine Forderung der Katholizität der Kirche« (KKK, 849). Gehet hin in alle Welt?

Schön und gut, aber mit wem soll der Heilige Geist, »wahrlich die Hauptperson für die ganze katholische Sendung« (KKK, 852), denn da noch seinen »respektvollen Dialog« (KKK, 856) halten, wenn der islamische Radikalismus und der protestantische Fundamentalismus in seinem Raster nicht einmal auftauchen? Diese beiden *aktiven* Wachstumsbranchen des Monotheismus nämlich, »der konservative Islam und der konservative Protestantismus«, sind die beiden »wahrhaft globalen Bewegungen von enormer religiöser Vitalität« im heutigen Panorama der Weltreligionen (Peter L. Berger). Beide können zudem auch als Formen einer indirekten, paradoxen, aber operativen Modernisierung des religiösen Bewußtseins in der vormals Dritten Welt beschrieben werden: die calvinistische Ethik protestantischer *congregations* nicht nur in den lateinamerikanischen Schwellenländern der kapitalistischen Weltökonomie, sondern auch unter den aufstiegsbewußten Eliten und Fachkräften der dynamischen »kleinen Drachen« Ostasiens und ein rigider »schriftgläubiger und puritanischer Islam« (Gellner), der den zwangsmodernisierten Massen Afrikas jenseits ihrer zerstörten alten tribalen Welt eine neue Gesetzesethik und innengeleitete Orientierungsmuster anzubieten vermag.[57]

Wie immer man deren aktive Mission und häufig aggressive Konkurrenz auch bewerten mag, die katholische Kirche, noch Marktführerin der Heilsbotschaft in der wachsenden Weltbevölkerung, sollte die weltverändernde Kraft religiöser Puritaner auch theologisch ernst nehmen. Vor einem halben Jahrhundert haben weiland Thomisten und Jesuiten schon einmal die Jünger Calvins und Mohammeds unterschätzt. Heute sind die Jesuiten, die seitdem klüger geworden sind, innerkirchlich entmachtet (Ignatius von Loyola wird daher im Katechismus auch nur dreimal zitiert). Der Chefredakteur des Katechismus ist Dominikaner und hat somit auch viele schöne Thomas-Zitate in den Thesaurus eingespeist; in Sachen *missio* hat er offenbar nichts hinzugelernt.

Proseminar, katholisch korrekt

Das Programm ist eingerichtet. Die Engel schlafen. Der neue Katechismus präsentiert uns Gläubigen wie Ungläubigen eine nur noch mit der eigenen Tradition befaßte – soziologisch ausgedrückt: »selbstreferentiell« gewordene – Kirche der Texte, Codices und Canones. Die Glaubens- und erst recht die Sittenlehre bleibt weiterhin römisch verrechtlicht. Doch schweigen wir von der Moral, von der sittlichen Berufung des Menschen und von der menschlichen Gemeinschaft, also vom dritten Teil des neuen Katechismus!

Gesellschaftliche »Strukturen der Sünde« geißeln; den perversen Selbstlauf ungehemmter weltlicher Vernunft als sittliche Verfehlung an der personalen Natur von Gottes Ebenbild herausstellen (wohlgemerkt: ebenso den kommunistischen Kollektivismus wie die Chicago-kapitalistische Vergötzung [*idolatria*] des ungebremsten Marktes); die wirtschaftgesellschaftliche und machtpolitische Vernachlässigung der dem Menschen wesenseigenen »Offenheit zur Transzendenz« (*facultas essentialis transcendentiae*) als Selbstentfremdung des menschlichen Wesens (bzw. »anthropologischen Irrtum«) begreifen; und auf die ökologischen Pflichten zur Bewahrung der Schöpfung als der göttlichen »Urschenkung« (*donatio primigenia*) an den Menschen hinweisen... all das kann Karol (»Savonarola«) Wojtyla schließlich selber weitaus besser als das KKK-Kollektiv. In Sachen Gesellschaftspolitik sind wir vom Heiligen Stuhle in den letzten fünfzehn Jahren mit »Laborem exercens« (1981), »Sollicitudo rei socialis« (1987) und »Centesimus annus« (1991) weiß Gott allzusehr verwöhnt worden. Wir sollten darum von seinen Engeln und Dogmatik-Referenten keine Glanzleistungen erwarten. Da waren eben juristische Ableiter am Werke. Und außerdem, so hieß es, würden offene Fragen in einer eigenen, vorrangig an die Bischöfe und Theologen gerichteten »Moralenzyklika« geklärt werden, diese werde dann auch »philosophischer« und (rechts-)»technischer« argumentieren...

Immerhin sei noch die sechsseitige Stichwortsammlung zum »sittlichen Gesetz« als »Werk der göttlichen Weisheit« erwähnt (KKK, 1950–1986), die zwar als eine Art Einführung in neothomistische Terminologie oder das Feeling kirchenrechtlicher Texte gelten mag, in der Argumentationsstruktur aber unklar bleibt. So erfährt der Gläubige zwar im Katechismus noch, daß die »verschiedenen Ausdrucksformen des moralischen Gesetzes alle aufeinander abgestimmt sind«. Im einzelnen: »das ewige Gesetz, der göttliche Ursprung aller Gesetze; das natürliche Sittengesetz; das geoffenbarte Gesetz, das aus dem alten Gesetz und dem neuen Gesetz des Evangeliums besteht; schließlich die staatlichen und kirchlichen Gesetze«. Aber wie nun genau das natürliche Sittengesetz, das in Christus »seine Fülle und Einheit findet«, das mosaische »alte Gesetz« (die zehn Gebote sind uns zwar von Gott, unserem Schöpfer und Erlöser »geoffenbart«, »heilig«, »geistig« und »gut«, aber trotzdem irgendwie »noch unvollkommen« und bilden somit »auf dem Weg zum Gottesreich nur die erste Stufe«) und schließlich »das neue Gesetz« (»die vollendete irdische Gestalt des natürlichen und geoffenbarten Gesetzes«: Liebesgebot und evangelische Räte) untereinander und mit den staatlichen Gesetzen zusammenhängen, das bleibt doch eher ein reichlich verschwommenes Mysterium. Also auch hier: Lieber zum Original greifen.[58]

Die Form des Katechismus respektiert wohl noch römische und kirchliche Jura, aber ein Großteil der Ableitungen und der *in extenso* folgenden Anwendungen bleibt fiktiv. Hier rächt sich, daß die Engel auf die Zuarbeit der moraltheologischen Fakultäten so ganz verzichtet haben und daß, wie die Rechtsabteilungen in anderen Behörden auch, die Kirchenrechtler nur als Implementatoren (*vulgo*: Erfüllungsgehilfen) fungieren. Aber sogar dieses Niveau konnte noch unterboten werden, wie sich alsbald zeigen sollte.

Die neue, über mehrere Jahre zum wiederholten Male verschobene Moralenzyklika »Veritatis splendor« sollte offenbar gegenüber einem Katechismus, der (laut Joseph Kardinal Ratzinger) »Zeugnis ablegt, aber nicht argumentiert«, Abhilfe schaffen. Als sie dann aber im Oktober 1993 endlich herauskam, hatten das Team und das Timing unterdes alles nur noch verschlimmbessert. Jedenfalls funktionierte im Falle der langerwarteten »Moralenzyklika« der vatikanische TÜV nicht.[59] Zum einen hatten die Redakteure der Enzyklika Karol Wojtyla natürlich seine bekannten Verbote in Sachen Sexualmoral bestätigt, aber das stellte nun wahrlich nichts Neues mehr dar – *no news, no problem*. Im Vergleich zur ätherischen Diplomatie der KKK-Engel offenbar mit dem diplomatischen Geschick einer Fußballmannschaft begabt, hatten die Redakteure dem Papst zum anderen jedoch eine wenig argumentative, aber um so vollmundigere Bekräftigung seiner »Unfehlbarkeit« ins Manuskript geschrieben und diese somit, Jahre nach dem gottlob längst vergessenen »Fall« Küngs, erneut und völlig ohne Not (denn von Unfehlbarkeit redet man nicht – man übt sie aus!) ins Gespräch gebracht: eine wahre Freude für die Medien! Damit (das Skript fand natürlich seinen Weg in die Öffentlichkeit) rannten sie unfehlbar der liberalen Presse ins offene Messer... und mußten im August 1993 vom päpstlichen Pressesprecher öffentlich desavouiert werden. Im endgültigen Text der Enzyklika wurde dann die »Unfehlbarkeit« des Heiligen Vaters wieder gestrichen (natürlich nicht der Sache nach, aber die Form spielt eine Rolle): ein völlig unnötiger Gesichtsverlust des Pontifex Maximus.

Vordenker Ratzinger, der eine solche Stümperei eigentlich kaum verbrochen haben kann, muß (in aller Demut!) getobt haben. Das Proseminarniveau des Enzyklikatextes und der hölzerne, quasikommunistische Stil, in dem in »Veritatis splendor« mittels neoscholastischer Dialektik der katholisch korrekte Standpunkt gepaukt und wider teleologische Abweichungen hier und deontologische Verkürzungen dort zu Felde gezogen wird, lassen es in der Tat als fraglich erscheinen, daß das Haupt der Kongregation für Glaubensfragen diesen schlechten Tridentinumverschnitt wirklich selber verantwortet haben soll. Ratzinger hat diese traurigen Kastigationen (...von Konsequentialismus und Proportionalismus, von Überbetonung des Gewissens oder Leugnung der untrennbaren Verbindung zwischen »objektiver« Wahrheit und »positiver« Freiheit...) dann auch aus dem Verkehr gezogen, also relativiert – und zwar auf seine eigene Weise, »jenseits aller theologischen Diskussionen«, indem er nämlich die mittlerweile mühsam und eher schlecht als recht nachgebesserte Enzyklika selber der Presse präsentiert hat.[60]

Entscheidend sei vornehmlich der dritte Teil der Enzyklika, den er (Ratzinger) persönlich »für einen der bedeutendsten Texte des kirchlichen Lehramtes in unserem Jahrhundert« halte. Schlimm stünde es um das katholische Lehramt, wenn der Kardinal recht hätte und genauso schlimm um Ratzingers Kompetenz, wenn dieses zeremonielle Urteil aufrichtig wäre. Was nämlich steht in diesem dritten Teil von »Veritatis splendor«, der sich mit dem Verhältnis von theologisch korrekter Morallehre und Kirche befassen soll? Der folgsame Theologe schlägt noch mal nach und findet den Text weitschweifig und etwas zusammenhanglos. Der Berg kreißte und gebar einen Ordnungsruf: Nach einem – auch mit erbaulichen Ausführungen versetzten[61] – extensiven Potpourri philosophischer und seelsorgerischer Themen im weiteren Umkreise des Verhältnisses von Glauben und Moral (im einzelnen: über »Freiheit und Wahrheit«, Freiheit und Gehorsam im Lichte der Offenbarung; über das Beispiel des Martyriums und das Ideal der Heiligkeit; über universale moralische Normen und die notwendige neue Evangelisierung; über die Freiheit des Menschen zur

»Mitwirkung« bei der Gnade Gottes; über soziale Ethik und persönliche Nachfolge Christi) gelangt man zu Schlußfolgerungen an die Adresse der theologischen Intelligenz, die allesamt nur auf das innerkirchliche Autoritätsprinzip hinauslaufen. Sprich: auf den Primat der Amtskirche vor jeder Theologie. Die Pflicht des Moraltheologen vom Dienst bzw. im Dienst des Lehramtes zum Gehorsam sei schließlich nur die Kehrseite des Rechts der Gläubigen (*ius fidelium*) auf die reine und unverfälschte katholische Lehre (Veritatis splendor, N. 113. Die hier einschlägige päpstliche Unfehlbarkeit ist explizit nicht mehr aufgeführt, sie versteht sich von selbst). Diesem Primat der Autorität haben sich auch (will sagen: insbesondere) die Moraltheologen zu unterwerfen, statt mit Protesterklärungen an die Öffentlichkeit zu gehen. Konkret: »Der öffentliche Dissens [von Theologen] mittels kalkulierter Proteste und Polemiken über die Medien [*communicationis socialis instrumentorum*] widerspricht der Gemeinschaft der Kirche und dem korrekten Verständnis der Hierarchie des Gottesvolkes« (ebd.).

Wahrlich, diese Beschreibung der herrschenden Routine bei der Maßregelung aufmüpfiger Theologen hätten wir auch billiger haben können. Einer eigenen Enzyklika hätte es jedenfalls dazu nicht bedurft. – »Veritatis splendor« endet (natürlich!) mit einer Anrufung der hl. Maria. Sie, die Mutter Gottes und Mutter der Barmherzigkeit, ist ein leuchtendes Zeichen und hinreißendes Beispiel des moralischen Lebens (*fulgidum ac pulcherissimum vitae moralis exemplum*). Das Lehramt wird den Beistand der Mater Misericordiae brauchen können.

Dem Papst hat die Gottesmutter jedenfalls nach dem Flop »seiner« Moralenzyklika schon wieder einen publizistischen Coup vermittelt: Sein allerneustes Buch, »Die Schwelle der Hoffnung überschreiten« (Es heißt im Original »Crossing the Threshold of Hope« und entstand offenbar aus geplanten TV-Interviews mit dem Journalisten Vittorio Messori), wurde dank der Anregung des vatikanischen Pressesprechers (und Opus-Dei-Mitglieds) Joaquín Navarro für eine ungenannte Milliardensumme im vorab an Mondadori, Italiens größten Taschenbuchverlag, der übrigens immer noch zu 47 Prozent dem Medienzar und Regierungschef Silvio Berlusconi gehört, verkauft.

Mondadori faxte gleich weiter nach New York, um dort die Rechte für den englischsprachigen Markt zu verdealen. Der literarische Superagent Mort Janklow aus New York, der sonst Qualitätsautoren wie

Danielle Steele, Sidney Sheldon und Ronald Reagan vertritt, sprach für die voraussichtliche Auflage schon von »stratosphärischen Ziffern«. Janklow nimmt für gewöhnlich 15 Prozent Kommission – und Random House erhielt den Zuschlag; über Preise wird *coram publico* nicht geredet. *Nothing succeeds like success.* Auch das *timing* ist wichtig: Im November 1994, wenn das schlanke Bändchen herauskommt, soll Wojtyla schon wieder in die USA pilgern – auf Lesereise.

Die spanischen Rechte (für die andere Hälfte Amerikas) werden derweil von der García-Márquez-Agentin Carmen Balcells verkauft; in Frankreich gaben der Papst bzw. sein Pressechef deutliche Fingerzeige in Richtung Plon (der auch bereits am Katechismus verdiente); in Polen soll die University Press der wojtylistischen Hochburg Lublin Trittbrettfahrer sein. Und in deutschen Landen?

Gehet hin in alle Welt: Wie es heißt, hat der Hinweis auf die derzeit etwa 900 Millionen amtlichen Katholiken bei der Festlegung von Prozenten und Vorschüssen eine nicht unerhebliche Rolle gespielt. Insider, so schreibt Alan Friedman am 14. Juli 1994 in der *International Herald Tribune*, rechneten mit 10 000 000 (in Worten: zehn Millionen) weltweit zu verkaufenden Exemplaren. Ein literarischer Großagent, der es vorzog, ungenannt zu bleiben, sprach bereits davon, daß dieses Buch den Papst zu einem literarischen Superstar machen würde, der mit John Grisham und Tom Clancy zu vergleichen sei. Ironisch fragte Friedman schon nach den Filmrechten.

Ohne Ironie: Wer wird den Katechismus noch lesen und befolgen wollen, wenn es morgen schon die Readers-Digest-Version der Glaubens- und Sittenlehre gibt? Wann kommt die Videokassette? Und wann die Pope-Talk-Show bei RTL, *Wojtyla light*, moderiert von...

Alte Moral, neuer Schrecken

Warum ein neuer Katechismus? Am Anfang stand das Bedürfnis Johannes Pauls II., den postmodernen »Identitäts-« und »Wertekrisen« sowie der schließlich nicht allein vom Heiligen Stuhl beklagten Erosion der moralischen Infrastruktur moderner Gesellschaften [62] feste Orientierungen im Glauben und moralische Maßstäbe entgegenzuhalten, die nach Auffassung der Kirche natürlich nur im Horizont der göttlichen Offenbarung und der katholischen Tradition glaubwürdig sein können. Der Katechismus, so die in der Regel gut informierte »Civiltà Cattolica«, wollte »dem heutigen Menschen ein deutliches Zeichen geben, auf daß er Skeptizismus und Ungewißheit besiegt und sich darüber klar wird, daß der christliche Glaube Werte und Gewißheiten bietet, die dem Leben einen Sinn zu geben vermögen«.[63] Doch Sprache und Methode sowohl des »Weltkatechismus« als auch, weit mehr noch, der »Moralenzyklika« dürften vermutlich das genaue Gegenteil bewirken: Sie vermitteln weder die Botschaft des Papstes, noch erreichen sie die intendierten Adressaten.

Erstens geht in der »naturrechtlichen« Begriffshuberei sogar noch *das* Spezifikum der theologischen Vision des Heiligen Vaters weitgehend verloren: nämlich sein zutiefst anthropologischer Ansatz in der aus eben diesem Motiv stark »christozentrisch« ausgerichteten Theologie.[64] Natürlich bedient sich der Papst, der aus dem Osten kam, weitgehend der überlieferten thomistischen Begrifflichkeiten, welche an den theologischen Fakultäten im kommunistischen Polen in vorkonziliarer Form überwintert hatten, zur Not mit ein wenig Max Scheler oder phänomenologischer Terminologie versetzt. Er tut dies insbesondere da, wo er die ethischen Fragen sozialer Gerechtigkeit und sogar die existentiellen Fragen des guten und »wahrhaftigen« Lebens als »Wahrheitsfragen« behandelt.[65] Doch vertritt, genauer besehen, die Rede von einer »transzendenten Wahrheit«, in deren Anerkennung laut Karol Wojtyla allein der Mensch seine (positive) Freiheit findet, gar keine Tatsachenbehauptung, die empirisch überprüft werden könnte. Der Papst fordert unter der Überschrift »objektive Wahrheit« vielmehr eine Haltung oder Einstellung des Menschen zu sich selbst, seiner »Natur« und zu anderen Menschen (als Menschen) – es geht ihm somit eher um eine existentiale »Wahrheit«, d. h. eine Weise des Sich-zu-sich-selbst-Verhaltens des Menschen: »Das für die Person Gute [*personae bonum*] besteht darin, in der Wahrheit zu sein und die Wahrheit zu tun.«[66]

So firmiert bereits in seiner ersten Enzyklika »Redemptoris homini« (N. 12) die »Wahrheit als Bedingung authentischer Freiheit«, d. h. als »Aufrichtigkeit«, als Gegenteil von *mauvaise foi* (Sartre). Und die Aussage, daß der Mensch ein »sichtbares Abbild des unsichtbaren Gottes ist«, ist ja nur ihrer grammatischen Form nach eine Tatsachenaussage. In Wirklichkeit impliziert sie eine Wertung und formuliert eine Norm, die sich durchaus mit dem Kantischen »Kategorischen Imperativ« parallelschalten läßt: Verhalte dich zu keinem Menschen ausschließlich strategisch (nach Machtkategorien) oder utilitaristisch (zweckrational), sondern berücksichtige stets zugleich das transzendente Kriterium seiner oder ihrer »Würde«. Das heißt: Verhalte dich zu jedem Menschen dergestalt, daß du in seiner oder ihrer Person einen nichtempirischen Wert »X« achtest! Wobei »X« für die »Menschheit« (Kant) bzw. für den transzendenten Schöpfergott als Urbild der »Menschheit« (Wojtyla) steht.

Zweitens: Der Papst befürchtet in Katechismus und »Moralenzyklika«, daß die Dissonanzen einer pluralistischen Öffentlichkeit, wie sie für demokratische Gesellschaften typisch sind, auch auf das moralische Bewußtsein des einzelnen Christenmenschen selber »abfärben« könnten: »Wenn Meinungsverschiedenheiten und -konflikte auch im Rahmen einer repräsentativen Demokratie normale Ausdrucksweisen darstellen, so kann doch die Lehre vom moralisch Guten [*doctrina moralis*] nicht von einer bloßen ›Verfahrensethik‹ abhängen, auf die sich [diese Demokratien] berufen.«[67] Aber die traditionelle katholische Methode seiner Engel und Funktionäre, ethische Normen wie Rechtsgrundsätze herunterzudeklinieren (»fest im Prinzipiellen, aber flexibel in der Kasuistik«), trifft die moralische Desorientierung der Gegenwart überhaupt nicht mehr. *A fortiori* verfehlt sie die Aufgaben von Katechese. Einerseits sind nämlich in der »Erlebnisgesellschaft« die neuen »postmoralischen Ethiken« zwar im Prinzip individualistisch, permissiv und hedonistisch motiviert; gleichzeitig jedoch gibt es im Zeitalter von »amnesty international« und der Lichterketten durchaus einen harten Kern postkonventioneller Werte, der Menschenrechte und der moralischen Verantwortung.[68] Religionssoziologen haben hier gar von einem untergründigen »Werte-Monotheismus« gesprochen.

Die Krise der traditionellen Moral und die Entstehung neuer moralischer Muster wird von den neuen Generationen schließlich gar nicht primär als eine quasijuridische Anwendungsfrage erlebt. Sie ist eine Wahrnehmungsfrage: Was bedeutet es in der Abtreibungsdebatte, die »Heiligkeit des Lebens«, also den intrinsischen Wert auch vorpersonalen menschlichen Lebens anzuerkennen? Ist etwa die bekanntlich erst seit Mitte des vorigen Jahrhunderts vom katholischen Lehramt (und übrigens im Gegensatz zum hl. Thomas[69]) vertretene Annahme, die befruchtete Eizelle sei vom Momente ihrer Empfängnis an ein vollgültiges moralisches und juridisches Subjekt (mit unsterblicher Seele samt den daraus abgeleiteten »Naturrechten«), tatsächlich die Moral- und

Rechtsauffassung, die unserer moralischen Intuition von der Pflicht zur Achtung aller Stadien menschlichen Lebens am besten entspricht? Läßt sich die freie Mitwirkung des Menschen an der göttlichen Schöpfung[70] eher durch bewußt verantwortete Elternschaft verwirklichen – und setzt diese nicht zugleich einen Grad an Freiheit (»prokreativer Autonomie«) voraus, welcher nicht nur einen ungehinderten Zugang zu allen Mitteln der Empfängnisverhütung erfordert, sondern auch mit einer Strafverfolgung der Abtreibung (im frühen Stadium, d. h. einer noch nicht empfindungsfähigen Leibesfrucht) nicht vereinbar wäre?[71]

Oder: Wer denn ist mein Nächster? Für wen bin ich denn persönlich verantwortlich? Der katholische Hinweis auf das Naturrecht, das »die wohlhabenderen Nationen verpflichtet, soweit es ihnen möglich ist, Ausländer aufzunehmen«, ist gewiß gerade heute lobens- und beherzigenswert. Doch wer stellt fest, was unseren Ländern »möglich« ist: der Volkswille? (Die Demokratie taucht im Katechismus nicht auf!) Die Experten? Die Medien? Oder die Wissenschaft?

Schweigen wir also von der kirchlichen Morallehre! Der Katechismus müßte doch den anthropologischen Schock, den die heutige wissenschaftlich-technische Entwicklung mit sich bringt, überhaupt erst einmal wahr-nehmen. Skandalon der Schöpfung: Heute sehen sich Menschen – also Ebenbilder Gottes nach christlicher Lehre – mit Fragen konfrontiert, die wir in der Bibel nur im Schöpfungsbericht finden: die Welt zu schaffen oder die ökologische Nische des *homo sapiens* abzuschaffen? Leiden als Frucht der Erbsünde hinzunehmen oder zukünftige Menschengenerationen zu »programmieren«? Ihr werdet sein wie Gott.

Und Gott sah, daß alles gut war. Das »prometheische Gefälle« (Günther Anders) der wissenschaftlich-technischen Zivilisation wird heute von seiner Kirche nicht voller Erschrecken wahr-genommen. Es wird in die Routine römischer Paragraphen eingebaut und dann in der Regel verboten oder aber auch in Gummiklauseln neutralisiert. Wie am Anfang des Katechismus kein Erschrecken des Menschen ob des fremden Rufes Gottes stand, so mündet er auch nicht in den menschlichen Schrecken ob der eigenen Ohnmacht *und* Allmacht. Nur hier aber wird uns der Ruf zur Umkehr erreichen können.

5. Die christliche Republik

Individuum, Gemeinschaft und die Seele Amerikas[1]

> Wir sind wie eine Stadt gebaut auf einen Hügel, dem Blick
> der ganzen Erde ausgesetzt; die Augen der Welt sind auf
> uns gerichtet, weil wir uns als Volk im Bund mit Gott
> bekennen.
>
> Peter Bulkeley
> (neuenglischer Prediger des 17. Jahrhunderts)

Alte Ängste vor der Neuen Welt

Bekanntlich sind alle Bilder des Fremden oder anderen immer auch
bestimmt vom eigenen Selbstbild, von den eigenen Wünschen, Ängsten
oder Idealen. Dies gilt auch für die europäischen Vorstellungen über die
Vereinigten Staaten von Amerika – nicht zuletzt für diejenigen, die
jetzt, d. h. nach dem Verblassen der ersten antitotalitären Euphorie in
Osteuropa um sich greifen. Das Bild der USA etwa, das in der politischen und intellektuellen Öffentlichkeit Polens – ob nun als positives
oder als negatives Exempel – beschworen wurde und wird, stellt eine
eigenartige Mischung aus Tatsachen und Meinungen, aus Fernsehbil-
dern, Selbstbildern, aber auch aus Vorurteilen dar.[2] Diese Vorurteile
haben sowohl mit der jüngsten kommunistischen Vergangenheit zu tun
als auch mit dem traditionellen katholischen Welt- und Gesellschaftsbild und schließlich mit der Suche nach einer im katholischen Glauben
verwurzelten »nationalen Identität« Polens. Die USA gelten im Gegensatz zu all diesen eigenen Werten und als Zerrbild der Furcht vor der
westlichen Moderne sowohl als Stammland eines gewissenlosen Kapitalismus, einer prinzipienlosen (»relativistischen« oder »permissivisti-
schen«), liberalen Demokratie, und schließlich als Hort der McDo-
nalds-, Disco- und TV-Serien-Kultur, als große Maschine kultureller
Nivellierung, die weder religiöse noch kulturelle und nationale Werte
anerkennt. In allen drei Hinsichten erscheint das kulturelle und politi-

sche Modell Amerikas als bedrohlich, als »Sündenbock« und als Projektion »nationalen Selbsthasses«:[3] Der Individualismus zersetze die soziale Solidarität; der Materialismus der Konsumgesellschaft und die permissive Toleranz der liberalen Kultur gefährdeten die christliche Moral; die weltweite Dynamik und Attraktivität der westlichen Konsum- und Erfolgsnormen bildeten eine Gefahr für die nationale Identität der postkommunistischen Länder.

Aus der marxistischen Tradition (aber keineswegs nur daher) stammt unzweifelhaft das Bild von den USA als dem »superkapitalistischen« Land, einer reinen Ellenbogengesellschaft, die zwar die »freie Bahn dem Tüchtigen« verspricht, aber in der außer materiellem Erfolg und Reichtum keine anderen moralischen und sozialen Werte zählen. Schon G. W. F. Hegel sah bekanntlich den »Grundcharakter« der amerikanischen Gesellschaft »in der Richtung des Privatmanns auf Erwerb und Gewinn, in dem Überwiegen des partikulären Interesses, das sich dem Allgemeinen nur zum Behufe des eigenen Genusses zuwendet«. Im nordamerikanischen Gemeinwesen herrsche zwar »ein formelles Rechtsgesetz [...], aber diese Rechtlichkeit ist ohne Rechtschaffenheit«.[4] Diese Version des privatistischen und kapitalistischen Amerika kann dann sowohl negativ als auch positiv besetzt werden: Diejenigen aus den neuen Mittelklassen z. B., die sich im heutigen Polen eine schleunige Akkumulation von Reichtum und Ansehen versprechen, aber auch diejenigen aus der arbeitenden und arbeitslosen Unterklasse, die Fernsehserien à la »Dallas« und »Dynasty« blinden Glauben schenken, mögen eine Las-Vegas-Welt aus Dollars, Cadillacs, Wolkenkratzern und MTV, bevölkert von Whitney Houston und Michael Jackson, als das Ziel ihrer Träume betrachten, als die besten aller Welten – vorausgesetzt, man gehört zu den *happy few*, die es auf die Sonnenseite des Kapitalismus geschafft haben, egal wie.

Umgekehrt könnten sozial engagierte Christen, aber auch Sozialisten und Sozialdemokraten, den ökonomischen Individualismus der USA als die schlimmste aller Welten betrachten: als verwilderten individualistischen Liberalismus, der keine Gebote sozialer Solidarität und christlicher Nächstenliebe mehr anerkennt. Sogar im Gesellschaftsbild des polnischen Papstes – in seinen Enzykliken »Sollicitudo rei socialis« (1987) und »Centesimus Annus« (1991) – gibt es Anklänge an eine solche Vision der USA als Stammland eines »liberalistischen Kapitalismus«, dessen Sozial- und Wirtschaftsordnung ebenso von »Strukturen

113

der Sünde« geprägt sei wie der kollektivistische Kommunismus. Denn der enthemmte Kapitalismus zeichnet sich nach Johannes Pauls II. letzter Sozialenzyklika (Centesimus Annus, Nr. 29) aus durch »eine geradezu besessene Propaganda für die rein utilitaristischen Werte, verbunden mit einer Enthemmung der Triebe und einem Drang zum unmittelbaren Genuß, der ein Erkennen und Anerkennen einer Wertehierarchie im Leben geradezu unmöglich macht«.[5]

Gewiß: Nicht alles an diesem (alt-)europäischen Bilde des heutigen Nordamerika ist falsch. Der Zerfall der amerikanischen Städte, die Gettoisierung der zumeist farbigen Armutsbevölkerung, das Umsichgreifen der sozialen Seuche der Drogenabhängigkeit und jugendlicher Bandenkriminalität sind ebenso viele Anzeichen für eine drohende Krise der amerikanischen Gesellschaftsordnung. Aber – und dies muß gegen ein vereinfachtes Zerrbild vom unmoralischen Amerika »ohne Seele«[6] gesagt werden – der radikale ökonomische Individualismus, gewiß ein Bestandteil der amerikanischen Ideologie, ist nicht das gesamte Amerika. Man wird den »amerikanischen Traum« und also auch seine Schattenseiten nicht begreifen können, wenn man nicht die »amerikanische Seele« kennt. Und man wird auch die innenpolitische Auseinandersetzung in den USA sowie die aktuellen politisch-theoretischen und sozialwissenschaftlichen Debatten nur schwer verstehen.

Sozialkritik und Erschütterung der Seele

Welche Ressourcen eröffnet Amerikas Seele für Gesellschaftskritik und Gesellschaftsreform? Nachdem die amerikanische Demokratie sich gegenüber dem östlichen Kollektivismus außen- und weltpolitisch als Siegerin erfahren durfte, legen heute die kritische Sozialwissenschaft ebenso wie die sozial engagierten Religionsgemeinschaften den Finger auf den inneren Zerfall des Gemeinsinns, der schließlich nur die ethisch-politische Seite der sichtbaren öffentlichen Armut und der zunehmend aggressiven ethnisch-kulturellen Zersplitterung der amerikanischen Öffentlichkeit darstellt. In diesem Streit um »die moralische Lage der Nation«[7] aber spielen nicht allein soziale und politische Argumente oder moralische und ökonomische Theorien eine Rolle, sondern auch religiöse Vorstellungen: Selbstbilder, Gründungsmythen und Legitimationsmuster amerikanischer Freiheit nicht bloß vor dem Menschen, sondern vor Gott. Nachdem in den achtziger Jahren vor allem die konservative Rechte die Religion bemühte, scheinen die neunziger im Zeichen eines »kommunitaristischen«, linksliberalen Revivals religiöser Rhetorik zu stehen.

Es ist somit kein Zufall, wenn sich im wichtigsten amerikanischen sozialpolitischen und sozialethischen Manifest der letzten Jahre ein zentrales Kapitel der öffentlichen Rolle der Religion zuwendet.[8] Es geht um die Krise der »Public Church«, dem zunehmend in staatsnahe Lobbies einerseits und gemeindenahe Aktivisten andererseits zerfallenden öffentlichen Lebens der in den USA pluralistisch verfaßten Religionsgemeinschaften, die nämlich selber Träger von Sozialpolitik sind.[9] Die nicht staatlich verfaßten und finanzierten Kirchengemeinden stellen folglich weit mehr als die staatliche Administration oder gar politische Parteien (die es hier im europäischen Sinne bekanntlich gar nicht gibt) zugleich eine der zentralen »Arenen« der sozialpolitischen Auseinandersetzung dar. Aber die öffentliche Rolle religiöser Rhetorik – wohlgemerkt nicht eine staatliche Rolle religiöser Institutionen! – geht weit über die Sozialpolitik hinaus. Sie betrifft bereits die Bindung der Amerikaner an ihr Gemeinwesen selbst: Ist »Amerika« möglich, ohne eine »Nation unter Gott« sein zu wollen?[10]

Wie muß eine Öffentlichkeit beschaffen sein – »all government rests on opinion« (The Federalist, Nr. 49) –, die in der Lage ist, zwischen der Gemeinde und der »local community« hier und der politisch verfaßten Bürgergemeinschaft in einer Einwanderungsgesellschaft mit wachsenden sozialen und ethnischen Spannungen dort zu vermitteln?[11] Die Einheit einer multikulturellen »Nation«, die sich auf keine natürliche Gegebenheit, keine wie auch immer gegebene nationale Identität berufen kann, muß stets (oder doch bei jeder größeren moralischen oder politischen Krise des Gemeinwesens) erneut politisch vergewissert, wiedergefunden und wiedererfunden werden: im Streit um das »common good«. Die »Nation« Amerika ist gewissermaßen dieser Streit. Sie ist kommunikatives Handeln, d. h. auch kommunikatives *business*, das aus »shared values« und gemeinsamen Mythen lebt, welche dann von »big communicators« verkörpert werden. Und das gilt sowohl für die Rechte wie für die Linke. Auch die Abkehr von öffentlichen Aufgaben, die Reagansche »Revolution« und die Bewegung der »moralischen Mehrheit«, war schließlich als gemeinschaftliches Projekt einer Rückkehr zu Amerikas Ursprüngen formuliert worden. Umgekehrt: Nachdem die Republikaner 1988 ihre *convention* erfolgreich unter das Motto der »Nation Under God« gestellt hatten, waren es 1992 die »neuen« Demokraten, denen es gelang, nicht nur Interessen zu mobilisieren, sondern auch die »Seele« Amerikas anzusprechen.

Zu den entscheidenden sozial-moralischen Voraussetzungen der amerikanischen Revolution gehörte das »Great Awakening«, die sich aus zahlreichen Quellen speisende evangelische Erweckungsbewegung, die in der ersten Hälfte des 18. Jahrhunderts nicht nur die puritanischen Kolonien Neuenglands erfaßte, sondern auch die Anglikaner Virginias, die Quäker Pennsylvanias oder die Baptisten Carolinas, und die damit vielleicht zum ersten Male eine gemeinsame, die verschiedenen Kolonien, Siedlungen und protestantischen Konfessionen übergreifende, spirituelle Öffentlichkeit erzeugte.[12] Medium und Message dieser öffentlichen Erschütterung war eine persönliche Frage, die von der Kanzel herabdonnerte: Bist du erwählt? (Wie) kannst du Gottes gerechtem Zorn entrinnen? Und die Antwort bestand in der öffentlichen Bezeugung der durch innere Erschütterung der Seele erfahrenen Wiedergeburt, Umkehr des Herzens oder Konversion als der einzigen Garantie, der Gnade des Herrn teilhaftig geworden zu sein und dem feurigen Höllenschlund zu entgehen, vor dem uns allein die Hand des Herrn bewahren kann.[13]

Seither ist in der Geschichte der USA ohne ein emphatisches und jenseits des Atlantiks gerne in explizit religiösen, ja manchmal messianischen Worten formuliertes politisches Projekt des Gemeinwesens noch nie eine Reformkoalition zustande gekommen. Das »gemeine Wohl« oder »öffentliche Gut« ist im amerikanischen Selbstverständnis ja gerade keine utilitaristische Kategorie, sondern – als *public happiness* der Gründungsväter[14] – ein Begriff der amerikanischen Verfassungstradition, der eher eine Existenzweise des Bürgers beschreibt als ein bestimmtes Gut oder Objekt politischen Handels. Und wie die Wiedergeburt des Christenmenschen käme die öffentliche Partizipation der Bürger, das Selbstverständnis der freien Republik, ohne ihre innere Anteilnahme, Erschütterung und Umkehr gar nicht zustande.

Vom protestantischen »social gospel« bis zum reformistischen »New Deal« der zwanziger und dreißiger Jahre, bis hin zu Präsident Johnsons »Great Society« (auf die symbolische Politik des aktuellen Präsidenten kommen wir noch zurück) – all diese Formeln bedeuteten stets auch eine projektive, zukunftsorientierte Selbstvergewisserung der »ameri-

kanischen Seele«. Ihre Sprache ist allerdings weit eher die eines gesellschaftlichen Pakts, in dem sich Individuen erst zu einer politischen
Gemeinschaft entscheiden, als der für die Sprache der europäischen
Rechten wie Linken so charakteristische Appell an die vorausgesetzte
höhere Allgemeinheit und »Sittlichkeit« des Staates, weshalb bereits
für Hegel in den USA »der Staat nur ein Äußerliches zum Schutze des
Eigentums war«. Die europäische Entgegensetzung von »Staat« und
»Gesellschaft« nämlich fehlt in der amerikanischen politischen Semantik weitgehend. Hegel selbst spürt dies übrigens heraus, wenn er die
amerikanische republikanische Verfassung nicht allein auf bürgerlicher
Gerechtigkeit, Sicherheit und Freiheit, sondern in einer Art innerge-
sellschaftlichem Vertrauen, »das Zutrauen der Individuen zueinander,
das Vertrauen auf ihre Gesinnung« gründen läßt, welches in der protestantischen Religion sein Muster finde.[15]

Politische Theologie?

Genauer hat dies der Katholik Alexis de Tocqueville als Augenzeuge
und keine zwanzig Jahre später formuliert: Das Gesellschaftsideal der
amerikanischen Republik läßt sich ohne den Protestantismus als »Regierung der Mittelklassen im Bereich der religiösen Welt« nicht verstehen. In seinen dann für die Publikation verworfenen Notizen zu seinem
Buch über die Demokratie in Amerika heißt es: »Der Protestantismus
ist eine demokratische Lehre, der der Errichtung der gesellschaftlichen
und politischen Gleichheit vorhergeht und sie erleichtert. Die Menschen haben gewissermaßen die Demokratie durch den Himmel geführt, bevor sie sie auf Erden einrichteten.«[16] Das Projekt der revolutionären »Nation« Amerika impliziert also auch ein theologisches
Programm, und dieses ist, wie alle theologischen Projekte, paradox: Es
wurzelt in einer vorausgesetzten »inneren«, geradezu präsozialen Freiheit des Christenmenschen, welche gleichwohl ihr beständiges Ziel als
politische Gemeinschaft darstellt – allerdings einer Gemeinschaft ohne
»wirklichen Staat« (Hegel): »A nation of men will for the first time
exist, because each believes himself inspired by the Divine Soul which
also inspires all men.« So beendete Ralph Waldo Emerson in etwa zur
selben Zeit, als Tocqueville sein Amerika-Buch verfaßte, in Harvard
seine Rede »The American Scholar«.[17]

Die amerikanische Republik gründet zwar in einer politischen Theologie, aber ihre Themen heißen nicht Staat, Souveränität oder Ausnahmezustand. Es ist nicht die etatistische politische Theologie Carl Schmitts (an die ein jeder Staatsrechtler der Alten Welt bei diesem Wort denken würde: die göttliche Allmacht als Symbolum eines Dezisionismus der Staatsräson), welche wiederum über Joseph de Maistre oder Juan Donoso Cortés auf eine lange Tradition der katholischen Reaktion auf die Französische Revolution und die lateineuropäische Gegenreformation zurückblickt. Es ist vielmehr die »föderale« oder Bundestheologie calvinistischer Theologen und Politiker. Beide soeben genannten und politisch konträren Traditionslinien haben allerdings eine theologische Gemeinsamkeit: Sie sind »augustinisch« inspiriert. Beide, der Dezisionismus der katholischen Staatsraison und der Rigorismus des calvinistischen Gottesvolks, gehen aus von der anthropologisch pessimistischen Sicht der Politik beim hl. Augustinus: vom Gegensatz zwischen Gottesstadt und irdischem Gemeinwesen (»De civitate Dei«, XIV, 28).

Lange vor Hobbes und Rousseau hatte schließlich schon Aurelius Augustinus im menschlichen »Selbst«, im Zwiespalt zwischen *caritas* und *cupiditas*, die Möglichkeit der Degeneration des menschlichen Zusammenlebens lokalisiert.[18] Die politischen Theologien der katholischen Reaktion (also Carl Schmitts, De Maistres und Donoso Cortès'), allesamt von apokalyptischen Zügen durchaus nicht frei, stellen die autoritäre Konsequenz aus einem derart »augustinischen«, zugleich realistischen und pessimistischen Menschen- und Politikbild dar: Die Antwort auf die Erbsünde ist kein Ethikprogramm, sondern der christliche Säbel. Von autoritären Zügen und später schwärmerischen Weiterentwicklungen durchaus nicht frei, konnten die »föderalen« neuenglischen Theologien der Peter Bulkeley, John Cotton, Samuel Willard und dann die Schriften Jonathan Edwards hingegen den Ausgangspunkt eines auf den Bund mit Gott gegründeten christlichen »Commonwealth« darstellen. Die Antwort auf die Erbsünde ist hier keine äußere Autorität, sondern innere Kontrolle. Der Bund mit Gott, aber auch das religiöse Revival in der Begegnung mit Gott stellen keine irrationalen Dezisionen dar, sondern methodische Verfahren. Im Gegensatz allerdings zu seiner deutschen Entpolitisierung durch die lutherische Ausdeutung der Zwei-Reiche-Theorie des hl. Augustinus hat im Calvinismus der Bund seine (meta-)politische Bedeutung nicht verloren.[19]

Die symbolische Ordnung der USA hat somit zwar protestantische Züge, aber das Gemeinwesen der Vereinigten Staaten ist deshalb kein konfessioneller Staat, denn »es fehlt ihm jene religiöse Einheit, die sich in den europäischen Staaten erhalten hat, wo die Abweichungen sich nur auf wenige Konfessionen beschränken«.[20] Die christlich geprägte Grammatik der öffentlichen wie der privaten Freiheit folgt in den USA anderen symbolischen Codes als die Politik der europäischen Nationen und der organisierte Glaube europäischer Konfessionen. Die wichtigsten Unterschiede im Selbstbild der Neuen Welt gegenüber dem Alten Kontinent, denen die folgenden Bemerkungen gelten, sind religiöser und politischer Natur zugleich. Es sind: der Bund der Auswanderer als »Gründungsmythos«[21], der religiöse, kulturelle und ethnische Pluralismus als Spielregel und die narzißtische Einsamkeit der amerikanischen Gotteserfahrung. Auf eine Formel gebracht: Der amerikanische Traum handelt von Freiheit, Gleichheit und Einsamkeit des Christenmenschen.

Der Bund

Es gibt wohl kaum ein Buch, das es uns ermöglicht, die politische Theologie der amerikanischen Republik besser zu verstehen, als Michael Walzers »Exodus und Revolution«: Es beginnt mit der Predigt in einer schwarzen Baptistengemeinde in Montgomery, Alabama – der Auszug der Israeliten aus dem Hause der Knechtschaft als biblisches Programm der Bürgerrechtsbewegung der sechziger Jahre. Walzer erzählt uns vom Alten Bunde und vom puritanischen Projekt einer Neuen Welt, vom Bund des Pilgervolks in der Wüste, von der Erfahrung und Erinnerung der Auswanderung, von der Fremde, die hinter jeder neuen Heimat steht. Die ersten Entwürfe für das Große Amtssiegel der Vereinigten Staaten (von Benjamin Franklin und Thomas Jefferson) sollten die USA als »Gottes neues Israel« symbolisieren: Moses teilt mit erhobenem Stab das Rote Meer, in dem die Feinde der Freiheit ertrinken; Gott führt das auserwählte Volk mit Wolken- und Feuersäulen durch die Wüste.

Der Bund der Stämme Israels mit JAHWE vereint keine natürliche oder organische Gemeinschaft, sondern ein freies Volk, das sich erst durch den Bundesschluß in seiner Freiheit konstituiert. Das erwählte Volk muß sich auf dem Marsch durch die Wüste für die ihm bestimmte

Freiheit entscheiden, und zwar jeder einzelne Mann und jede einzelne Frau, welchem Clan oder Stamm auch immer sie angehören: »Und alles Volk antwortete zugleich.« (»Exod.« 19,8) Denn die Israeliten hatten zwar die Ketten der ägyptischen Sklaverei zerrissen und sich auf den Weg in eine offene Zukunft in der Fremde gemacht, doch brach zwischen ihren *communities* in der Wüste ein heftiger Streit über Weg und Ziel aus. Erst mit dem Bundesschluß werden die Stämme zum Volk, werden die entlaufenen Sklaven, »um einen Begriff der heutigen philosophischen Sprache zu verwenden – *moral agents*: zu moralischem Handeln fähige, verantwortliche Akteure«. Die politische Gemeinschaft ist mehr als das Gesetz, doch sie ist eine gewollte, keine natürliche Gemeinschaft. Und »diese Verbindung von göttlichem Vorsatz und freier Wahl des Volkes, von Vorsehung und Bund ist charakteristisch für die Exodus-Politik«.[22]

Sie ist auch charakteristisch für die politische Seele Amerikas. »Unsere Politik ist ihrem Wesen nach jüdisch oder puritansich.«[23] Jedenfalls ist sie nicht katholisch, sie fügt sich also weder in eine »natürliche« Ordnung, in die »große Kette der Wesen« (Lovejoy) der mittelalterlichen Kosmologie ein noch in eine organische Vorstellung des »politischen Körpers«, dessen göttliches Haupt im Himmel weilt und dessen bloße Glieder oder funktionale Bestandteile die Stände und die einzelnen Untertanen darstellen. Die puritanische Vorstellung eines heiligen Commonwealth ging ja gerade aus der reformatorischen Zerstörung der mittelalterlichen, hierarchischen Weltordnung hervor: Die heilige Stufenordnung von Stellvertretern und Zwischengliedern einer ständischen Welt, die himmlische Hierarchie auch der säkularen Politik – die »zwei Körper des Königs« (Kantorowicz) – hatte der grausame Gnadengott der Prädestinationslehre Johann Calvins hinweggefegt. Vernunft und Wille in der menschlichen Welt waren schließlich seit Adams Sündenfall korrumpiert.[24]

Diese kosmologische *tabula rasa* nun steht am Anfang der Erfindung von radikaler Politik, der großen Wanderung in die Demokratie. Politik nicht verstanden als Lebensfunktion eines Organismus, sondern als methodisches, aktives Unterfangen der Vereinigung von Menschen: zuerst von puritanischen »Heiligen« in der calvinistischen Diaspora und in der englischen Revolution, dann von Predigern und Seefahrern, von Pilgrim Fathers und hugenottischen »Seeschäumern« (Carl Schmitt) und schließlich von Bürgern in der Neuen Welt. Die ersten

Politiker, die in der Neuzeit der Alten Welt aktive Bürger in Bewegung setzten, statt bloß Berater des Fürsten zu sein und das *Arcanum imperii* mit List und Kunst zu hüten, waren puritanische Exilanten. Sie verstanden ihre militanten Kongregationen als Vereinigungen auf der Pilgerschaft. An die Stelle der Statik und Hierarchie von König und Kirche treten mit der puritanischen Reformation und Revolution Wanderung, Überfahrt und Reise: »The Spiritual Navigator for the Holy Land« lautet der Titel einer Predigt von Thomas Adams aus dem Jahre 1615.

Die Pilger geben sich in Gottes Hand, aber sie tun dies mit Vernunft und Methode, nach geregelten Vertragsbeziehungen. Die Flucht aus der Alten in die Neue Welt ist auch eine Reise »from status to contract« (H. S. Maine). In diese allgemein seit dem Beginn der Neuzeit und speziell in der Geistesgeschichte des 17. Jahrhunderts zu beobachtende Bewegung von Standesbeziehungen zu Vertragsverhältnissen ordnet sich nämlich auch die Bundestheologie der neuenglischen Puritaner ein, die bei Luther und Calvin in dieser Funktion noch nicht auftauchte. Ohne hier ins Detail zu gehen, kann man diese »federal theology« als Rationalisierung der augustinischen Prädestinationslehre auffassen: Es galt, mit Glauben und Vernunft sowohl die Souveränität des Allmächtigen als auch den freien Willen des Menschen zu begreifen, um der unbegreiflichen Gnade Gottes wie der menschlichen Vernunft gerecht werden zu können. Das Verhältnis von Gott und Mensch mitsamt dem »Commonwealth« im Zusammenleben der Menschen mußte damit neu gefaßt werden – ebenso theologisch und ekklesiologisch wie soziologisch und politisch: als Gnadenbund und als Gesellschaftsvertrag. Die biblische Idee des »Bundes« konnte somit in den neuenglischen Kolonien von Politikern wie Theologen »als theoretische Grundlage des Staates wie des Heils angesehen werden; [und in Neuengland] gelang es der Theologie für eine Zeitlang, ihr gesamtes Denken unter einem einzigen Begriff zu vereinheitlichen«.[25]

Die Schule der »covenant« oder »federal theology« beschreibt das Verhältnis zwischen Gott und den Menschen als eine Abfolge von Vertragsschlüssen: Auf den von Adam gebrochenen »Bund der Werke« zwischen den ersten Menschen und Gott folgt mit Abraham der »Bund der Gnade«, die alleine die gefallenen Sterblichen erretten kann; die Kirche Jesu Christi ist der nach innen gewandte »Bund der Heiligen«, die diese Gnade sichtbar bereits erfahren haben; der »äußerliche« soziale und politische Bund des christlichen Gemeinwesens umfaßt auch die nicht Erwählten... An diesem spannungsreichen Verhältnis zwischen dem »inneren« und dem »äußeren« Bund, zwischen Gnadenbund und Gesellschaftsverbund (und dann mit dem »half way covenant« auch zwischen der Mitgliedschaft im Kirchenbunde und der Teilnahme an den Sakramenten), sollten sich im 17. und 18. Jahrhundert ausführliche theologische Kontroversen entzünden.

An die Stelle des »politischen Körpers« tritt auf der Reise in die Neue Welt das (Staats-)Schiff, dessen Seefahrer schließlich nicht geborene Seeleute sind, sondern Freibeuter, die mit Gott und Kapitän einen Kontrakt gezeichnet haben. John Winthrop, der erste Führer der aus ebenso ökonomischen wie religiösen Motiven gegründeten puritanischen Kolonie in der Massachusetts Bay, stellte im Jahre 1630, noch an Bord seines Flagschiffes *Arbella*, den christlichen Seefahrern, Siedlern und Händlern das rechte »Modell der christlichen Nächstenliebe« als fruchtbringenden Bund zwischen Gott und den Siedlern vor. Die Siedler müssen laut ihrem Vertrag mit Gott Gerechtigkeit, Barmherzigkeit und Demut üben; sie sollen wie ein Mann in brüderlicher Zuneigung zusammenhalten, statt bloßem Eigennutz und pesönlichem Profit zu frönen, wenn sie nicht den Zorn Gottes über ihren Vertragsbruch heraufbeschwören wollen.[26] Gefahr droht aber auch, wenn der Kapitän den Bund nicht einhält, vom Kurs abweicht und auf Klippen zusteuert. Dann helfen nicht allein Gebete. In der Mannschaft wird der Ruf nach »a new captain with an new course« laut.

Der Gouverneur des Staates New York, Mario Cuomo, hat am 16. Juli 1992 dieses Bild vom Schiff Amerika auf gefährlichem Kurs in seiner Nominierungsrede für den demokratischen Präsidentschaftskandidaten Clinton verwandt: »Das Staatsschiff steuert auf die Klippen zu. Die Mannschaft weiß das. Auch die Passagiere wissen Bescheid. Nur der Kapitän des Schiffes, Präsident Bush, scheint nichts davon wissen zu wollen. Er glaubt offenbar, das Schiff werde schon von unsichtbaren Tiefenströmungen gerettet werden, gesteuert von der unsichtbaren Hand eines Gottes der Wirtschaftszyklen... Nun, es ist wohl immer gut, zu beten. Doch unsere Gebete müssen auch von guten Werken begleitet werden. Wir brauchen einen Kapitän, der dies versteht und der das Ruder ergreift, bevor es zu spät ist. Ich bin heute abend hier, um Amerika diesen neuen Kapitän mit einem neuen Kurs vorzustellen.« Wie beim puritanischen Engländer Winthrop – und ganz im Gegensatz zur europäischen »Wir sitzen doch alle in einem Boot«-Rhetorik – hat

auch für den amerikanischen Katholiken Mario Cuomo der Schiffs-
kontrakt seine aktivistischen Seiten. Anders als die »invisible hand« des
Wirtschaftsliberalismus fordert der demokratische Gott die Mitarbeit
der »crew«, er fungiert somit als rhetorische Figur für einen neuen sozialpolitischen Kontrakt.[27]

Der amerikanische Traum entstand auf der Fahrt. »Amerika« ist kein
Nationalstaat, kein »Stamm« also, der sich, der Bevölkerungsmehrheit
auf seinem Territorium gewiß, zur Staatsnation aufschwingt; sondern
ein (vermeintlich) »jungfräuliches« Land im (vermeintlichen) Naturzu-
stand.[28] In diesem Land schließen Einwanderer aus aller Herren Ländern ihren Bund und müssen sich daher auf neue Spielregeln einigen.
Das erklärt manche der amerikanischen Eigenarten: die hohe soziale
Disziplin der oft religiösen Einwanderergemeinschaften, deren Wanderung dann ja innerhalb des Kontinents, gen Westen, weiterging; die
institutionenarme, hemdsärmelige Rhetorik und Praxis des politischen
Lebens; sowie gleichzeitig jene romantische Sehnsucht nach Einheit
und den radikalen Individualismus in der amerikanischen Kultur, für
die Walt Whitmans »Song of Myself« oder Ralph Waldo Emersons Essay »Self-Reliance« stehen und die, wie wir im folgenden Abschnitt
sehen werden, gleichfalls ihre religiöse Tiefendimension haben.

Aber der Traum der Einwanderer erklärt auch noch die Blindstellen
und Barrikaden des amerikanischen Modells, seine *riots* und seine Alp-
träume: Die einzigen Gruppen nämlich, die nicht freiwillig in die USA
eingewandert sind – denn die indianischen *native Americans* wurden
vertrieben oder ausgerottet; und die afroamerikanischen Schwarzen
flohen nicht die Sklaverei Ägyptens, sondern waren in die Sklaverei
zwangsverschleppt worden –, sie finden, obwohl seit 1866, nach dem
Ende des Bürgerkriegs staatsrechtlich *citizens*, im amerikanischen
Traum bis heute keinen gleichberechtigten Platz. Und doch formulierte
Martin Luther King den schwarzen Traum von Freiheit und Gleichheit
auf amerikanisch, d. h. in der Sprache des Bundes.

So in seiner legendären, letzten »Berggipfel«-Rede, am 3. April 1968 in
Memphis, einen Tag vor seiner Ermordung: »... Denn ich habe auf dem
Gipfel des Berges gestanden (...) Und ich habe hinübergeschaut. Und
ich habe das Gelobte Land gesehen. Und vielleicht werde ich es nicht
mit euch zusammen erreichen. Aber ich möchte, daß ihr es heute schon
wißt: Wir werden als Volk in das Gelobte Land einziehen. Darum bin
ich heute glücklich. Ich mache mir keine Sorgen. Meine Augen haben

die Herrlichkeit des kommenden Reiches Gottes gesehen. Ich hatte heute nachmittag einen Traum, daß die Brüderlichkeit unter den Menschen Wirklichkeit werden wird (...) Mit diesem Glauben werden wir dieses neue Tageslicht erreichen, wenn alle Kinder Gottes – Schwarze und Weiße, Juden und Christen, Protestanten und Katholiken – sich die Hände reichen werden können und mit den Negern das alte Spiritual anstimmen: ›Endlich frei!‹...«[29]

Religiöser Pluralismus

»Free at last!« Die Gemeinschaft der Freien, der Zentralmythos der amerikanischen Identität, ist eine christliche Bundesrepublik. Diese aber ist das Gegenteil einer theokratischen Herrschaft von Priestern oder Stellvertretern Gottes, welche das geoffenbarte göttliche Gesetz per staatlicher Zwangsgewalt in der Gesellschaft verwirklichen. Wie die Reformation gegenüber der geistlichen und säkularen Macht der katholischen Ordnung die »Priesterschaft aller Gläubigen« einklagte, so liegt die spirituelle Basis der Republik in der religiösen Freiheit des einzelnen. Der selbst religiös aufgewachsene pragmatistische Philosoph John Dewey schreibt in seiner Schrift »A Common Faith«, in der er ähnlich wie der junge Marx die moralischen Ideale demokratischer Assoziation an die Stelle jedes übernatürlichen Glaubens setzen wollte: »Protestantische Kirchen haben stets den Umstand betont, daß das Verhältnis des Menschen zu Gott in erster Linie eine individuelle Angelegenheit darstellt, also eine Sache der persönlichen Entscheidung und Verantwortung... Was dadurch für die Religion gewonnen wurde, ist, daß sie auf ihre einzig wirkliche und solide Grundlage gestellt worden ist: die direkte Beziehung von Bewußtsein und Willen zu Gott.«[30]
Die »positive« Christenfreiheit besteht für den zutiefst protestantisch grundierten Code der amerikanischen Seele zuallererst in ihrer persönlichen Beziehung zu Gott. Die diversen Denominationen, also die laut Verfassung staatsfreien Konfessionen und Kirchen Amerikas, praktizieren (nach der Unterscheidung von William James) eher eine »persönliche« als eine »institutionelle« Religiosität. Daß Gott in Amerika *a personal matter* ist, wird bis heute durch empirische Meinungsumfragen bestätigt: Mehr als 90 % der Amerikaner glauben nach den Erhebungen der Gallup/Castelli-Umfrage an einen persönlichen Gott, ca.

90 % beten regelmäßig, ebenso viele glauben daran, daß Gott sie persönlich liebt (nur 9 % sind sich nicht sicher, und nur für 3 % ist Gottes Zuwendung inexistent). Interessant ist dabei vor allem die hohe Konstanz: Unmittelbar nach dem Zweiten Weltkrieg, als sich, ganz anders als heute, die christliche Nation und ihre Religionsgemeinschaften in einem hoffnungsvollen und zukunftsgewissen Stadium befanden, ergaben sich kaum differente Zahlen: Ungefähr 94 % der amerikanischen Bevölkerung glaubten an einen persönlichen Gott, ca. 90 % beteten regelmäßig, für ca. 85 % war die Bibel das persönlich inspirierte Wort Gottes und für 75 % die Religion ein bedeutsamer Bestandteil des eigenen Lebens.[31]

Der Gesellschaftsvertrag der christlichen Republik hat als sozial geltende Funktion einen vorrangig individuellen Sinn und Auftrag. Der Bund der Pilger und Auswanderer – die »politische Vergemeinschaftung« (Max Weber) der amerikanischen Nation im Mythos der christlichen Freiheit – wurde nämlich nur geschlossen, um jedem Bürger seine eigene Einsamkeit mit Gott möglich zu machen. Eine der Wurzeln der amerikanischen »Bill of Rights« (1791) liegt schließlich in der Gewissens- und Religionsfreiheit, entstanden aus der Flucht vieler Einwanderer vor religiöser Verfolgung in Europa: vor den Ketzerverfolgungen des Mittelalters, den Religionskriegen der Reformationszeit und dem *cuius regio eius religio*-Konfessionalismus der entstehenden Nationalstaaten. Daher der Exodus, »um in einem fremden Weltteile die Freiheit der Religion zu suchen« (Hegel). Für die puritanischen Auswanderer war das Europa von Kaiser und Papst »Ägypten« und die Neue Welt das gelobte Land. Der extreme und nicht zuletzt ökonomische Individualismus des amerikanischen Lebens findet seine spirituelle Legitimität im Wissen um eine einsame, außersoziale Gotteserfahrung.

Ein jeder ist nämlich dazu aufgerufen, wie Ralph Waldo Emerson in seiner berühmten »Harvard Divinity School Adress« (1838) formulierte, selbst die unmittelbare Erfahrung der Gottheit zu machen: »If a man is at heart just, then in so far is he God; the safety of God, the immortality of God, the majesty of God, do enter into that man with justice.«[32] Gott spricht zum Amerikaner direkt von innen, ohne Theologen, Priester und Sakramente. Und diese einsame und asoziale Freiheit als Grundwert der christlichen Republik läßt sich mit Edgar Young Mullins, dem führenden Theologen der Southern Baptist Convention

zu Beginn dieses Jahrhunderts, als *soul competency* definieren: »Religion is a personal matter between the soul and God.«[33]
Der Individualismus des Gewissens, d. h. die protestantische Christenfreiheit, verlangt als ihm gemäße politische Ordnung die Trennung von Kirche und Staat: die zivile Gleichberechtigung aller Bekenntnisse. Staatliche Förderung, etwa durch Kirchensteuer und öffentliches Schulgebet, oder Behinderung bestimmter Kirchen käme einem tyrannischen politischen Druck auf das Gewissen der einzelnen gleich. »Denn niemand kann, selbst wenn er wollte, seinen Glauben dem Diktate anderer anpassen. Alles Leben und alle Macht wahrer Religion besteht in der inneren und vollkommenen Gewißheit des Urteils, und kein Glaube ist Glaube ohne Fürwahrhalten.« So begründet John Locke in seinem »Letter Concerning Toleration« (1689) die Sphärentrennung von Kirche und Staat, wonach »die Kirche selbst eine vom bürgerlichen Gemeinwesen vollständig getrennte und unterschiedene Sache ist. Die Grenzen auf beiden Seiten sind fest und unveränderlich.«[34]
Natürlich sind sie dies im wirklichen Leben nicht: Der erste Zusatzartikel zur amerikanischen Verfassung errichtete zwar zwischen Kirchen und Staat eine Trennmauer (Jefferson), doch ihre Höhe und ihr Verlauf – zwischen religiöser »privacy«, öffentlicher Moral und dem Verbot jeder staatlichen Etablierung oder doch Beförderung eines religiösen Bekenntnisses – sind in den USA nahezu beständiger politischer Streitpunkt und d. h. in der Regel Anlaß gerichtlicher Auseinandersetzung.[35]
Zu den genauer besehen nur scheinbaren Paradoxien der amerikanischen Freiheit gehört ja, daß gerade das Fehlen einer offiziellen, staatlich verfaßten oder durch Konkordate geförderten, etablierten Kirche der Religion eine weitaus höhere Relevanz verleiht als in den Staaten der Alten Welt. In der Neuen Welt hatte die Republik von vorneherein mit dem religiösen Pluralismus aller mehr oder minder fundamentalistischen Sekten aus der Alten Welt zu rechnen. Ein prinzipieller Pluralismus der Bekenntnisse ist die amerikanische Antwort auf Kirchenstaat wie Staatsreligion in Europa: Die Demokratie in Amerika, die Alexis de Tocqueville vor anderthalb Jahrhunderten beschrieb, ist eine Demokratie, die in ihrem kulturellen Selbstverständnis weder antireligiös oder, wie die Tradition des europäischen Liberalismus, antiklerikal noch staatskirchlich geprägt ist. Paradox formuliert: Amerika ist eine religiös pluralistische, *weil* christliche Republik.[36]

Dieser amerikanische Religionspluralismus läßt sich nun zum einen als Markt deuten. Die Freiheit des Christenmenschen entspricht dann der Souveränität des Konsumenten, der sich im Angebot des »göttlichen Supermarkts« (Ruthven) die seiner Erfahrungsdimension angemessenste Technik oder Methode der Gottesbegegnung heraussucht. Die Vielfalt des religiösen Angebots steht mithin auch nicht im Gegensatz zu der einen Gottheit, sondern erhöht die Chance des Gläubigen, seinen ureigenen Weg zu IHM zu finden.[37] Der offene, d. h. nicht staatlich regulierte »Markt« religiöser Bekenntnisse ist für die amerikanische Christenheit kein »kleineres Übel«, sondern vielmehr selbst ein positives Gut. Die Verteilung der göttlichen Gnade ist nicht Sache des politischen Gemeinwesens, sondern einzig der individuellen *soulcompetency*. Und das Wissen aller um die Umtauschgarantie bürgt dann indirekt für die Authentizität der Glaubenserfahrung derer, die das Produkt nicht zurückgehen lassen. In der Tat hat aber der *denominational switch*, der Wechsel zwischen Religionsgemeinschaften, in den letzten vierzig Jahren in den USA zugenommen.[38]

Die andere mögliche Deutung des religiösen Pluralismus ist: demokratische Gleichheit. So geht nach Michael Walzer »auf religiöser Seite die Priesterschaft aller Gläubigen auf diese Rechtsnorm [sc. der Mauer zwischen Kirche und Staat] zurück, die die Verantwortung für das eigene Seelenheil dem je einzelnen Religionsmitglied überträgt. Die einzelnen können jede Kirchenhierarchie anerkennen, die anzuerkennen sie bereit und lustig sind, aber die Anerkennung kommt von ihnen, sie wird von ihnen gewährt oder verweigert und ist weder gesetzlich auferlegt noch rechtlich bindend. Auf der politischen Seite sorgt die Mauer für die Gleichheit von Gläubigen und Ungläubigen, von Heiligen und Weltkindern, von Geretteten und Verdammten.«[39] Anders als in Cromwells »Parlament der Heiligen« sind in der christlichen Republik alle gleichermaßen Bürger, ob sie nun der Gnade teilhaftig werden oder nicht; denn einzig ihr Gewissen oder Selbst kann ihren Glauben bestätigen und ihre Erlangung der göttlichen Gnade verbürgen. Für Michael Walzer ist daher die Gewissensfreiheit und die Religionsfreiheit von *communities*, die Wurzel der amerikanischen Demokratie, weit mehr als das Privateigentum;[40] denn »das Eigentum gehört jemand einzelnem, das Gewissen aber jedermann; das Eigentum ist oligarchischen Typs, das Gewissen demokratisch oder anarchisch«.[41]

Aber es kann auch fundamentalistisch werden: Der verbreitete populistische Antiintellektualismus von *middle America* gründet theologisch in einer evangelischen »Religion des Herzens« von rechtschaffenen Christen, die sich zunächst gegen den papistischen Klerus und überhaupt jede haarspaltende Theologie richtete, später dann aber auch wider die Moderne tönte.[42] Die patriarchalische und konservativ-gesetzesethische Radikalisierung weißer angloamerikanischer Unter- und Mittelklasseprotestanten[43] entstand bekanntlich in den Anfangsjahrzehnten des 20. Jahrhunderts auch als Reaktion auf den massenhaften Zustrom katholischer (irischer, italienischer, polnischer) und (vor allem ost-)jüdischer Einwanderer in die Großstädte. Amerika verlor einen Teil seiner rein protestantischen Prägung und wurde auch religiös stärker zu einer »Nation von Nationalitäten« (Horace M. Kallen). Sie wurde im Ergebnis natürlich weder zum ethnischen noch zum religiösen Schmelztiegel; die ethnische Vielfalt der USA wurde nur um einige »Bindestrichidentitäten« erweitert, und die religiöse Konfliktpalette ist noch unübersichtlicher geworden.

Soul-competency, work-out

Die Trennung von Kirche und Staat, die Freisetzung der Kirchengemeinden von jeder politischen Obrigkeit, findet im Individualismus des protestantischen Gewissens ihr Fundament und in der ausschließlichen »competency of the soul in religion« ihren Sinn.[44] Weitaus schwieriger ist es natürlich, zu bestimmen, worin dieser persönliche Glaube der Amerikaner besteht (*sola fides*), in welchem die Bibel oder auch eine »amerikanische Bibel« wie das Buch Mormon nicht nur zur einzigen Legitimationsquelle des Glaubens werden (*sola scriptura*), sondern auch zum »Text« individueller Erfahrung: Es ist die Erfahrung der Anwesenheit Gottes, eines pesönlichen Gerettetseins durch seine Gnade (*sola gratia*). Auch die Bedeutung der Heiligen Schrift wird durch die Empfindsamkeit der Seele (um die baptistische *soul competency* ins protestantische Deutsch zu übersetzen) demokratisiert und individualisiert; die Begegnung mit der Bibel wird zum persönlichen Experiment mit der (eigenen) Gottheit: »The Bible is internal to you with the Holy Spirit.«[45]

In letzter Instanz entscheidet also die eigene religiöse Erfahrung. Der aus dem pietistischen Schwaben kommende Hegel wußte, daß das protestantische »Gelten des Gefühlsmoments... in das mannigfaltigste Belieben übergehen darf. Jeder, sagt man von diesem Standpunkte, könne eine eigene Weltanschauung, also auch eine eigene Religion haben. Daher [sc. in Nordamerika] das Zerfallen in so viele Sekten.«[46] Es sind diese zugleich individualistischen und experimentellen Züge in allen Religionsgemeinschaften der USA, die man den amerikanischen Glauben nennen könnte.[47] Er ist folglich keine »Religion der Vernunft« (Hermann Cohen), sondern eine »Religion der Erfahrung«. Dieser Vorrang der Erfahrung gegenüber jeder theologischen Spekulation entspricht zugleich in hohem Maße der uramerikanischen Definition, die der pragmatistische Philosoph William James in seinen Gifford-Lectures über »The Varieties of Religious Experience« (1902) von der Religion überhaupt gibt: »The feelings, acts, and experiences of individual man in their solitude, so far as they apprehend themselves to stand in relation to whatever they may consider as the divine.«[48] Das Ethos des amerikanischen Glaubens ist subjektivistisch und voluntaristisch – auch noch in seinen narzißtischen und therapeutischen Formen, von Reverend Vincent Norman Peales »positive thinking« bis zu Pastor Robert Schullers TV-»hour of power« (aus der Chrystal Cathedral, Garden Grove, California).

Ein weiteres Paradox: Ausgerechnet die uns heute nahezu postmodern anmutende »Selbst«-Bezogenheit des amerikanischen Glaubens stammt historisch gerade nicht aus der »liberalen«, d. h. arminianischen Theologie; sie entspringt vielmehr im Herzen des allerstrengsten Puritanismus. Die spezifisch amerikanische Glaubensform entsteht als »experimenteller Calvinismus«.[49] Die amerikanische Seele scheint ausschließlich selbsterfahrungs- und affektbezogen. Aber sie ist dies zunächst aus streng methodischen Gründen: Weil nicht etwa die rationale Erkenntnis oder theologische Spekulation und genaugenommen nicht einmal die Bibel als das geoffenbarte Wort Gottes, sondern einzig und allein die Affekte der Seele (auf deutsch: das Feeling) die Verifikationsinstanz für die Begegnung von Glauben und Gnade, von Mensch und Gott darstellen.[50] Das amerikanische Selbst erfährt, ja konstituiert sich als »erwähltes« Selbst nur über seine affektive und voluntative Gotteserfahrung.

Der Enthusiasmus amerikanischer Erweckungsbewegungen ist somit kein Blitz aus heiterem Himmel, sondern methodische Schwärmerei. Und der erste große Methodiker solcher Erfahrungsreligion war der geistige Wortführer und Interpret des ersten *Great Awakening* in den vierziger Jahren des 18. Jahrhunderts: Jonathan Edwards, Diener und Denker, calvinistischer »Minister« (also Pfarrer) und amerikanischer Philosoph. Auch philosophisch war er übrigens ein Paradox: gleichzeitig Metaphysiker und Experimentalist. Mit Edwards wurde der Calvinismus theologisch zur experimentellen Methode, zum mit hartem Training des Herzens nahezu erlernbaren Test auf die Erfahrung vom übernatürlichen und unbeschreiblichen Wirken göttlicher Gnade. Ohne solche Gewißheit der Erwählung nämlich, ohne das Feeling der Wiedergeburt in der Begegnung mit Christus, wäre einem jeden die ewige Verdammnis gewiß.[51]

»*Whom having not seen ye love*: Ihr habt Ihn nicht gesehen und habt Ihn doch lieb; und nun glaubt ihr an Ihn, obwohl ihr Ihn nicht seht; ihr werdet euch aber freuen mit unaussprechlicher und herrlicher Freude [unspeakable and full of glory], wenn ihr das Ziel eures Glaubens erlangt, nämlich der Seelen Seligkeit.« Mit diesen Worten des ersten Petrusbriefs (1 Petr. 1, 6–9) eröffnet Edwards seinen Traktat über die religiösen Empfindungen. Und er zitiert die »mancherlei Anfechtungen« des Glaubens, von denen Petrus an die Erwählten in Pontus, Galatien, Kappadozien, Asia minor und Bythinien wenige Zeilen zuvor schrieb, als *trial*: als Gerichts-, Prüf- und Testverfahren auf die Authentizität des Glaubens (»faith, which is the evidence of things not seen«), in denen sich die »*true religion*« beweisen muß, »damit euer Glaube als echt befunden werde« (so Petrus).[52] Einzig die kontinuierliche methodische Selbsterforschung – habe ich Jesus wirklich gefühlt, erschütterte Er mein Herz? – wird dem Ernst der Sache gerecht, geht es doch um die ewige Seligkeit oder Verdammnis des Gläubigen.

Und einzig die innere Empfindsamkeit der Seele vermag die Authentizität der Gotteserfahrung zu erfassen. Nur die wahrhaft empfundene Liebe und die unaussprechliche, aber tatsächlich empfundene Freude (»joy in Christ, unspeakable and full of Glory«) ist tatsächlich Garantie dafür, daß der Gläubige Anteil am Gnadenbunde genommen hat. Die Gnade ist zwar übernatürlich, d. h. sie ist nicht erklärbar oder erkennbar, aber sie ist erfahrbar. Sie verändert den »wiedergeborenen« Christenmenschen. Er kann seine Empfindungen unaussprechlicher Freude verifizieren, wenngleich nicht mit dem Verstand – und Edwards selber hat immerhin seine eigene *Conversion* getreulich aufgeschrieben[53]. Die *true religion* gehört mithin in eine andere Dimension als die der Erkenntnis, der bloßen Spekulation, des Verstehens vom Kopfe her (»understanding of the head«). Wahre Religion betrifft nicht den Intellekt, sondern »the sense of the heart« – Empfindung, Neigung und Willen.[54]

»True religion, in great part, consists in holy affections«, lautet Edwards Axiom. Der Glaube sieht nicht, aber die Seele fühlt, und es muß weh tun. Nur die starken Affekte – denn die Übungen der Neigung und des Willens der Seele muß man spüren können (»The affections are no other than the more vigorous and sensible exercises of the inclination and will of the soul«) – verifizieren die Echtheit, die Schönheit und Lieblichkeit der wahrhaftigen Religion und haben damit eine selbstreinigende und selbstverstärkende Wirkung (»another benefit of such trials to true religion is that they purify and increase it«).[55] Man kann sie üben und muß sie beständig überprüfen: Allein zwölf Indikatoren (»distinguishing signs«) für »truely gracious and holy affections«, also auch dafür, daß es sich nicht um bloße Selbsttäuschung handelt, führt Edwards im dritten und längsten Teil seiner Abhandlung auf.[56] Man kann sich durch ständige Prüfung von Willen und Neigung auf die Begegnung mit der Gnade vorbereiten. Aber man muß diese Erfahrung schon selber machen.

Folgt man der Begrifflichkeit des Religionssoziologen Peter L. Berger, der die Konfrontation mit dem transzendenten Gott als dualistische Religiosität von der Innerlichkeit des Göttlichen als mystische Religionserfahrung unterscheidet, so hat die amerikanische Religiosität in weiten Bereichen durchaus mystische Züge, »ganz sicher in solchen auf der Innenschau beruhenden Religionsformen wie dem Methodismus (Wesleys ›wärmendes Herz‹) und den auf Bewußtseinsänderungen zielenden Erweckungsbewegungen in weiten Bereichen des amerikanischen Protestantismus«.[57] Dieser westliche Mystizismus der Persönlichkeit gerät aber immer wieder in Gefahr, in einen östlichen Mystizismus der Unendlichkeit abzurutschen (in den USA zuletzt mit dem »New Age« und anderen neuen religiösen Bewegungen[58]), also mit dem eigenen Selbst auch die transzendente Natur des Christengottes zu vergessen – und bekommt es dann regelmäßig mit der Angst vor dem Pantheismus zu tun.[59] Ohne persönlichen Gott und Selbst nämlich gäbe es keine Freiheit, keinen Bund und keine Republik.

Allerdings hat die amerikanische Mystik auch handfeste Techniken methodischer Selbstkontrolle entwickelt. Jedenfalls ist der anfänglich radikale Dualismus von Diesseits und Jenseits, der unüberbrückbare Chiasmus zwischen einem unerreichbaren *Deus absconditus* und dem irdischen Sünder, seit den Tagen der Puritaner innerhalb der meisten protestantischen Denominationen der USA durch praktische, diesseitige Techniken und »Programme« der Umkehr und Begegnung mit Jesus überbrückt worden, während die öffentliche Moral bekanntlich recht puritanisch geblieben ist. Der zertrümmerte katholische Kosmos der einen großen Kette der Wesen hatte ja zunächst mit Calvin eine wüste Leere um den ins Unerfaßliche entrückten souveränen Gnadengott zurückgelassen; doch diese Leere wurde in der nachcalvinistischen Entwicklung aufgefüllt, theologisch und praktisch: theologisch paradoxerweise ebenso durch die Radikalisierung der Gnadenlehre in Edwards' Theologie der Empfindsamkeit wie durch ihre Liberalisierung, also durch die Arminianische Lehre von der Willensfreiheit und durch John Wesleys Methodismus, der es erlaubte, die souveräne Gnade Gottes in der manifesten Erfahrung geistlicher Tröstung zu »verifizieren«. Praktisch durch Wiedergeburts- und Erweckungsbewegungen und ihre diversen Techniken des *pleroma* (der Fülle der Seele in / als Gott) sowie dann natürlich auch durch methodische und ökonomische Lebensführung im weltlichen Handeln, sprich: durch die »innerweltliche Askese«, in der Max Weber bekanntlich den aktivistischen »Geist des Kapitalismus« identifizierte. Das tägliche *work out* der amerikanischen Mittelklasse, die *body exercises* von Jogging und Stretching bis Aerobic, über die wir Europäer uns so gerne lustig machen,[60] setzen also nur eine puritanische Tradition der Selbstsorge fort: die *soul exercises*.

Ungesellige Geselligkeit und kollektives Erwachen

Als Jonathan Edwards 1751 nach dem Abflauen der Erweckungsbewegung von seiner Gemeinde in Northampton, Massachusetts, wegen seiner zu rigiden Standards als Pfarrer abgewählt wurde, ging er für sieben Jahre in die Wildnis: zu einem Außenposten als Missionar bei den Housatonic-Indianern, wo er dann seine Traktate über die Willensfreiheit, die wahrhafte Tugend und die Erbsünde schrieb. Die wiedergeborene Seele genügt sich selbst. Das christliche Selbst des Amerikaners, so meint heute Harold Bloom, ist außersozial: »Der Gott der Amerikanischen Religion ist ein Gott der Erfahrung [*an experimental god*], der so radikal im Innersten unseres eigenen Seins zu finden ist, daß er virtuell mit dem identisch wird, was im eigenen Selbst am authentischsten, am ältesten, am besten ist.«[61] Und doch konstituiert erst dieses einsame Selbst – als Grenzziehung und Legitimitätscode – die politische Gemeinschaft und das soziale Zusammenleben.

Ein klassisches sozialphilosophisches Paradox: die »ungesellige Geselligkeit« (Kant), hier jedoch nicht nur als soziale Entfremdung und Interessenantagonismus der Eigentümer, sondern als »positive Freiheit« und Selbstfindung zu Gott. Die gesellschaftsabgewandte, dem Gott bzw. Ich zugewandte, »tiefere« Seite des Selbst bildet in allen Gesellschaften ein »soziales Apriori«: »daß der einzelne mit gewissen Seiten nicht Element der Gesellschaft ist, bildet die positive Bedingung dafür, daß er es mit anderen Seiten seines Wesens ist: die Art seines Vergesellschaftet-Seins ist bestimmt oder mitbestimmt durch die Art seines Nicht-Vergesellschaftet-Seins.«[62] In der amerikanischen Mythologie hat dieses außersoziale Selbst, das in der sozialen Realität viele Formen annehmen kann, seine religiöse Identität behalten.

»Freiheit«, schreibt Harold Bloom, »bedeutet im Kontext der Amerikanischen Religion, allein mit Gott zu sein, oder mit Jesus, allein mit dem Amerikanischen Gott oder dem Amerikanischen Jesus. In sozialer Wirklichkeit heißt dies Einsamkeit, wenigstens im innersten Sinne. Die Seele steht abseits, und etwas, was noch tiefer ist als die Seele, das Wirkliche Ich oder Selbst wird dadurch frei, um völlig allein zu sein mit Gott, der selbst völlig abseits und einsam ist: ein freier Gott oder ein Gott der Freiheit. Was es für das Selbst und für Gott möglich macht, derart frei miteinander zu kommunizieren, ist der Umstand, daß das Selbst bereits (von) Gott ist; anders als Leib und Seele ist das Amerikanische Selbst kein Teil der Schöpfung oder der Entwicklung durch die Zeiten.«[63] Die Christenheit besteht nach dieser Deutung für jeden Amerikaner in seiner persönlichen Begegnung mit Jesus, allerdings einem sehr amerikanischen Jesus. Es ist der auferstandene Jesus, der auf Erden weilt, nicht der gekreuzigte oder der in den Himmel aufgefahrene. Das Kreuz, das wir in allen baptistischen Kirchen neben »Stars and Stripes«, der amerikanischen Flagge, erblicken, ist leer; es zeigt nicht, wie das katholische Kreuz, den leidenden Korpus des Menschensohns, sondern zeugt davon, daß Jesus nicht mehr am Kreuze stirbt, sondern auf Erden wandert – so, wie er in den vierzig Tagen nach seiner Auferstehung seinen Jüngern begegnete. (Nach dem Buche Mormon kam er danach übrigens sofort nach Amerika.) Und darin besteht für Bloom auch der persönliche Wunschtraum des Amerikaners, des innersten Ich der amerikanischen Seele: »Der Amerikaner wandelt alleine mit Jesus in einem endlos erweiterten Intervall, das sich auf die vierzig Tage des Aufenthalts des auferstandenen Gottessohns gründet. Der amerikanische Gnostizismus entgeht der Zeit, indem er in das Leben auf Erden des Mannes eintritt, der starb und dann den Tod besiegte.«[64] Brannte nicht unser Herz, als er mit uns redete?

Hier geht es mir gar nicht um eine Erklärung des amerikanischen Mythos, sondern um das Verstehen jener Sprache, in der die amerikanische Seele ihr (Selbst-)Gespräch mit der Gottheit führt. So will ich nur eine mögliche Deutung dieser »inneren Fülle« der amerikanischen Einsamkeit erwähnen, die, wie schon der Bund des auserwählten Volkes, mit der symbolischen Geschichte der Wanderschaft, mit dem Überschreiten der offenen *frontier* zu tun hat: »Amerika«, so sahen wir, gründete in einer Auswanderung in die Demokratie. Diese Wanderung setzte sich beim inneramerikanischen Zug nach Westen fort und nötigte den Wanderern auch die Erfahrung von Grenze und Einsamkeit auf. Der kalifornische Philosoph Josiah Royce, ein idealistischer »Kommunitarist« der Jahrhundertwende, beschreibt Gottes Anwesenheit als Kehrseite der Wüstenerfahrung auf den großen Wagenzügen der den Westen des Kontinents besiedelnden Trecks: Wem anders als Gott konnte man in der Wüste begegnen?[65] Der Gott der Bibel konnte auf dem großen Zug gar nicht durch institutionelle Stellvertreter sprechen, auch der Text des Buchs der Bücher mußte in persönlicher Erfahrung erlebt werden. Emersons Devise »It is by yourself without ambassador that God speaks to you«, der innere, der Erfahrungsweg zur Gottheit, war da der einzige Ausweg für protestantische Christenmenschen in der Wüste.

Ob aber dieser amerikanische Glaube nun auch »christlich« im Sinne der Kirchenväter ist, ist eine ganz andere Frage. Harold Bloom, selber ein »gnostischer Jude«, hat in seinem vieldiskutierten Buch »The American Religion« diese persönliche – wohlgemerkt: nicht die zivile – Religion der Amerikaner als eine »postchristliche Erfahrungslehre« mit gnostischen Zügen bezeichnet. Man mag nun mit Bloom über die Terminologie streiten. Von »gnostischen Zügen« spricht er deshalb, weil der Kern des amerikanischen Glaubens weder in einem propositionalen »glauben, daß« noch in einem »Vertrauen in« (die transzendente Gottheit) bestehe, sondern in einem Innewerden der Seele, der innerlichen *awareness* des Göttlichen: einem *knowing*, einer Art »Wissen«. Das Wissen der Seele um die eigene Gottheit ist aber auf keinen Fall ein intellektuelles Wissen, wie etwa Benedikt Spinozas »Amor Dei intellectualis«, sondern eine Art experimentell produzierbarer Enthusiasmus, der sich in den verschiedensten Konversions-, Wiedergeburts- oder spirituellen Tröstungserfahrungen, in den zahlreichen Erweckungs- und Erwartungsbewegungen der amerikanischen Religionsgeschichte manifestiert. Daß das Ende der Zeiten, »the day after« Armageddon, bald bevorsteht, haben in den letzten zweihundert Jahren amerikanischer Geschichte zahlreiche adventistische und »prä- wie post-millenaristische« Strömungen »gewußt«, die nach dem jeweils verpaßten Weltuntergang dann zumeist Anlaß zu neuen Kirchengründungen gaben.[66]

So entstanden nach der »Großen Enttäuschung«, dem Ausbleiben des »Second Coming«, der von William Miller für 1843 prophezeiten zweiten Wiederkunft des Herrn, gleich eine Reihe von uramerikanischen, brandneuen christlichen oder »postchristlichen« Religionen: so die Zeugen Jehovas, die Adventisten des Siebenten Tags (die den meisten Europäern unbekannten Erfinder von »Kellogg's Corn Flakes« als fleischloser Reinigungsnahrung in der Erwartung der Wiederkunft Christi[67]) und – last not least – die Heiligen der letzten Tage, die Mormonen, eine amerikanische Neuerschaffung der biblischen Geschichte. Das »Buch Mormon« ist eine alternative US-Version des Alten und Neuen Testamentes, das die Ursprünge Amerikas auf eine doppelte Auswanderung von Stämmen Israels auf einer »Contra-Kontiki-Route« (Arno Schmidt) über den pazifischen Ozean zurückführt. Es wurde dem Propheten Joseph Smith, der zum Christentum etwa im selben Verhältnis steht wie der Prophet Mohammed, persönlich vom Engel Moroni in Gestalt von Goldtafeln samt einem Dechiffrierschlüssel (den Steinen Urim und Thummim) übermittelt, und darauf vom Propheten in inspirierter Trance in wenigen Monaten, einem wahrhaften Parforceritt von *automatic writing*, »übersetzt«. Smiths engster Kampfgefährte und Nachfolger Brigham Young wiederholte dann nach dessen Ermordung den Exodus des auserwählten Volkes auf nordamerikanischem Boden als *Hedschra* gen Westen, vom Nauvoo Valley bis zu den Großen Salzseen, bis er schließlich nach zahreichen Kriegen den Staat Utah gründete, unter Zurücklassung einer »schiitischen Abspaltung« (Malise Ruthven), nämlich der Reorganisierten

Mormonen unter der ersten Frau des Propheten und seinem leiblichen Nachfolger Joseph Smith III... All diese und andere Religionsschöpfungen (wie Mary Baker Eddy's Christian Science-Kirche) wurzeln in persönlichen Bekehrungs- und Sendungserfahrungen ihrer Gründer und der christlichen Wiedergeburt Abertausender von Anhängern. Abgesehen von den theokratischen Plänen der Mormonen lag der Code, nach dem die Erfahrung diverser *Revivals*, *Awakenings* und *Restorations* in der amerikanischen Geschichte funktionierte, in der Rückkehr zur Urkirche oder besser: in der extatischen Begegnung mit dem auferstandenen Jesus.

Das erste der nordamerikanischen *Awakenings* (1735) war von Jonathan Edwards nicht nur initiiert, sondern auch in einem »Faithful Narrative of the Surprising Work of God« (1736) beschrieben worden; in den vierziger Jahren hat Edwards diese Erweckung und Erschütterung der »Herzen« theologisch verfochten – wider Kritiker eines derartigen »Enthusiasmus« als eines »faction and contention« stiftenden Aufruhrs wie Charles Gauncy[68] – und schließlich, mit seinem »Treatise Concerning Religious Affections« (1746), auch philosophisch verteidigt. Dieses erste Großerwachen revolutionierte die Herzen der neuenglischen Gemeinden und griff darüber hinaus auf die mittleren Kolonien über; für einige Historiker bildet es sogar die entscheidende psychodynamische Voraussetzung der amerikanischen Revolution.

Das nächste *Great Awakening* machte in anderer Hinsicht Schule, nämlich durch die Form des »Camp Meeting«, die danach zahlreiche Erweckungsbewegungen als Routine für ihren Enthusiasmus annehmen sollten. Es war das spirituelle Woodstock, das am 6. August 1801 in Cane Ridge, Kentucky, stattfand.[69] In enthusiastischen Erfahrungen der Gottbesessenheit, die sich in körperlichen Extasen äußerten [»the falling exercise, the jerks, the dancing exercise, the barking exercise, the laughing and singing exercise, etc.«], wurde hier das Grundprinzip der Amerikanischen Religion – »creedlessness, or the doctrine of experience«: persönliche Gotterfahrung statt eines Credo an fixierte Dogmen – zwar nicht erfunden, wie Harold Bloom meint, aber erneut getestet. Jetzt konnte die Methode in Serie gehen. Auch heute wird in baptistischen Gemeinden oder im Zungenreden der Pflingstler (»Assemblies of God«) eine Art »orgiastischer Individualismus« exerziert, in welchem, wie in Woodstock, »alle heiligen Zuckungen, das *holy rolling*, nur die äußeren Zeichen einer innerlichen Gnade darstellen, die die

Grenzerfahrung der Einsamkeit verbannt und statt dessen Einsamkeit zur Erfahrung eines Allein-mit-Jesus-sein erhöhen kann«.[70] *Move the Spirit!* (Aretha Franklin): Die Erschütterung des Herzens, in der der erste große Theologe Amerikas, der koloniale Puritaner Jonathan Edwards, das Indiz wahrhafter Religiosität erblickte, ist in der amerikanischen Moderne zum reproduzierbaren Muster geworden, bis hin zum heutigen elektronischen Pfingstfeuer der Jimmy und Donny Swaggart sowie zahlloser anderer Fernsehprediger und TV-Schamanen. Vor allem aber mit dem Evangelisten Amerikas, Billy Graham, dessen »Predigt der Wiedergeburt« es sogar gelang, ganz Osteuropa in ein Camp Meeting zu verwandeln.

Bürgerreligion und symbolische Politik

Soweit einige zentrale Sinngestalten des symbolischen Codes der christlichen Republik Amerika als einer »Nation Under God«: der Bund als politischer Leitmythos; die zivile Gleichberechtigung aller religiösen Bekenntnisse und *communities* als Spielregel der Freiheit; die narzißtische Einsamkeit des amerikanischen Selbst mit Gott. Was aber bedeutet dann »zivile« oder Bürgerreligion in Amerika? Ist darunter einfach eine Art »säkularisierter Puritanismus« zu verstehen, als gemeinsamer, eher ethischer als religiöser Bürgerglaube an eine Reihe von Grundeinstellungen des *american way of life*? So beschrieb Will Herberg in den fünfziger Jahren den »civic faith« der amerikanischen Demokratie und an die amerikanische Demokratie.[71]

Robert N. Bellah ist in den sechziger Jahren weiter gegangen. Er hat in einem mittlerweile klassischen Aufsatz den Begriff der »Bürgerreligion« für eine eigene religiöse Dimension der amerikanischen Politik vorgeschlagen, die unabhängig von den Kirchen besteht und deutlich von ihnen unterschieden werden muß: *Civil religion* ist demnach, anders als die der Sphäre der *privacy* zugerechnete persönliche Religion der Amerikaner, *a public matter*, sie verkörpert einen eigenen (»elaborate and well-institutionalized«) symbolischen Code, aus dem die amerikanische Politik ihre Legitimität bezieht.[72] Neuenglischer Puritanismus und amerikanischer Pragmatismus – Offenbarung und Erfahrung – gehen in der Geschichte der Republik eine neue Verbindung ein; ja, die Entwicklung der amerikanischen Demokratie wird geradezu zur öffentlichen, jedermann zugänglichen Erfahrung der göttlichen Offenbarung: »A genuine apprehension of universal and transcendent religious reality as seen in or, one could almost say, as revealed through the experience of the American people.« (Bellah)

Die zentrale Achse dieser christlichen, aber nicht konfessionellen Zivilreligion, die Bellah am Beispiel der Inauguraladressen John F. Kennedys, also des ersten Katholiken im Weißen Haus, rekonstruierte, liegt im Bild des *Covenant*: des biblisch-republikanischen Bundes, der zwischen Volk und Gott geschlossen wird. Der Bundesschluß steht für eine »aktivistische, nichtkontemplative Auffassung der grundlegenden religiösen Verpflichtung«, die sich, wie Bellah zu Recht betont, historisch eher mit der protestantischen Auffassung verbindet.[73] Im amerikanischen Bürgerkrieg wurde dieses republikanische *commitment* dann über eine christliche Opfermetaphorik (»die ihr Leben dahingaben, auf daß die Nation lebe«) mit der Bürgerrechtsthematik und der Sklavenbefreiung des Lincolnschen »Neuen Testaments«, der *Gettysburg-Adress*, gleichsam sakral aufgeladen.[74] Und mit Abraham Lincolns Ermordung erhielt es schließlich einen republikanischen Blutzeugen: »our martyred president«.

Diese aktivistische Seite des Bundes ermöglichte es dann umgekehrt immer wieder in sozialen, moralischen, politischen Krisen der »Union«, die retrospektive Anrufung ihres »Gründungsaktes« zum Ausgangspunkt eines neuen Reformgeistes zu machen: der *Progressive Era*, des *New Deal*, der *Great Society*. Und so war es bezeichnend, daß der in symbolischer Politik erfahrene Südstaatler und *Southern Baptist* Bill Clinton in seiner ersten großen programmatischen Rede als Präsidentschaftskandidat, die er am 23. Oktober 1991 in Washington, D. C., an der katholischen Georgetown-University hielt, das biblische Bild des *New Covenant* verwandte, also eines »Neuen Bundes« zwischen *government* und *people*.

»Vor über zweihundert Jahren entwarfen unsere Gründungsväter den ersten Sozialpakt zwischen Regierung und Volk, nicht nur zwischen Herren und Königen. Vor mehr als hundert Jahren gab Abraham Lincoln sein Leben dahin, um die durch diesen Pakt geschaffene Union zu retten. Vor sechzig Jahren erneuerte Präsident Roosevelt dieses Versprechen mit einem *New Deal*, der im Austausch für harte Arbeit neue Chancen bot. Heute müssen wir einen Neuen Bund schließen, um das zerschlissene Band zwischen dem Volk und seiner Regierung zu reparieren und zu unseren Grundwerten zurückzufinden (...) Dieser Neue Bund kann nicht zwischen den Politikern und den etablierten Interessen geschlossen werden. Es darf dabei nicht einfach um einen weiteren Hinterzimmer-Deal gehen zwischen denjenigen, die an der Macht sind, und denjenigen, die sie in diesen Machtstellungen halten. Dieser Neue Bund kann nur von den Wählern des Wahljahres 1992 ratifiziert werden. Deshalb bewerbe ich mich um das Amt des Präsidenten.«

In der Tat zeigten sich in Form, Inhalt und »bürgernahem« Stil der Wahlkampagne des Provinzgouverneurs Clinton nicht nur populistische »Anti-Washington«-Töne, wie beim unabhängigen Kandidaten Ross Perot. Ebenso wichtig war das deutliche Bemühen, der »Nation« Amerika wieder ein Vertrauen zu sich selbst zu vermitteln und im symbolischen wie im soziologischen Sinne wieder eine neue »Mitte« der Gesellschaft zu besetzen. Ein Charakteristikum der amerikanischen Religionsgeschichte der letzten zwei Jahrhunderte sind schließlich, wie wir sahen, ihre periodischen *Awakenings*: Die Rhetorik der demokratischen Wahlkampagne versuchte, als Gegenschlag gegen die *Moral Majority* der Reagan-Periode, eine Art Erweckungsbewegung in der Bürgerreligion Amerikas zu inszenieren.

Und dieses Bestreben hörte mit der Wahl nicht auf, im Gegenteil. Je mehr der seit langem erste demokratische Präsident klassische »linke« Problemkreise wie Sozial- und Gesundheitswesen oder Bürgerrechte von Homosexuellen thematisiert und sich dabei als weitaus »liberaler« erweist als angekündigt, um so mehr ist er zugleich um eine eher religiös wertkonservative, wenngleich nicht konfessionelle oder kirchliche Sprache bemüht. *Southern Baptist* Bill Clinton ist in der Abtreibungsfrage ohne Zweifel ein waschechter »Liberaler«, gleichwohl hat er sich wiederholt, vom *mainstream* der linksliberalen Presse unbeachtet, zu Arbeitstreffen mit evangelikalen, also theologisch durchaus konservativen Kirchenführern getroffen.[75] Die First Lady versucht eine gesundheitspolitische Revolution in für amerikanische Verhältnisse unvorstellbaren Ausmaßen durchzukämpfen. Auch deshalb hält sie stark »kommunitaristisch« eingefärbte Reden über persönliche Verantwortung und politische »Sinngebung«: eine *politics of meaning* als – insbesondere im Bereich der freiwilligen Gesundheitspflege und der Nachbarschaftshilfe – eine Art dritter Weg zwischen Markt- und Regierungsabhängigkeit.[76]

Republikanisches Ethos oder Minimalkonsens?

Robert N. Bellah verwies in seiner ersten Skizze der amerikanischen Zivilreligion auch auf Jean-Jacques Rousseaus berühmtes und erst im letzten Moment hinzugefügtes Schlußkapitel des »Contrat social« (livre VI., ch. 8.).[77] Doch dieser Hinweis ist eher mißverständlich. Eine »christliche Republik« ist nämlich im Kapitel »De la religion civile« für Rousseau eine *contradictio in adjecto*: Denn das Christentum des Evangeliums – oder die universalistische »Religion des Menschen«, die dem »Glaubensbekenntnis des savoyardischen Vikars« im »Émile« entspricht – trägt für ihn zum republikanischen Zusammenhalt nichts bei, »da das Evangelium keine nationale Religion stiften kann«. Und die »Priesterreligion«, das real existierende historische Christentum, »predigt nur Knechtschaft und Abhängigkeit«. Weit eher hätte sich Bellah auf die »Briefe vom Berge« beziehen können, in denen sich der arme Jean-Jacques wider den Rat der Stadt Genf explizit auf das Toleranzprinzip beruft.

Rousseaus »Religion des Bürgers« ist vielmehr eine Art staatlich kontrollierte theistische Minimalreligion. Da es für jeden Staat »allerdings wichtig sei, daß jeder Bürger eine Religion habe, die ihn seine Pflichten lieben läßt«, müssen – zur Stärkung der »Gefühle des gesellschaftlichen Zusammenlebens, ohne die man weder guter Staatsbürger noch treuer Untertan sein kann« – vom Souverän einige wenige Dogmen der *religion civile* festgelegt werden: »Die Existenz einer mächtigen, vernünftigen, wohltätigen, vorausschauenden Gottheit, das künftige Leben, die Belohnung der Gerechten, die Bestrafung des Bösen, die Heiligkeit des Gesellschaftsvertrags.« Ungläubige sollen verbannt und ihrem öffentlichen Bekenntnis Zuwiderhandelnde sollen wegen Meineid mit dem Tode bestraft werden. Intoleranz gebührt allen Kulten, die diesen positiven Dogmen widersprechen. Ja, der *citoyen de Genève* fügt eigens hinzu, es sei ein Irrtum, zwischen staatsbürgerlicher und theologischer Intoleranz zu unterscheiden. »Beide sind untrennbar. Es ist unmöglich, mit Leuten, die man für verdammt hält, im Frieden zu leben; sie zu lieben hieße Gott hassen, der sie bestraft. Man muß sie bekehren oder peinigen.«

In diesem Sinne hat es nun gewiß niemals eine *civil religion* in den Vereinigten Staaten gegeben, eher das genaue Gegenteil: Die amerikanische Nation ist zutiefst christlich geprägt, aber das hindert die Ameri-

kaner keinesfalls daran, mit Leuten aus den verschiedensten Bekenntnissen und Konkurrenzkirchen, die sie für verdammt halten, als loyale
Mitbürger zusammenzuleben. Rousseaus Zivilreligion aus dem Buch
über den Gesellschaftsvertrag wurde nie in die Tat umgesetzt, wenngleich sie in einigen Zügen an den Theismus Robespierres erinnern
mag; sie war antikirchlich und antipluralistisch. Die »real existierende«
amerikanische Zivilreligion hingegen ist gleichzeitig christlich geprägt
und religiös tolerant.

Die von Bellah für die sechziger Jahre beschriebene »Civil Religion in
America« ist also eher ein implizites Kondensat der amerikanischen
politischen Kultur als ein expliziter Kanon öffentlicher Dogmen. So
folgt diese »zivilreligiöse« Dimension der amerikanischen Politik auch
den politischen Zyklen in der öffentlichen Meinung selbst, und zeitwei-
lig liegt der Akzent der amerikanischen Freiheit stärker auf ihrem be-
sitzindividualistischen Code; um dann, zumeist in Krisenzeiten, durch
einen Kreuzzug von öffentlichem Idealismus abgelöst zu werden. Das
zeigte sich sogar in den folgenden Analysen Bellahs: Zehn Jahre nach
seinem ersten Aufsatz zum Thema war ihm die amerikanische Zivilreligion bereits eine »leere und zerbrochene Hülle«; und heute versucht
sein kommunitaristisches Manifest »The Good Society« umgekehrt,
einige Elemente ihrer liberalen, linken Interpretation wieder in den politischen Diskurs einzubringen, ohne das Wort selber noch zu verwenden.[78]

Eher als Rousseaus republikanisches Ethos kann zur Charakterisierung
der »Civil Religion in America« ein Begriff aus der aktuellen moralphi-
losophischen Debatte verwandt werden. Der vielleicht einflußreichste
amerikanische Philosoph der Gegenwart, John Rawls, hat bekanntlich
in den letzten beiden Jahrzehnten von einer fundamentalistischen
»Letztbegründungs«-Lesart seiner Theorie der »Gerechtigkeit als Fair-
neß« deutlich Abstand genommen und sich statt dessen einer stärker
politischen Deutung seiner Gerechtigkeitsprinzipien als den Minimal-
standards einer westlich-liberalen, weltanschaulich pluralistischen Gesellschaft zugewandt. Um zu erklären, »wie freie Institutionen angesichts einer Pluralität widerstreitender religiöser, philosophischer und
moralischer Lehren, wie sie immer in einer demokratischen Gesellschaft gefunden werden, diejenige Loyalität gewinnen können, die für
ihr dauerhaftes Bestehen unerläßlich ist«, spricht Rawls von einem
overlapping consensus: Eine liberale Gesellschaft benötigt einen »über-

greifenden Konsens« zur Bestimmung und Begrenzung ihrer politischen Institutionen. Dieser bildet gewissermaßen die »Schnittmenge« von untereinander durchaus verschiedenen Weltauffassungen und Lebensformen.[79]

Ein solcher Konsensus ist nun weder philosophisch aus transzendentalen Kommunikationsregeln ableitbar (in einer idealen Sprechsituation wäre er vielmehr unnötig), noch kann er theologisch oktroyiert werden. Er ist vielmehr selber ein kontingentes historisches Produkt. In den USA ist der übergreifende Konsens, der vielleicht darum Zivil*religion* heißen mag, stark von mindestens zwei religiösen Codes geprägt: erstens durch die Tradition des radikalen Protestantismus, nicht nur in seiner »experimentell-calvinistischen« Version (Jonathan Edwards), sondern auch in seinen baptistischen (Roger Williams), in seinen methodistischen und arminianischen, auf die Souveränität der persönlichen Glaubenserfahrung orientierten Varianten; und zweitens durch die biblische Bundestheologie. Institutionell setzen sie die Autonomie der Religion gegenüber dem Staat, den religiösen Pluralismus und eine starke Abhängigkeit der Geistlichen von ihren Gemeinden voraus. Daneben wirken natürlich auch weltlich-politische Traditionen: die neoklassische republikanische Bürgertugend und die liberale Tradition. Die *liberal community* Amerikas verkörpert jedoch eine weitaus komplexere Sittlichkeit als Rousseaus republikanisches Modell; verlangt sie doch eine Sphärentrennung »zwischen staatsbürgerlicher und theologischer Toleranz«, die es erlaubt, mit Leuten, die man für verdammt hält, nach gemeinsamen Spielregeln zusammenzuleben, ohne sie zu bekehren oder zu peinigen.

Rousseaus Alternative zwischen einer universalistisch-evangelischen »Religion des Menschen« und einer primär der eigenen Nation verpflichteten »Religion des Bürgers« könnte hingegen für die Beschreibung der neuen Brechung innerhalb des übergreifenden Konsenses der amerikanischen Zivilreligion herangezogen werden, die sich seit den siebziger Jahren entwickelt hat: Heute stehen sich in fast allen Religionsgemeinschaften eine »liberale« und eine »konservative« Version der *civil religion* gegenüber.[80] Die liberale, eher prophetische Version kombiniert den Rekurs auf die persönliche Glaubenserfahrung und die Freiheit zur Wahl des eigenen Lebensstils mit universalistischer Wertorientierung und sozialer Verantwortung; die konservative, neofundamentalistische Variante, die in der *Southern Baptist Convention* in einer

Art Staatsstreich die Macht übernommen hat, ist gleichzeitig stärker nationalistisch ausgerichtet, indem sie Amerikas »manifest destiny« als auserwähltes Land theologisch legitimiert, der traditionellen Familienmoral verpflichtet und in der Sozialpolitik neoliberal (»anti-welfare«) eingestellt. Doch auch hier gibt es Konvergenzpunkte: die Betonung persönlicher Freiheit und die »anti-government«-Einstellung, mit natürlich entgegengesetzten Interpretationen, man denke nur an die Wahlfreiheit in der Abtreibungsfrage und an die Chancengleichheit für die ethnischen Minderheiten. Der Konsensus der zivilen Religion in den USA zerbricht? Vielleicht hat er ja nie bestanden: Christlich ist diese Republik vor allem in ihrem symbolischen Code, in den neuralgischen Punkten ihres Streits mit sich selbst. Auch als zerrissene Nation sucht sie vor allem ihre eigene Seele.

The souls of black folk

Eines der schönsten Beispiele für die Präsenz des millenaristischen Elements im amerikanischen Christentum ist bekanntlich Martin Luther Kings Predigt »I have a dream«.[81] Der Bürgerrechtskämpfer und Geistliche träumte, »daß sich eines Tages auf den roten Hügeln von Georgia die Söhne früherer Sklaven und die Söhne früherer Sklavenhalter gemeinsam an den Tisch der Brüderlichkeit setzen können«. Der Traum, der die gewaltfreie Militanz der Bürgerrechtsbewegung vereinen und disziplinieren konnte, war das Bild einer lieblichen Hügellandschaft im Abendrot: Der Herr läßt mich weiden auf grüner Au, Löwe und Lamm Isaiahs weiden friedvoll zusammen; »little black boys and little black girls will be able to join hands with little white boys and white girls and walk together as sisters and brothers«. *I have a dream*: Die Landschaft wandelt sich zum paradiesischen *locus amoenus*, jeder Berg wird abgetragen und jedes Tal erhöht werden; und zugleich werden alle Landschaften Amerikas zur Kulisse für jenes letzte Abendmahl, das Jesus für den Tag seines *Second Coming* ankündigte: »Ich werde von nun nicht mehr von diesem Gewächs des Weinstocks trinken bis an den Tag, an dem ich von neuem davon trinken werde mit euch in meines Vaters Reich« (Matth. 26, 29) – *and the glory of the Lord shall be revealed, and all flesh shall see it together*.
Hier ist nicht der Ort, die keinesfalls umstandslos »modernistische«

oder »liberale« Theologie Dr. Martin Luther Kings und seinen baptistisch-fundamentalistischen Hintergrund zu diskutieren.[82] Und ebensowenig kann hier der »heilige Kosmos« der afroamerikanischen christlichen Kirchen analysiert werden, wie er in den letzten zwei Jahrhunderten[83] aus Elementen der protestantischen Tradition und Erinnerungsfragmenten an afrikanische Religiosität als eine Art kollektive Neuschöpfung, Erfahrung und Erweckung entstanden ist. Es geht mir hier nur um folgende These: Die schwarze Bürgerrechtsbewegung, also die mit dem *New Deal* wichtigste politische Erneuerung und soziale Bewegung »Amerikas« in diesem Jahrhundert, ist zugleich eine religiöse Revolution gewesen.

Natürlich waren die schwarzen christlichen Kirchen auch schlicht Versammlungsorte, und die in der *Southern Christian Leadership Conference* koordinierten Geistlichen boten ein kulturelles und institutionelles Milieu für Kaderbildung, aus dem sich das organisatorische Rückgrat und das kommunikative Netzwerk der Civil-Rights-Bewegung entwickeln konnte. Doch die christliche Predigt war nicht allein das Medium der Bürgerrechtsbewegung, sondern sie verkündete auch die Botschaft der Befreiung: Gerade der zivile Ungehorsam setzt als gewaltloser Kampf nicht nur eine hohe innere Disziplin voraus. Er benötigt zusätzlich einen Code innerer Legitimität, einen Kritikmaßstab, der die herrschende Ordnung von außen und von innen her in Frage stellen kann.[84] Ohne die Geschichte von Ägypten und Babylon, von Exil und Exodus, von Widerstand und Erlösung, ohne das protestantische Gewissen *in interiore homine* und das afrikanische Wissen um ein »inneres Selbst«, ohne gemeinschaftliche Traditionen von Gottesdienst und Trance und ohne das Ethos des christlichen Verzeihens (»denn sie wissen nicht, was sie tun«) wären viele der Formen schwarzen Widerstands in Würde undenkbar gewesen.

Und in vieler Hinsicht hat Dr. Kings Traum bereits Amerika verändert, ganz gewiß das offizielle Amerika. Denn heute, in den neunziger Jahren, drei Jahrzehnte nach seiner Ermordung, wird mit einer politischen Sakralisierung Martin Luther Kings auch das Erbe der Bürgerrechtsbewegung in die amerikanische *civil religion* aufgenommen: in die öffentliche Verehrung und Selbstverpflichtung »Amerikas« als der Nation des Bundes. Folgt man hier einer expansiven Deutung der amerikanischen Demokratie bzw. einer inklusiven Deutung der amerikanischen Identität, so stellen weder der soziale oder Klassenkampf noch der ethnische oder der Rassenkonflikt als solche die symbolische Ordnung »Amerikas« wahrhaft in Frage: Gewiß, der Auszug aus Ägypten ist noch nicht vollendet – er muß vielmehr innerhalb des Gelobten Landes weitergeführt werden. In Amerika fließen weder Milch noch Honig, und doch ist dieses Amerika, so Martin Luther King, zugleich das Land des Bundes(-versprechens). Man muß nur auf die Spitze des Berges steigen und weit genug schauen, um das Gelobte Land (in) Amerika erblikken zu können. Auch der Klassen- und Bürgerrechtskampf gehören mithin zum Kampf um die Definition der *American citizenship* selbst; sie lassen sich als eine »interne« Kritik der USA verstehen oder ließen sich doch in eine solche überführen.[85]

Überall, wo Gottes Kinder verletzt und entwürdigt werden, ist ein wenig Ägypten. Doch ein Amerika, das nicht auch ein wenig das Gelobte Land wäre, würde zum Auswanderungsland und wäre dann nur mehr Ägypten. Ein pluralistisches Amerika aber, das bloß noch als Ägypten oder Babylon empfunden würde, verlöre seine Seele und seine Zukunft: den Glauben an seine mögliche Selbstreform. Antagonistisch zur Idee der USA als einer multireligiösen, multikulturellen und multinationalen »Nation« wäre also eine antipluralistische politische Theologie – es wäre der nationale Separatismus und der religiöse Nationalismus (vermeintlich) »homogener« ethnischer oder religiöser Gruppen. Im radikalen Gegensatz zum ethnisch und religiös pluralistischen Grundkonsens der USA steht jeder Versuch einer gleichzeitig religiösen und nationalen Abtrennung eines »Volkes«, das sich im Antagonismus zum Bund der Amerikaner selber religiös und/oder ethnisch bzw. rassisch definiert. Dafür gibt es Beispiele: Im vorigen Jahrhundert war dies etwa die von ihren Propheten John Smith und Brigham Young geführte theokratische »Nation« der Heiligen der Letzten Tage,[86] und in diesem Jahrhundert ist es das Projekt einer schwarzen »Nation of Islam« (N.O.I.) der Ehrwürdigen Botschafter Elijah Muhammad und heute Louis Farrakhan. Die Mormonen wurden weiland bekanntlich als antagonistische Staatsreligion bzw. separatistischer Staat militärisch von der Union geschlagen; als Bestandteil des religiösen Supermarkts hingegen und als konservative Lobby haben sie seither ihre ökonomische, soziale und politische Macht beständig erweitern können. Wie die Juden des Alten Testaments sind die Mormonen »eine Religion, die zum Volk wurde« (Harold Bloom). Ein Volk, das dank seiner mittlerweile straff organisierten Lobby zur Vorbereitung des Königreichs

Gottes heute mit nur ca. zwei Prozent der amerikanischen Bevölkerung einen weit darüber hinausgehenden finanziellen und politischen Einfluß geltend machen kann, insbesondere in den oberen Etagen der Republikanischen Partei sowie in FBI und CIA.

Farrakhans »N.O.I.« könnte sich, hinter einer aggressiv zweideutigen Rhetorik, durchaus in eine ähnliche Richtung entwickeln, jedenfalls dann, wenn es ohne weitere Spaltungen abgehen sollte. Immerhin hat nicht nur Malcolm X, sondern auch ein Sohn des Ehrwürdigen Botschafters Elijah Muhammad die Lehre seines Vaters widerrufen und sich zum wahren Islam bekehrt. Natürlich ist die »N.O.I.« Louis Farrakhans, die im Winter 1993/94 durch antisemitische Agitation wieder gestärkt in den Blickpunkt der Öffentlichkeit geraten ist,[87] zwar nach amerikanischem Recht eine steuerbefreite religiöse Körperschaft, aber keine »wirklich« muslimische Organisation.[88] Ihre Weltanschauung ist ein durchaus eigenständig amerikanisches Produkt und zugleich eine Art antagonistische Negativkopie der amerikanischen Zivilreligion: eine synkretistische Mischung aus verschiedenen Symbolen, Stilelementen und narrativen Bruchstücken des Islam mit Elementen des amerikanischen Traumes, nicht zuletzt einer Hoffnung auf die Mittelklassenrespektabilität einer schwarzen Nation von Geschäftsinhabern. »Farrakhans Bodyguards verbreiten einen Eindruck von Militanz, aber sein dunkler Anzug und die Fliege kommen direkt aus einem Empfang bei der Industrie- und Handelskammer.« (Don Terry) Da finden wir den religiös motivierten schwarzen Nationalismus als antagonistische Version des protestantischen Königreichs Gottes und das schwarze als das auserwählte Volk; wir finden einen rassistisch aggressiv gewordenen »amerikanischen Gnostizismus« (H. Bloom) – Yakub, Vater aller Teufel, als der böse Demiurg des weißen Mannes steht der schwarzen Nation als dem Volke des wahren Gottes gegenüber; wir finden aber auch eine quasi puritanische Religiosität der Heiligung durch tägliche Disziplin und eine saubere Rollenteilung der männlichen und weiblichen Sphäre, die an protestantische Fundamentalisten erinnert; und wir finden nicht zuletzt eine für verunsicherte männliche Jugendliche hochattraktive paramilitärische Black-Power-Ästhetik. Und all dies vor dem Hintergrund einer geschwächten Bürgerrechtsbewegung, erschöpfter Hoffnungen in ihre materiellen und sozialen Ergebnisse – und angesichts der Diskreditierung aller sozialistischen Alternativen.[89] Eine aggressive Mischung, hochmodern wie ein Action-Movie oder ein

Tele-Evangelist. Charakteristischerweise stammt sie eben nicht aus dem baptistischen Süden, sondern aus Chicago, wo in den dreißiger Jahren ein gewisser Wallace D. Fard, Tür-zu-Tür-Verkäufer, dem Ehrwürdigen Botschafter Elijah Muhammad alias Elijah Poole die Lehre des schwarzen Islam verkündet, um dann plötzlich vom Erdboden zu verschwinden wie der verborgene Imam der Schia. Der Black-Muslim-Nationalismus entsteht im industriellen Norden, wohin die jahrzehntelange inneramerikanische Wanderung Abertausender befreiter Schwarzer gegangen war, aus einer existentiellen, also religiösen Enttäuschung über das Gelobte Land. Die Nation of Islam sammelt ihre Anhänger in der modernen Metropolis: Chicago, Boston oder New York, wo sich in den Sechzigern der kometenhafte Aufstieg des Sprechers Malcolm X vollzog. »Er hatte nichts vom schwarzen Süden an sich, keine Spur von der Wanderung, die seine Familie, wie Millionen anderer Schwarzer, vom ländlichen Süden in den Norden führte, immer nach der Suche nach mehr Freiheit, nach besseren Chancen und zuletzt doch immer aufs neue enttäuscht.«[90]

Innerhalb der afroamerikanischen *communities* war die Alternative »Voice« oder »Exit« (Albert Otto Hirschmann), Integration in den Klassenkampf und die aktive Bürgerschaft oder Exodus bzw. Separation, stets umstritten: zwischen W. E. B. Du Bois und Marcus Garvey; zwischen Martin Luther King und Malcolm X. Und immer wieder gab es Versuche einer Überwindung, Synthese oder Integration. Auch die spätere Entwicklung von Malcolm X, die im Gefängnis mit einer nahezu »puritanischen« Aneignung der Botschaften des Honorable Master Elijah Muhammad begonnen hatte, ist so interpretiert worden: Sie ging in Malcolms letzten Jahren über den umgekehrt rassistischen schwarzen Nationalismus Elijah Muhammads hinaus zum universalistisch gefaßten sunnitischen Islam, zur Idee der menschlichen Brüderlichkeit und zur Annäherung an die Bürgerrechtsbewegung. In den Jahrzehnten seit Martin Luther Kings Tod – und nach dem Niedergang der Bürgerrechtsbewegung – hat sich im Gegenzug die Auseinandersetzung zwischen diesen beiden Alternativen um so mehr verschärft, je unplausibler der Traum Martin Luther Kings für wachsende Teile der schwarzen Jugend geworden ist.[91]

Der politische Gegensatz ist zugleich ein seelischer Konflikt, der »im Streben nach einem selbstbewußten, wahren, besseren Selbst« (Du

Bois) zwischen den beiden Seelen des afroamerikanischen Selbst ausgefochten wird.[92] Für die schwarze *community* vertritt heute der Gegensatz von nationalistischen Pseudomuslimen und einem zum Staatsfeiertag gewordenen Martin Luther King diesen alten Zwist der beiden miteinander ringenden »souls of black folk«. Du Bois, der wohl bedeutendste schwarze Intellektuelle der USA in diesem Jahrhundert, war ein Schüler von William James, der erste Afroamerikaner mit einem Harvard-Doktorat, Gründer der Bürgerrechtsorganisation N.A.A.C.P. und »Vater des Panafrikanismus«. Er wurde später als kommunistischer *Fellow-Traveler* aus der amerikanischen Bürgerrechtsbewegung ausgeschlossen und erhielt als Friedenskämpfer im kalten Krieg den Lenin-Orden.

Du Bois starb am 27. August 1963 im afrikanischen Exil, in Ghana. Er starb am Vorabend des von Martin Luther King ausgerufenen und von der N.A.A.C.P. organisierten Marsches auf Washington! 1903 hatte Du Bois geschrieben, das Problem des 20. Jahrhunderts sei die »colour line«. Sie verläuft auch noch im 21. Jahrhundert durch die Seele.

6. Fremde Götter

Die Grenzen der Toleranz

> Der Geist der Versöhnlichkeit [*tolerating spirit*], der alle
> Götzendiener im Altertum wie in der Neuzeit auszeich-
> net, zeigt sich deutlich einem jeden, der mit den Schriften
> von Historikern oder Reisenden auch nur halbwegs ver-
> traut ist... Die allein auf göttliche Einheit abzielenden
> Religionen anhaftende Unverträglichkeit [*intolerance*] ist
> für sie so bezeichnend wie die entgegengesetzte Gesin-
> nung für die Vielgötterei.
>
> David Hume

Die Unterwanderung Europas

Die Unterwanderer kommen aus dem Süden und dem Osten. Längst
sind Grenzsteine und Grenzfestungen Europas unterspült, auch wenn
die Gebäude von Zoll-, Grenzschutz- und Einwanderungsbehörden
noch stehen. Material für archäologische Forschungen über den zwischen Einheimischen und Flüchtlingen, Umsiedlern und Einwanderern, *members of the Commonwealth* und *extracomunitari* hart umkämpften Bürgerrechtsstatus.
Doch ob legal oder illegal... die Fremden sind längst da. Das ausländer-
rechtliche *pays legal* bildet die tatsächliche Dynamik der Wanderungsbewegungen nicht mehr ab, und Passierscheine haben noch nie demographische Trends aufhalten können. Die *Go-west-*»Flut« – aber das
Bild stimmt ja nicht, weit eher handelt es sich um ein kapillares, beständiges Tröpfeln, Sickern und Rieseln; dräuende »Fluten« stauen sich nur
hinter Hindernissen, Mauern und Barrieren, um dann irgendwann
doch durchzubrechen – hat mannigfache Ursachen: die ökonomische
Misere im Nahen und ferneren Osten ebenso wie die Flucht aus Satra-
penregimes, vor Diadochenkämpfen und Stammeskriegen. Große und
kleine Fluchten: Auswege aus blockierter sozialer Mobilität, die aktiv
Aufsteigewillige zur geographischen Mobilität zwingt, und aus relati-

ver Überbevölkerung in den Herkunftsländern – relativ, d. h. gemessen an den universell gewordenen materiellen Ansprüchen und kulturellen Bildern eines *decent life*, das im Süden und Osten jedoch nur den lokalen Despoten und ihrem Anhang, ihrer Mafia und ihren Haussklaven offensteht.

Denn es ist schließlich der Erfolg des Westens, der ihn zum Magneten macht: der Erfolg seiner Wirtschaftsweise und Lebensformen, seiner stabilen Rechtsordnung und ihrer zivilen Freiräume, *non ultimo* seiner materiellen Kultur. Sogar die *oliganthropia*, der relative Menschenmangel, also der säkulare demographische Knick durch die Abnahme der westlichen Geburtenraten, ließe sich ja noch als kultureller Erfolg der *open society* interpretieren; sei es als Zunahme der Selbstbestimmung von Frauen und Männern über das Ausmaß, in dem sie der »staatsbürgerlichen Pflicht, Nachkommen zu zeugen« (Veyne) Folge leisten wollen, sei es als Verlagerung weg von der bürgerlichen Moral zu einer neuen Moral des Einvernehmens zwischen den Ehepartnern.[1]

Und: Die eindringenden Menschen kommen nicht im Gefolge von Truppen, sondern, legal oder illegal, auf zivilem Wege, als Antwort auf hiesige Nachrichten und Wachstumsraten (ökonomischer *pull* im Westen, demographischer *push* im Osten), auf ökumenisch gewordene Informations- und Warenströme. Ja, ihre Präsenz innerhalb der reichen und rechtsstaatlichen Zivilisation ist längst ein *fait accompli*; rückgängig machen ließe sie sich nur mit derart makrosozialen Amputationen, daß dies gleichzeitig auch das gesamte ökonomische und Rechtsgefüge der westlichen Gesellschaften verwerfen müßte. Denn als Untermieter *chez nous* eingenistet haben sich die Unterwanderer seit über Jahrzehnten: Gekommen zunächst als einzelne, bald schon in Familien-, Verwandtschafts-, Gruppen- oder Clanseilschaften vernetzt, sind sie eingesickert; Zehntausende von Familienoberhäuptern haben sich friedlich als Dienstboten und Gastarbeiter, als Kleinhändler oder Restaurantbesitzer etabliert, hinter ihnen eine Warteschlange aus kinderreichen Großfamilien und weitverzweigten Sippen. Ihre Söhne und Enkel wollen ums Verrecken nicht in die Wüsteneien und orientalischen Despotien ihrer Vorfahren zurück. Und die Töchter noch weniger.

Dieser Prozeß des Einsickerns wurde zwar früh bemerkt, anfangs begrüßt, aber damals noch nicht als einschneidender sozialer Wandel wahrgenommen. Nun merken wir, daß die »Gäste« nicht nur Familien haben, sondern auch eigene kulturelle Kontexte mitbringen. Das Faktum der Anwesenheit fremdländischer Inländer läßt sich jetzt schon nicht mehr rückgängig machen. Da ist es dann bald das sichtbare Faktum ihrer kulturellen Fremdheit, vor allem der fremden Religion, der anderen Familien-, Sexual- und Kleidungsmoral, das die Mehrheitsbürger verwirrt und beunruhigt: »Ein Türke liest den Koran, geht aber nicht in die Oper.« (Zafer Senocak, taz 21. 1. 92) Der an sich so ordentliche Untermieter könnte ja insgeheim ein fanatischer Glaubenskrieger sein. Scheinbar plötzlich entpuppen sich Gast- und Schwarzarbeiter, Klein- und Zwischenhändler als Fremdgläubige; informelle Märkte als Brutstätte östlich militanter Lehren und Mysterienkulte.

Als auf unsere materielle Zivilisation hungrige Wirtschaftsflüchtlinge und gleichzeitig als assimilationsunwillige Barbaren, so erscheinen uns viele der Unterwanderer. Und das macht ihren Skandal aus, nicht nur für rassistische heimische Minderheiten und für die zu Razzien und Pogromen wohlwollend oder gleichgültig schweigenden Mehrheiten, sondern auch für westliche Pluralisten. Denn viele der neuen Mitbürger weigern sich, am westlichen öffentlichen Leben nach den hier gültigen Spielregeln teilzunehmen. Ein liberaler Jurist: »Nicht unser politisches System zieht sie an…, es ist ihnen fremd und gleichgültig, wenn sie ihm nicht gar als Fundamentalisten feindlich gegenüberstehen. Sie wollen die materiellen Vorteile des Westens, ohne die zu ihrer Verfolgung nötigen politischen Mittel zu akzeptieren: In diesem Widerspruch liegt die Wurzel vieler heutiger Konflikte, die man allzuschnell zu Rassenkonflikten definiert hat.«[2]

Bald schon gelten die östlichen Fremdgläubigen als theokratische Fundamentalisten, die unseren kulturellen Code nicht akzeptieren wollen, obwohl sie sich doch auf dem Markt der Arbeit, der Rechenmaschinen wie der Gemüseläden in relativ kurzer Zeit äußerst erfolgreich assimiliert haben und obwohl sie kinderreich an den staatlichen Sozialleistungen partizipieren. Ehrlich gesagt: Gerade der erstaunliche Erfolg undurchsichtiger Clans mit fremdem Ritus und Kultus macht sie doppelt verdächtig: »Ihre Lehre ist geheim« (Celsus); wer weiß schon, was sie in ihren Hinterzimmern treiben? »Sie scheuen das Tageslicht.« Und so entfacht sich unter den einsässigen Bürgern die Barbarenhatz, es kommt zu Pogromen und Verfolgungen, die dann auch von Staatsdienern, *hard-linern* in der Administration und um die eigene lokale Klientel besorgten Honoratioren unterstützt werden.

Feed back

Aber ist es denn wirklich nur oder in erster Linie die kulturelle oder die religiöse Fremdheit, die fromme Andersgläubige zum Sündenbock des örtlichen Plebs stempelt? Was kann schon die gesellschaftliche Mehrheit an den züchtig verschleierten Jung- und Ehefrauen so aufbringen? »Will die Frau sich nicht bedecken, so soll sie sich doch das Haar abschneiden lassen.« So lautet eine der für den liberalen *common sense* so anstößigen Regeln aus den Lehrschriften eines der führenden Mullahs aus Tarsus in der Südtürkei. Sollte man nicht vielleicht eher *soziale* Motive, ökonomische Konkurrenz oder verdeckten Klassenkampf hinter diesem Ärgernis vermuten? Die sozialwissenschaftlichen Erklärungen (oder Rationalisierungen) der periodisch aufbrechenden Verfolgungsjagden gegenüber den Fremden und Fremdgläubigen aus dem Osten und Süden sind sich jedenfalls (wie üblich) nicht ganz einig über ihre Ursachen.

Gibt es wirklich, wie die Politiker behaupten, absolute Toleranzschwellen? Zehn oder zwanzig oder fünfundzwanzig Prozent – und nicht weiter? In der *scientific community* glaubt niemand mehr so recht daran. Das Problem sei viel komplizierter, heißt es, denn die Gefahrenschwelle entstehe im Medium soziokultureller Wahrnehmungsmuster. Sowohl zur Erklärung der einheimischen Ablehung und Verfolgung der Einwanderer bzw. ihrer religiösen *communities* als auch für den Aufschwung der religiösen Fundamentalisten innerhalb der Unterwanderergruppen können diverse Faktoren bemüht werden. Die inländische Angst vor den Fremdgläubigen hie und deren religiös radikalisierte Selbstbehauptung dort haben zudem anfänglich gewiß völlig verschiedene Ursachen; und ihre Motive mögen im einen wie im andern Fall empirisch mehr oder weniger plausibel sein; doch das sei hier gar nicht das Entscheidende. Die beiderseitigen Wahrnehmungen von Eingeborenen und Fremdgläubigen treten nämlich innerhalb der Einwanderungsgesellschaft in einen gegenseitigen Rückkoppelungsprozeß ein. Die Spirale einer *self fulfilling prophecy* beginnt sich zu drehen und gibt mit jeder Schleife den Radikalen beider Seiten immer mehr recht. Denn »externe« Verfolgungen seitens der einheimischen Mehrheit werden den »internen« Zusammenhalt und die Ausbreitung der radikalen Sekten in der fremdländischen Minderheit natürlich nicht stoppen, sondern eher noch befördern *et vice versa*.

Auch die zweite, schon im Wirtslande geborene Generation der Immigranten wird durch die öffentliche Fremd-Wahr-Nehmung an ihre Identität als Fremde festgenagelt. »Selbst wenn sie hier Wurzeln schlagen und ihre Herkunft wie eine Pusteblume von sich blasen, müssen sie sich fragen, ob ihre Assimilation den Preis wert ist, um die Reise beenden zu können«, schreibt der Deutschtürke Zafer Senocak über ihre Zweifel. Vielleicht handele es sich bei dieser Einreise gar »nicht um eine Reise in ein Land (denn geographisch gesehen halten die, die unterwegs sind, sich schon längst – wenn nicht schon von Geburt an – hier auf), sondern um einen Gemütszustand, einen seelischen Raum, der unerreichbar bleibt« (taz 21.1.91).

Die Akkumulation neuer radikaler Gotteskinder im Milieu der Immigranten folgt einem bekannten Teufelskreis: Jede öffentliche Warnung der Politiker vor »kultureller Überfremdung« und jede halböffentliche Fremdenhatz aus dem Sentiment einheimischer schweigender Mehrheiten bedeutet ja umgekehrt einen Extrazuschuß für ebendas charismatische Kapital, aus dem fundamentalistische Propheten östlicher Heilslehren innerhalb ihrer Anhängerschaft Legitimität und Disziplin alimentieren können. Die Tendenz ihrer Gläubigen, »sich in sich abzuschließen und gegen den Rest der Menschheit abzuschotten« (Celsus), wird darum mit jeder Repression seitens der Ungläubigen wachsen. Und so füllen sich im Untergrund die militanten Lehrhäuser, und in der Öffentlichkeit begegnen uns immer mehr abweisende Bart- und Schleierträger. Worauf wiederum die öffentliche Meinung mit forciertem Mißtrauen reagiert, bis schließlich sogar »an sich tolerante« Staatsdiener der Volkswut auf die fremden Schleierträger und Sektenanhänger durch verschärfte Einwanderungs-, Erziehungs- und Bürgerrechtskriterien den Wind aus den Segeln nehmen müssen; um, wie es heißt, Schlimmeres zu verhindern.

Ursprüngliche Akkumulation

Doch bleiben wir noch einen Moment bei den radikalen Propheten aus dem Osten und ihren Anhängern. Woher kommt deren untergründig wachsendes Charisma? Anders gefragt: Welcher Art sind die Ressourcen, aus denen sich die erstaunliche religiöse Folgebereitschaft vieler Immigranten speist? Welche Bedürfnisse befriedigt denn ihr demon-

strativer Asketismus?[3] Jetzt sind die multikulturellen Fachleute gefragt; und da gibt es ja auch schon eine Reihe von Hypothesen. In der
aktuellen Forschung lassen sich grob vereinfacht soziologische und so-
zialpsychologische, religionssoziologische und politische Faktoren
bzw. Hypothesen sowie empirische Fallstudien dazu unterscheiden,
die sich natürlich wechselseitig nicht ausschließen müssen, aber der
Übersicht halber hier einmal der Reihe nach vorgestellt seien.

Eine erste Hypothese kann sich sogar auf die programmatischen Aussagen des bereits erwähnten tarsischen Türken berufen, und der ist
immerhin einer der erfolgreichsten Missionare der aus dem Osten
»emporgekommenen Vielvölkersekte« (Eric R. Dodds), der in jeder
community nahöstlicher Immigranten alle Säle füllt. Seine Gläubigen,
schreibt er mit asketischem Stolz, hätten weder Bildung noch Macht
noch Ansehen, und gerade darum seien sie von Gott erwählt, »damit er
zuschanden mache, was [in der gottlosen Welt] stark ist«.[4] Ins Soziologische übersetzt klingt diese Diagnose dann folgendermaßen: Die Anhänger des östlichen Fundamentalismus rekrutieren sich vornehmlich
aus den in den Metropolen an der untersten Stufe der Sozialpyramide
eingesickerten Einwanderern, den Ärmsten der Armen, die naturgemäß dem lokalen Proletariat die Märkte und Preise versauen; gegen
diese nun richtet sich der Klassenhaß derjenigen Unterklassen-Einhei-
mischen, die ihre materiellen Besitzstände bedroht und daher dann
auch ihre städtische Heimat »überfremdet« sehen. Umgekehrt wird die
prekäre Lage der Immigranten von den Propheten eines multinationalen (Sub-)Proletariats aggressiv gegen die unerreichbaren Werte der
Wirtsgesellschaft gewandt. Ergo: Wir brauchen eine aktive Arbeits-
marktpolitik auch für Immigranten, um deren Mullahs das Wasser ab-
zugraben... (und was die psychischen Kosten angeht, natürlich Street-
worker für die interkulturell entwurzelte dritte Generation gefährdeter
ausländischer Jugendlicher).

Eine andere Schule der Sozialforscher hingegen vermutet weit eher in
den Erfolgen dieser agilen Einwanderer, die sich auf neuen Märkten an
den Eingeborenen vorbei rasch in die ökonomischen Nischen der
Wirtsgesellschaft einfädeln, das entscheidende Motiv ihrer Verfolgung:
also im Sozialneid. Die Schlußfolgerung lautet hier: Wir brauchen
mehr Schutz des einheimischen Gewerbes vor der informellen
(Schwarzmarkt-)Konkurrenz der Immigranten, rigidere Ladenschluß-
zeiten und Reinheitsgebote... (und für die Entsorgungsfront auf dem

Psychosektor mehr Toleranzworkshops unter der gefährdeten einheimischen Jugend). Jedenfalls: Eine geographisch, sozial, kulturell äußerst mobile (und ergo, wie die Sozialpsychologen schlußfolgern, auf starke Identitätsanker angewiesene) Truppe sind sie unbestreitbar, diese Andersdenkenden aus dem Osten. Religionssoziologische Untersuchungen sehen daher in einer verbreiteten juristischen, sozialen und kulturellen »Statusunsicherheit« (Meeks) dieser *self-made* Ein- und Aufsteigergruppen auch den entscheidenden Faktor für die Erklärung des sprunghaften Aufschwungs ihrer Heilsreligion, vor allem in den Städten. Schon im Osten war übrigens das »interstitielle«, d. h. in den Zwischenräumen wirkende Kommunikationsnetz von Straße und Basar gleichzeitig der effektivste informelle Kanal der Verbreitung der neuen Heilslehre gewesen. Wer erinnert sich noch daran? Michel Foucault hat 1978 den Kassettenrecordern der iranischen Mullahs eindrucksvolle Reportagen gewidmet. Und jetzt also wird dieses »alternative interstitielle Kommunikationssystem« (Michael Mann) auch in den Metropolen des Westens zum Medium der neuen *message*, nämlich einer östlichen monotheistischen Heilsreligion. Erste empirische Erhebungen zur Zusammensetzung ihrer Gemeinden in einer führenden Handels- und Dienstleistungsmetropole lassen in der Tat eher die zuletzt erwähnte Sozialdiagnose plausibel erscheinen. Wir finden (laut Michael Mann) unter den schon früh immer wieder verfemten und später dann periodisch verfolgten Fremdgläubigen einen zunehmend repräsentativer werdenden multinationalen »Querschnitt duch das städtische Leben«. Die neue Heilslehre verbreitet sich – und zwar offenbar mit in der Sozialpyramide aufsteigender Tendenz (Kyrtatas) – ebenso unter Unterklassen-Handlangern und Gastarbeitern wie unter Zwischen- und Teppichhändlern der *lower middle class*. Der Fundamentalismus wurzelt also sowohl in der *urban working class* als auch unter flexiblen Dienstleistern in einer expansiven *Service City*, »die aus dem gesamten östlichen Mittelmehr Immigranten anzog, welche in den florierenden Produktions-, Marketing- und Dienstleistungssektoren arbeiteten« (Engels).

»Alles fügt sich in dieser Erklärung«, schreibt Michael Mann in seinem Literaturbericht zum fulminanten Aufschwung der neuen Sektengemeinden in den Städten: »Die Religion wurde durch und über interstitielle Handelsnetze und interstitielle Völker... verbreitet. Ein Geschehen, das für den Staat weitgehend unsichtbar blieb. Die Gemeinden entstanden sozusagen über Nacht aus dem Nichts.« Und, so fügt er sogleich für die Ängste der einsässigen Bevölkerungsmehrheit hinzu, daher rühre auch »die Furcht vor ›geheimen Gesellschaften‹ und die Gerüchte über Greuel und Abscheulichkeiten. Sie [die fremden östlichen Fundamentalisten] waren kleine, festgefügte Gemeinschaften, die einander mehr Loyalitäten entgegenbrachten, als dies üblich war zwischen Untergruppen, die im urbanen Herzen des Reiches lebten.« Diese ungewohnt hohe religiöse Binnenloyalität erklärt sich nun – und damit kommen wir zum letzten und unmittelbar politischen Faktorenbündel – nicht zuletzt als Reaktion wachsender Anteile der immigrierten multinationalen Stadtbevölkerungen auf ihren »Ausschluß von der offiziellen Macht«. Die meisten Einwanderer haben schließlich nicht einmal lokales Wahlrecht: »Der Ausschluß aus der politischen Verantwortung betraf jede Form von kommunaler Verantwortung.« Denn die *communities* der Einwanderer sind zwar, wie wir sahen, ökonomisch schon bald vergleichsweise erfolgreich, aber ohne politische Gleichberechtigung im städtischen Raum; sie mögen auch schnell Eingang in gut dotierte Berufe funktionaler Eliten finden (Ärzte, Techniker, Marketingspezialisten), doch bleibt ihnen der Zugang zur gesellschaftlichen Elite versperrt. Massen von ausländischen Inländern sind somit »von jedem kollektiven öffentlichen Leben, von jeder offiziell akzeptierten normativen Gemeinschaft ausgeschlossen«.[5]

Der Prophet und der Kommissar

Der Kreis der Faktoren schließt sich zu einem selbstverstärkenden Mechanismus: Der blockierte Zugang zur politischen Beteiligung führt bei den sich im Milieu von Einwanderer-*communities* ausbreitenden östlichen Religionsgemeinschaften zur Akzentuierung der weltanschaulichen Binnenloyalität. *Ceteris paribus* – wenn und soweit die kulturelle und politische Abweisung der Umwelt anhält – wird diese sich früher oder später auch gegen die politischen Spielregeln der Wirtsgesellschaft richten.

Bei der in unserem kurzen Streifzug durch die Literatur als Fallbeispiel herangezogenen nahöstlichen Heilslehre war genau dies der Fall. Ihre Gemeinden »haben sich besonders in den großen Städten mit einer für antike Maßstäbe atemberaubenden Schnelligkeit von kleinen Gruppen ohne vorgegebene, feste Organisationsstrukturen hin zu straff gegliederten Gemeinden mit einem hierarchisch in viele Stufen gegliederten Klerus entwickelt, die bereits gegen Ende des zweiten Jahrhunderts wie z. B. in Karthago mehrere tausend oder um die Mitte des dritten Jahrhunderts in Rom weit über zehntausend Mitglieder zählen können«.[6]

Die Rede ist, wie die Leserin und der Leser natürlich längst bemerkt haben, von der Ausbreitung des verfemten und verfolgten Christentums in den städtischen Zentren des römischen Reiches während der ersten drei Jahrhunderte unserer Zeitrechnung. Am Anfang der Reise im östlichen Mittelmeer, in Palästina, Syrien und in den noch »dorfähnlichen Armenvierteln einer großen Stadt wie Antiochien«,[7] finden wir eine vergleichsweise offene Struktur aus Gemeinden und ihren Lehrern mit einem diffusen Kranz wandernder Gurus. Damals, als unter den Armen im Geiste noch die Drewermänner und Zungenredner auf Erden wandelten, mußten sich die Gläubigen allerdings, wie die als »Zwölf-Apostel-Lehre« (*Didache*) überlieferte Gemeindeordnung aus dem ersten Jahrhundert zeigt, davor hüten, von wandernden Gurus, Aposteln und Propheten allzusehr irritiert und in ihrer Gastfreundschaft und Mildtätigkeit ausgenommen zu werden. Schnorrende Gaststars wurden daher nach drei Tagen als »falsche Propheten« entlarvt und wieder auf die Landstraße gesetzt.

Die nächste Etappe der Wanderschaft sind dann die Hafen- und Manufakturzentren, die Handels- und Dienstleistungsstädte wie Ephesus, Korinth und Thessaloniki, die wir aus Paulus' Missionsreisen kennen; und bald kommen Alexandrien, die nordafrikanischen Citys im westlichen Mittelmeer und natürlich Rom hinzu. Irenäus von Lyon, der selbst aus dem kleinasiatischen Izmir stammte, schrieb im 2. Jahrhundert seine antignostische Summa »Adversus Haereses« (und seinen »Kurzkatechismus«, die *Epideixis* der apostolischen Verkündigung) als Bischof einer griechischen Ausländergemeinde in *Gallia inferior*. Vermutlich waren diese urkirchlichen Einwanderer-*communities* aus Griechen, Juden und Syrern in ihrer Binnenstruktur manchen religiösen Netzwerken muslimischer Einwanderer in den heutigen *banlieus de l'Islam*[8] in Barbés oder Kreuzberg gar nicht so unähnlich. Doch wir wissen, daß auch in den Koranschulen längst eine islamistisch-integristische Enwicklung eingesetzt hat, im Zuge und als Konsequenz der rapide forschreitenden, sozialökonomisch flexiblen, aber politisch und kulturell blockierten »negativen Integration« der muslimischen Inländer ohne bürgerliche Gleichberechtigung.

Die weitere Entwicklung der christlichen Kirche im römischen Reich mag zeigen, wohin eine politische und kulturelle Ausgrenzung von Einwandererreligionen führen kann. »Das Römische Reich war nicht *ihre* Gesellschaft.«[9] Die vermutlich vom Presbyter Hippolytos in Rom charakteristischerweise aber auf griechisch kodifizierte »Traditio Apostolica« aus dem 3. Jahrhundert zeigt schon eine rigide geführte und perfekt immunisierte *ekklesia*: Jetzt ist die Gemeinde hierarchisch aufgebaut, um den »monarchischen Bischof« herum strukturiert. Die Kirche kennt auch schon ein sorgsam kontrolliertes Zweiklassensystem aus zölibatärem Klerus und Laien, mit rigider Überwachung der Rechtgläubigkeit (und strengen Kaderakten für neu eintretende Katechumenen, deren Kandidatenstatus drei Jahre dauerte), mit einem normativ dichten eigenen, von Witwen und Diakonen organisierten »paraklerikalen« Netz sozialer Dienste, das immerhin anderthalb tausend Seelen auch leiblich versorgte. Der Bischof hat jetzt unumschränkt das Sagen und die Kontrolle über den Klerus; nur noch einige *confessores*, d. h. Bekenner, die sich in Christenverfolgungen bewährt haben, ohne angesichts der Drohungen und Versuchungen des Saeculum zu IMs der staatlichen Macht zu werden, haben noch einen Sonderstatus als charismatische Liberos; und der »Witwenorden« organisiert das Überleben der rechtgläubigen Armut.[10] Diese Christenheit reproduziert sich bereits in einer rigiden Abschottung gegenüber der Wirtsgesellschaft, die Wilhelm Geerlings aus ihrer »sozialen Situation der Minderheitskirche gegenüber einer feindlichen Umwelt« erklärt. Und diese *Traditio* sei dann zum »Modell späterer Kirchenordnungen« geworden.[11]

Die rigide Binnenstruktur hat aber nicht allein defensive Funktion, sondern entwickelt natürlich die bekannte demokratisch-zentralistische Eigenlogik: »Wie ihr Name *ekklesia* (ursprünglich der Name für die Volksversammlung in der griechischen Polis) offenbart, war diese private Gemeinschaft und Gemeinde politisch«[12] – und die Christengemeinde wird sich auch den politischen Spielregeln des spätantiken Pluralismus der Kulte so lange mit Blutopfern widersetzen, bis sie selber die Regeln diktieren kann. Dann allerdings werden die christlichen Mullahs, lange physisch gefährdet und moralisch bestärkt durch die »zehn Plagen« der Christenverfolgungen,[13] zum rücksichtslosen Gegenangriff übergehen: Nachdem sie einmal im Jahre 313 mit Konstantins und Licinius' Mailänder Edikt den Fuß in die Tür der imperialen Kurie gesetzt haben, wird im Jahre 380 mit dem Edikt von Thessaloniki der katholische Glaube zur gesetzlich vorgeschriebenen Staatsreligion. Gleichzeitig werden die Katholiken zur Mehrheitsreligion im Reich: »Es gibt bereits mehr Christen als Juden und Götzenanbeter zusammengenommen«, kann um 391 n. Chr. der aus Mailand nach Hippo zurückgekehrte und selber erst seit wenigen Jahren konvertierte frischgebackene Presbyter Aurelius Augustinus stolz dem Honoratus mitteilen, seinem Jugendfreund aus manichäischen Sturm- und Drang-Zeiten, den er vom »Nutzen des Glaubens« und der kirchlichen Autorität überzeugen will. »Diese Christen nun bilden... eine einzige Kirche, obwohl es eine ganze Reihe von Häresien gibt; sie alle wollen als katholisch gelten und nennen die jeweils anderen Häretiker, nur sich selbst nicht. Betrachtet man nun den ganzen Erdkreis (*totum orbem*), so ist diese Kirche im Vergleich mit allen anderen in der Anhängerzahl stärker... Für alle, die auf der Suche [nach der Wahrheit] sind, reicht folgende Feststellung: *una est catholica*, es gibt nur eine einzige katholische Kirche.« (»De utilitate credendi«, 19) Während aber dieser Umstand bei dem rhetorisch geschulten Augustin noch als »protreptisches«, seinen Studiengenossen zum rechten Glauben hinführendes Argument daherkommt, sollte ihre Mehrheitsposition von der Kirche recht bald mit staatlicher Gewalt behauptet und verstärkt werden.[14]

Sukzessive werden nicht nur alle anderen Religionen und Kulte verboten, sondern bald von Staats wegen auch konkurrierende innerchristliche »Häresien« verfolgt, die – wie der Arianismus als *»juste milieu* zwischen Evangelium und Heidentum«* (Edgar Quinet) – die philosophische Isolation der Christenheit hätten verhindern und vielleicht noch eine Ausdifferenzierung zwischen dem Geschäft des Regierens und dem Gesetz des wahren Glaubens hätten zulassen können. Nach der ideologischen Machtergreifung darf auch die zuvor abgelehnte *pax Romana* als »objektiv im Grunde schon immer« insgeheime *pax Christiana* gefeiert werden: Schließlich ist ja, wie uns Orosius beweist, Jesus laut Gottes Heilsplan unter der das Imperium vereinenden Herrschaft des *divus Augustus* geboren worden, damit die Jünger des Gottessohns unter »allen verschiedenen Völkern [des Reiches] sichere Freiheit hätten, als römische Bürger unter römischen Bürgern aufzutreten und zu sprechen« (hist. adv. pag. VI.1.8). Schon schreibt die werdende christliche Staatsräson die Heilsgeschichte um, und »wer sich nicht mit der Kirche verbindet, ist ein Fremder... ein Feind«. Orosius meint hier nicht nur die Heiden, sondern auch die »Juden und Häretiker« (op. cit., VII.33.17).

Und paradoxerweise – das ist Dialektik der Heilsgeschichte – sollte sogar die mit der Eroberung Roms durch Alarich im Jahre 410 verbundene Krise des *orbis-Romanus*-Gedankens zur inneren ideologischen Festigung der christlichen *ekklesia* beitragen helfen: Denn zunächst deuteten die aus der Hauptstadt vor den Barbaren in die Provinzen geflohenen gebildeten Oberschichten dieses Desaster als Strafgericht der alten römischen Reichsgötter für die Annahme des Christentums – ein Vorwurf, der in den »Unterhaltungen römischer Ausgewanderten« auch im nordafrikanischen Exilmilieu zur gängigen Formel wurde. Um nun das Christentum vor diesem Vorwurf in Schutz zu nehmen, die kirchliche Unterwanderung des Imperiums sei für dessen Schwäche gegenüber den von Norden her eindringenden Völkerwanderungen verantwortlich zu machen, schreibt jetzt Aurelius Augustinus seine zweiundzwanzig Bücher »De civitate Dei« [15]. Wir erinnern uns: Derselbe Augustinus, der gute zwanzig Jahre zuvor als frischer Presbyter dem Freunde Honoratus die Wahrheitssuche im Schoße der Kirche auch mit dem Argument schmackhaft machte, die *catholica* versammele im Reich immerhin die Mehrheit hinter sich. Jetzt wendet er sich gleichermaßen wider die »eusebianische« (und auch durch seinen Schüler Orosius vertretene) politische Theologie vom christlich-römischen Reich wie gegen die romfeindliche apokalyptische Vision des verderbten *Saeculum*, die insbesondere in den afrikanischen Christengemeinden verbreitet war. [16] Augustin entwickelt der Christenheit in und aus ihrer Weltablehnung ein neues, expansives Realitätsprinzip.

Denn des hl. Augustinus Bücher über den Gottesstaat sind weitaus mehr als nur eine polemische Verteidigungsschrift. Sie begründen nämlich mit der Unterscheidung von »Gottesstaat« und *Saeculum* auch das systemische Grundgesetz der Kirche als einer *in* der Welt operierenden Macht, die gleichwohl nicht *von* der Welt ist. Erst als *civitas Dei*, als eschatologisch ausgerichtete Gemeinschaft der Bürger der Gottesstadt, entwickelt die wachsende Kirche ein »internes«, selbstreferentielles Legitimitätsmuster, das ihr die Orientierung innerhalb des noch unerlösten römischen *Saeculum* ermöglicht und bald auch »extern« operativ einsetzbar ist. Die Dialektik des Fundamentalismus: Die »Geschlossenheit der selbstreferentiellen Operationsweise ist... eine Form der Erweiterung möglichen Umweltkontaktes« des fraglichen Systems, hier der von Augustin im radikalen Bruch mit dem Imperium konzipierten Kirche »neuen Typs«; diese »steigert dadurch, daß sie bestimmungsfähigere Elemente konstituiert, die Komplexität der für das System möglichen Umwelt«.[17]

Es ist gerade die Ablehnung der *jahiliyya* (Sayyid Qutb), der gottlosen Welt der *civitas terrena* als der »Gemeinschaft derer, die die falschen Götter, also die Dämonen verehren und nach deren Wertsystem leben«,[18] die Augustins »Kirche neuen Typs« ihre institutionelle Weiterentwicklung und auch ihre »antagonistische Kooperation« mit den weltlichen Gewalten ermöglichen wird.[19] Und es ist der transzendente, letzthinnige (*eschaton*) Bezug auf den souveränen Gott, der dieser wachsenden Institution auch ihre interne Dynamik ermöglicht, indem die real existierende, »sichtbare« Kirche immer wieder im Namen der »wahren« *civitas Dei* kritisiert, reformiert und verändert werden kann.

Principiis obsta?

Bald schon »kolonisiert« im Römischen Reich die katholische *Oikumene* erfolgreich die weltliche *res publica*. Und am Ende dieses Prozesses steht das Staatskirchentum und die Gesinnungsjustiz in den Codices der allerchristlichsten Kaiser. Kostproben? Constantius II. im Jahre 353 an den Mailänder Verwaltungschef: »Verläßt ein Mitglied der christlichen Kirche dieselbe und wird Jude, ...so sollen alle seine Güter dem Fiskus anheimfallen.« Gratian und seine Mitkaiser im Jahre 381 an den Prätorianerpräfekten Ostroms: »Ketzern soll kein geistliches Amt und keine Möglichkeit offenstehn, den Wahnwitz ihres hartnäckigen Gemütes auszusprechen.«[20]

Die toleranten Nachdenker einer mählich an Einfluß verlierenden städtisch-kosmopolitischen Elite hatten schon relativ früh vor einer solchen fundamentalistischen Gefahr der neuen Heilslehre gewarnt. Es gab ja durchaus eine differenzierte religionspolitische Debatte im Römischen Reich des 2. bis 4. Jahrhunderts, wenngleich uns die meisten dieser Schriften nicht erhalten geblieben sind; eine Konsequenz der Bücherverbrennungen, die man mit dem alten Gibbon oder heute Luciano Canfora durchaus als integralen Bestandteil der kirchlich-kaiserlichen

»Christianisierungspolitik« des 4. Jahrhunderts ansehen kann.[21] Wir kennen ihre Argumente und Traktate fast nur, wenn sie von christlichen Apologeten extensiv zitiert werden: Vor allem Celsus mit seinem um 180 entstandenen und uns leider nur in den Auszügen der etwa siebzig Jahre später verfaßten Gegenschrift des Origines erhaltenen Buch über »Die wahre Lehre«;[22] des Neuplatonikers Prophyrios Schrift aus dem 3. Jahrhundert gegen die Christen ist nur in Fragmenten überliefert;[23] und die Toleranzrede des römischen Senators Symmachus aus dem 4. Jahrhundert wurde uns von seinem politisch siegreichen Widersacher Ambrosius als Dokumentenanhang seiner Korrespondenz mit Kaiser Valentinian überliefert.[24]

Gewiß sind diese toleranten Heiden auch arrogant; sie können über den Glauben (*pistis*) der christlichen Sektierer in der Regel nur lachen; von der Warte ihres philosophischen Projekts vernünftiger Argumentation (*logismos*) blicken sie indigniert auf den, wie sie ihn empfinden müssen, primitiven Aberglauben aus dem Osten. Sieht man von Paulus' Rede auf dem Areopag in Athen einmal ab, die in der kulturellen Elite offenbar keine bleibenden Eindrücke hinterließ (Apg. 17, 16–34), sind schließlich die Vertreter dieser Immigrantensekte der gebildeten römischen Elite offenbar zuerst als Problem der Fremdenpolizei aufgefallen: Über ihre internen Querelen und Schlägereien, die uns nicht anders als heute exilkroatische, kurdische oder türkische *community*-Streitereien anmuten mögen.

Nehmen wir nur unser oben angeführtes und, wie Donald Engels betont, für die weitere Ausbreitung der orientalischen Einwandererreligion auch strategisch entscheidendes Fallbeispiel: die achäische Handelsmetropole und dynamische *service city* Korinth mit ihrer schnell gewachsenen und sozial höchst mobilen christlichen Kultgemeinde. Schon beim ersten Eintreffen des neuen Missionars aus dem Osten kommt es aufgrund seiner Bekehrungserfolge zu erbitterten Konflikten mit einer anderen, verwandten monotheistischen Gemeinschaft, und Paulus wird von diesen feindlichen Brüdern im Namen des einen Gottes vor den Kadi zitiert. Doch dieser Kadi ist ein aufgeklärter Mann, Statthalter Gallio, ein Bruder des Philosophen Seneca übrigens, und er erklärt sich im Fall des Glaubensstreites zwischen orientalischen Segelmachern und Teppichhändlern für unzuständig: »Wenn es um einen Frevel oder ein Vergehen ginge, so würde ich Euch anhören, wie es recht ist; weil es aber Fragen sind über Lehre und Namen und das [religiöse] Gesetz bei Euch, so seht Ihr selber zu; ich gedenke, darüber nicht Richter zu sein.« (Apg. 18, 14 f.) Die multikulturelle Toleranz sprach's und wusch sich die Hände in Unschuld. Unter den Rechtgläubigen aber kommt es sofort zu Handgreiflichkeiten: »Da ergriffen sie alle Sosthenes, den Vorsteher der Synagoge, und schlugen ihn vor dem Richterstuhl.« Später dann soll der so im rechten Glauben Belehrte zweiter Bischof von Korinth geworden sein.

Aber noch bis Ende des Jahrhunderts hält, wie wir aus den Briefen des römischen Bischofs Clemens an die Korinther wissen, der Clinch zwischen lokalen Charismatikern und einer sich erst allmählich festigenden bischöflichen Klerikerhierarchie an. Auch in der Hauptstadt Rom selbst scheinen die Christen erstmalig über Prügeleien bekannt zu werden: Laut Sueton haben sich rivalisierende jüdische Dissidentengruppen *impulsore Chresto*, »auf Anstiftung eines gewissen Chrestus«, Straßenschlachten geliefert.[25] Und genau hier liegt das Problem der heidnischen Pluralisten: Die Fremden können ja gut und gerne ihren eigenen Kultus pflegen und ihren östlichen Dämonen, Heroen und Mittelsmännern zwischen dem Göttlichen und der Menschenwelt,[26] ihren lokalen Spezialgöttern oder Propheten opfern. Bei Celsus heißen sie *angeloi*: Botschafter – denn daß der eine Gott der Philosophen in Fleisch und Blut auf die Erde gestiegen sein könne, erschien ihm als Platoniker völlig absurd. Dieser Christus müsse ein *goes*, ein Hexenmeister der übelsten Sorte, gewesen sein (Orig. c. Cels. I. 71).

Aber sie haben verdammt noch mal die gemeinsamen Spielregeln unserer, der überlegenen griechisch-römischen Zivilisation zu akzeptieren. Wie können wir mit Leuten zusammenleben, die unserer *res publica* jede politische Loyalität verweigern? Die am Ende ihre lausigen Religionskonflikte in unseren politischen Raum tragen? Werden sich dann nicht bald einheimischer Kulturrassismus und fremdländisch-militanter Monotheismus wechselseitig hochschaukeln? Wie geht man um mit fanatischen Fremdgläubigen, die sich selbst als Rechtgläubige verstehen und die herrschende Zivilisation, deren materielle Leistungen sie doch in Anspruch nehmen, als gottlose *jahiliyya* ablehnen?[27] »Die Diktatur einer Mehrheit, die sich als Demokratie ausgibt, können wir nicht hinnehmen.« So antwortete am 6. Januar 1992 Kalim Siddiqi, Präsident eines selbsternannten »Muslimischen Parlaments« in Großbritannien auf die Frage nach der Legitimität der aus islamischen Anti-Rushdie-Aktionsgruppen gebildeten Abgeordneten dieser *ecclesia militans*.

Die meisten staatlichen Christenverfolger (ich rede jetzt nicht von Nero oder Decius) handelten übrigens nicht viel anders als heute Bonner Politiker bei der Diskussion um die »Überfremdungsgefahr« und den Asylparagraphen. Gewiß, sie ließen – zumeist reichlich genervt, wie der jüngere Plinius, der als Statthalter der Provinz Bithynia-Pontus extra bei Kaiser Trajan rückfragte[28] – die fremden Staatsfeinde und ihre einheimischen Sympathisanten, meist sinnsuchende Damen aus der höheren Gesellschaft, aburteilen. Natürlich taten sie dies, »um Schlimmeres zu verhüten«: um, wie etwa im Jahre 177 in Lyon, der lokalen Lynchjustiz zuvorzukommen. Doch viele römische Provinzstatthalter haben sich wahrlich nicht danach gedrängt, die fremdgläubigen Christen, über die man sich an den Stammtischen die wüstesten Horrorstories erzählte, bei der ersten besten Gelegenheit der gesetzlichen Todesstrafe auf staatsfeindliche Bandenbildung zu unterwerfen. Sie wurden im 2. Jahrhundert oftmals vom gesunden Volksempfinden in den Städten des Reiches zum »Durchgreifen« gezwungen. Sie haben, wie aus den christlichen Märtyrerakten hervorgeht, oftmals sogar versucht, den Angeklagten der fremdgläubigen Sekte alle denkbaren Brücken zu bauen, um für sie einen (im Wortsinne) *modus vivendi* zu finden: »Wir sind ebenfalls gottesfürchtige Menschen«, sagten sie, »und das heißt für uns: Wir schwören beim Genius des Kaisers und opfern für seine Gesundheit – und auch Ihr solltet das tun.« Oder: »Wenn Ihr Euren Christus anerkennt, so erkennt doch um Gottes willen unsere Götter auch an, und alles ist erledigt...«[29]

Die Christen aber lehnten als einzige der im Immigranten-, Händler- und später auch Soldatenmilieu verbreiteten östlichen Religionsgemeinschaften, gnostischen Spinner und mystischen Sekten den politischen Tribut an die Ökumene einer pluralistischen Staatsräson ab. »Sie schließen im Geheimen ihre Bünde« (Orig. c. Cels. I.3) und berufen sich auf »gute Gründe« – schließlich würden sie ja verfolgt –, aber Celsus läßt das Argument nicht gelten: »Doch Vereinbarungen können öffentlich sein, wenn sie den Gesetzen gemäß abgeschlossen werden, oder sie werden im Untergrund geschlossen, wenn sie sich gegen die herkömmlichen Institutionen richten.« Ergo: Eure geheimen Vereinbarungen »widersprechen der gemeinsamen Rechtsordnung« (Orig. c. Cels. I.1).

Und dagegen muß einfach die staatliche Gewalt einschreiten: *Principiis obsta!* Wo soll das hinführen? Wenn sich nämlich alle religiösen oder ethnischen Gruppen so verhielten, »dann bliebe unweigerlich [der Souverän] allein und verlassen, und die Welt fiele wilden und gesetzlosen Barbaren anheim«, so wendet der Vertreter des okzidentalen Rationalismus gegen den orientalen Propheten ein. »Und dann bliebe auch von deiner Religion und der authentischen Weisheit unter den Menschen nicht einmal eine Erinnerung.« (Orig. c. Cels. VIII. 68)

Brave old world

Ob es nun eher psychologische Gründe (Dodds) waren oder der gut organisierte Korpsgeist der »christlichen Republik« (Gibbon) als strukturierter Gegengesellschaft im Milieu multinationaler Stadtbevölkerungen, die sich wie auch andere östliche Kulte, Mysterienreligionen, gnostische Sekten usw. im Römischen Reich über nichtoffizielle, aber universalistische Kommunikationsmedien wie Märkte und Schrift verbreitete: Entscheidend für die institutionelle Physiognomie und Dogmatik der neuen Religion wird der Konflikt mit dem staatlichen Kult. Damit bietet die Frühgeschichte des Christentums ein Musterbeispiel dafür, wie durch falsche staatliche Kultur- und Religionspolitik Fundamentalismen im Milieu interkulturell gefährdeter Identitäten, sozialer Statusinkonsistenzen und kognitiver Dissonanzen geradezu gezüchtet werden können. Eric Dodds sprach sogar vom Totalitarismus der neuen Vielvölkersekte: »Heidnische Kritiker mochten die christliche Intoleranz verspotten, doch in einem Zeitalter der Angst hat jeder ›totalitäre‹ Glaube eine mächtige Anziehungskraft, man denke nur an die, den der Kommunismus in unseren Tagen auf viele Gemüter ausübt.« (Und in einem Brief an George Devereux im November 1978 hat er den »Niedergang des Heidentums im dritten Jahrtausend mit dem des Christentums im zwanzigsten Jahrhundert« verglichen...)[30]
Man kann jeden Vergleich überstrapazieren – so auch den zwischen heutigem islamischen und damaligem christlichen Radikalismus, zwischen liberalen Demokratien und einer imperialen *res publica*. »Wenn mein Nachbar meint, es gebe zwanzig Götter oder es gebe gar keinen Gott, so tut er mir nicht weh«, schreibt der »Römer« in der Neuen Welt, Sklavenhalter Jefferson auf seinem neoklassizistischen Sitz Monticello: »Das leert mir nicht die Taschen und bricht mir kein Bein.«[31] Aber das imperiale Rom unterschied nicht zwischen geistlicher und

weltlicher Autorität, und auch die Christengemeinden taten das nicht. Heute sind längst nicht alle islamischen Gottes- und Rechtsgelehrten zur Trennung von zivilen und göttlichen Gesetzen bereit, obwohl sich die meisten Muslime an die hiesigen Gesetze halten. Und natürlich gibt es einen Konflikt zwischen Islam und Christentum sowie zwischen den Fundis und Liberalen in beiden Religionen des Buchs, aber auch zwischen einer militant-jakobinischen und einer weltlich-toleranten Einstellung von Agnostikern. Aber noch haben hierzulande etwa die islamischen Kultusgemeinden nicht denselben Rechtsstatus wie die in einigen Fragen genauso fundamentalistischen christlichen Kirchen.

Die westlichen Gesellschaften haben die Unterscheidung zwischen Kirche und Staat erst als Konsequenz aus Religionskriegen und religiöser Verfolgung lernen müssen; liberale Staaten fußen schließlich nicht auf spezifischen Moralphilosophien oder gar ganz bestimmten Begründungsverfahren universalistischer Ethik, sondern auf einer Schnittmenge verschiedenster Traditionen, einem »übergreifenden Konsens« über die bürgerlichen Grundfreiheiten inklusive der des Kultus. Und wir sahen im letzten Kapitel: Gerade im amerikanisch-republikanischen »Rom« stammt solche zivile Toleranz nicht aus dem Geiste des Antiklerikalismus oder gar des französischen Laizismus, der die Religionsgemeinschaften ausschließlich in die Privatsphäre verbannen wollte und daher beim ersten Schleier in einer staatlichen Schule von minderjährigen muslimischen Jungfrauen die Proskynesis vor der Göttin *République* verlangte.

Aber ein Europa mit islamisch-fundamentalistischen Einwanderern aus dem Süden, mit polnisch-katholischen »Fundis« und orthodoxen Nationalisten verschiedenster slawischer Nationen aus dem Osten? Werden da nicht bald die in der Alten Welt ohnehin schwachen Trennwände von Kirche und Politik, von Gesetz und Gewissen, von freier Wirtschaft und Schwarzmarkt, von Öffentlichkeit und Untergrund überlastet werden? Ja: Natürlich werden sie das. Sollten wir da nicht lieber den Zuzug der Unterwanderer blockieren; oder den schon eingesickerten undurchsichtigen Mullahs wenigstens nicht auch noch unsere Öffentlichkeit zur Verfügung stellen? Nein: Wir können gar nicht, selbst wenn wir wollten. (Aber wir sollten auch nicht wollen.) Schon aufgrund der oben erwähnten demographischen Entwicklungen, auf die in Deutschland vor allem der Christdemokrat Heiner Geißler seine Unionskollegen immer wieder hinweist. Das Argument spielte auch schon in der Antike eine Rolle: »Denkt an die Römer«, schrieb Philipp von Makedonien an die Einwohner von Larissa zum Problem der *oliganthropia*, »sie gewähren sogar ihren Sklaven das Bürgerrecht. Wenn sie sie erst einmal freigelassen haben, nehmen sie sie unter den Bürgern auf und gestatten ihnen, öffentliche Ämter zu bekleiden.« Er fügte als Köder noch hinzu: »Auf diese Weise haben sie nicht nur ihr Vaterland vergrößert, sondern auch ungefähr siebzig Kolonien gegründet.« Doch das ist ein Argument, das wir heute vielleicht lieber nicht ausreizen sollten.[32]

Die Festung Europa wird also nicht funktionieren – oder eine abendländisch-liberale Bastion gegen den Islam wird, wenn sie funktioniert, genau das in Europa zerstören, was sie angeblich schützen soll. Man kann keine Toleranz mit dem Mittel der Verfolgung verteidigen. Die Einwanderungsquoten, die wir gewiß und möglichst bald brauchen, sind hier zwar nicht das Thema; aber auch die wird man nur regulieren können, wenn die öffentlichen, in »runden Tischen« zwischen Ausländerbehörden und Ausländervertretungen, Gewerbe-, Sozial-, Wohnungsämtern und den Religionsgemeinschaften verhandelten Kriterien und Zahlen nicht von vornherein unrealistisch sind. D. h. sie müssen hinreichend nahe am tatsächlichen, noch illegalen oder »schwarzen«, unkontrollierten Einsickern liegen, um die Einwanderungsbewegungen auch staatlich steuern, filtern und umlenken zu können.[33]

Und die Religionsfreiheit? Die Gewaltenteilung und Sphärentrennung zwischen Religion, Politik, Wissenschaft und Kultur ist ja nicht bloß eine Verfassungsregel, sondern verkörpert selbst eine bestimmte »Lebensform«, erwachsen aus den historisch spezifischen Erfahrungen der Religionskriege im christlichen Westen. Nur in der Verfassungstheorie oder an Abhandlungen zur politischen Philosophie stellt sich die Trennung von Kirche und Staat als eine einmalige, rationale Entscheidung dar: als Entscheidung, »letzte Fragen« (nach dem guten Leben, dem Namen des Herrn) nicht zum Kriterium der politischen Gemeinschaft zu machen. Doch die »Spielregel« der Religionsfreiheit – die Entkoppelung religiöser Bekenntnisse von der Staatsgewalt, die jetzt »nur« mehr die Aufgabe hat, den freiheitsverbindlichen Rahmen ihrer Koexistenz und Konkurrenz zu sichern – beruht in ihrer gesellschaftlichen Geltung auf einem komplizierten Gleichgewicht von Werten, Interessen und Selbst- wie Fremdwahrnehmungen. Auch in liberalen Gesellschaften bleiben solche Grenzziehungen zwischen Glauben und Wissenschaft,

Moral und Gesetz, öffentlicher und privater Sphäre, Religion und Politik immer umkämpfte symbolische Ordnungen. Solche Unterscheidungen sind schließlich keine »natürlichen« Gegebenheiten, sie müssen gelernt werden, historisch, sozial und biographisch: in jahrhundertelangen Kämpfen um die Religionsfreiheit, in aktuellen Konflikten um die Rechte fremdgläubiger Einwanderer und in der individuellen Sozialisation jedes Bürgers. Religiös durchmischte Einwanderungsgesellschaften sind zu solchen Lernprozessen stärker gezwungen als multinationale Imperien und klassische, zudem konfessionell häufig homogene Nationalstaaten. Einwanderungsgesellschaften, die sich selbst nicht als solche erkennen wollen, erschweren für ihre Bürger solche Lernprozesse.

Die »Kunst der Trennung« (Michael Walzer) kann aber auch wieder verlernt werden. Denn eine liberale, weltanschaulich pluralistische Ordnung mag zwar »weniger« an unmittelbar, »fraglos« geteilten Werten zwischen allen Beteiligten implizieren, aber sie erfordert ein höherstufiges »Mehr« an Bürgeridentität oder »ziviler« Religion: Anders als die Kultgemeinde oder die Staatsreligion verlangt ein derart selbstbewußt pluralistisches Gemeinwesen von jedem Mitglied auch das Bewußtsein um die Differenzen seiner eigenen (kulturellen, religiösen, ethnischen…) Gemeinschaft zu anderen *communities* und ihren Mitgliedern, die das übergeordnete Gemeinwesen gleichwohl verkörpert. Die liberale Identität von Differenz und Gleichheit ist damit für Störungen in der moralischen Ökologie weitaus anfälliger.

Als Paulus für seine Anhänger in Korinth ein schlagendes Bild vom Wesen der wahren Heilslehre vermitteln wollte, wählte er die isthmischen Spiele: eine Touristenattraktion der achäischen Metropole.[34] »Wißt ihr nicht, daß die, die in der Kampfbahn laufen, die laufen alle, aber einer empfängt den Siegespreis? Lauft so, daß ihr ihn erlangt.« (1. Kor. 9, 24) Hatte der Mann aus Tarsos den hellenischen Agon vielleicht mißverstanden? Dabeisein ist alles. Nachdem die Christen aber einmal zur siegreichen Religion im Imperium geworden waren, schafften sie die Konkurrenz ab.

Die Frage ist ganz einfach, ob es dem Westen gelingt, »unsere« Formen des kulturellen Pluralismus gegenüber radikalen östlichen Vielvölkersekten vor dem Schicksal des vergleichsweise toleranten heidnischen Polytheismus zu bewahren, der gegenüber den enthusiastischen Anhängern Christi so lange eine radikale Abgrenzungspolitik betrieb, bis diese dann aus dem Untergrund die Macht ergriffen. Die Alternative zum religiösen Untergrund ist der offene Streit – auch um den rechten Glauben. Viele Wege zu dem einen Gott.

Das ist heute (erst recht beim monotheistischen Islam) kein primär theologisches Problem. »Einer ist Gott, doch trägt er viele Namen«, schrieb, wohl im 1. Jahrhundert unter dem Namen des Aristoteles ein spekulativer platonischer Eklektiker über die Welt (»Peri Kosmou«, 401 a). Doch einzig in der offenen Gleichberechtigung als religiöse Gemeinschaft können Fremdgläubige jene pluralistische Toleranz erlernen, deren Wurzeln vermutlich in einer radikalen Transzendenz Gottes am besten aufgehoben sind, auf die auch Celsus, Philo oder Origenes, neuplatonisierende Heiden, Juden und Christen in der Multikulti-Metropole Alexandria schon verfallen waren, bevor dann das Christentum von Staats wegen kam.

Gott ist größer. Gott ist (nach einem alten jüdischen Witz) so groß, daß er nicht einmal zu existieren braucht.[35] Gott ist nämlich so groß, daß er es gar nicht nötig hat, in der Welt selbst – oder auch nur durch Statthalter, Stellvertreter, Kalifen und Staatsgesetze – einzugreifen. Ein Gott – kein Kaiser, kein Tribun. »Würdiger jedoch und geziemender ist der Gedanke, er throne am höchsten Ort, während seine Kraft... den gesamten Kosmos durchdringt.« (»Peri Kosmou«, 389b) Die radikale Transzendenz Gottes setzt die Welt frei. Die Gotteskinder müssen sich dann untereinander streiten.

Anmerkungen

1. Die religiöse Frage

1 Otto Kallscheuer, *Glaubensfragen. Über Karl Marx & Christus & andere Tote*, Frankfurt/M. 1991.

2 Robert D. Kaplan, »The Coming Anarchy«, in: *The Atlantic Monthly*, Vol. 273, No. 2 (Febr. 1994).

3 David Hume, »Of Superstition and Enthusiasm«, in: *The Philosophical Works of David Hume* (ed. Th. H. Hill/Th. H. Grose), Vol. 3, London 1882, S. 144 ff.

4 Heute, d. h. in einer Welt wachsender Mobilität von Waren, Menschen und Informationen, können die »Bruchlinien« zwischen Zivilisationen allerdings keineswegs mehr nach klaren Staats- und Nationengrenzen oder historischen Kulturräumen geschieden werden. Hierin liegt der Fehler Samuel Huntingtons in seinem berühmten Artikel »The Clash of Civilisations?« (in: *Foreign Affairs*, Summer 1993) – nicht etwa schon in dem Anspruch auf Unterscheidung (und Bewertung!) zivilisatorischer Traditionen.

5 Erklärung über die Religionsfreiheit des Zweiten Vatikanischen Konzils vom 7. Dezember 1965 (*Päpstliche Verlautbarungen zu Staat und Gesellschaft*, Darmstadt 1973, S. 419 ff.)

6 Andreij W. Kurajew, »Die schockierende Einheit der Kirchen. Die christliche Missionstätigkeit und die russische Orthodoxie«, in: *Frankfurter Allgemeine Zeitung*, 4. Mai 1994 (Beilage Geisteswissenschaften).

7 Erst nach Abschluß des vorliegenden Buches erschien die wichtige Studie von José Casanova *Public Religions in the Modern World* (Chicago 1994), eine theoretische und empirische Auseinandersetzung mit der Säkularisierungstheorie: Ich kann hier nur nachdrücklich auf sie hinweisen.

8 Vgl. die jüngsten Themenhefte ›Religion und Kultur‹ bzw. ›Religion und Politik‹ der Zeitschriften *Daedalus*, Vol. 120, No. 2 (Summer 1991); *Social Research*, Vol. 59, No. 1 (Spring 1992); *Quaderni di sociologia*, Vol. XXXVI, 1992, No. 2; *LiMes. Rivista italiana di geopolitica*, No. 3/1993; *Kölner Zeitschrift für Soziologie und Sozialpsychologie*, Sonderheft Bd. 33 (1993); *Parolechiave*, No. 3/1993; *Forschungsjournal Neue Soziale Bewegungen*, Nr. 3–4/1993; usw.

9 Zur Kritik des gängigen Fundamentalistenkonzepts vgl. meine Fallstudie »Katholischer Integralismus als postmoderne Bewegung. Comunione e Liberazione in Italien«, in: Jörg Bergmann/Alois Hahn/Thomas Luckmann (Hrsg.), *Religion und Kultur*, Opladen 1993 [= Sonderheft der *Kölner Zeitschrift für Soziologie und Sozialpsychologie*, Bd. 33], S. 150–168.

10 Giacomo Leopardi, *Zibaldone di Pensieri*, hrsg. von Anna Maria Moroni, Milano 1983, S. 432 u. S. 528 [= Notizen vom 28. Mai und 7. August 1821]. Hegels Manuskript »Religions-Philosophie« ist von ihm datiert »Berlin Angefangen 30. April/ 1821/Geschlossen 25. August *ejus*« [*Gesammelte Werke*, Bd. 17, Hg. Jaeschke, Hamburg 1987].

11 Zygmunt Bauman, *Modernity and Ambivalence*, Oxford 1991, S. 6 f.

12 Richard Rorty, *Kontingenz, Ironie und Solidarität*, Frankfurt/M. 1990, S. 120.

13 Vgl. Kapitel II. und III. meines Buches *Glaubensfragen* (wie Anm. 1).

14 Ernst Troeltsch, *Die Absolutheit des Christentums*, Tübingen 1912, S. 126 ff.

2. Cuius regio – eius religio?

1 *Der Putsch in Moskau*. Berichte und Dokumente, hrsg. vom Verlag »Text«, Moskau (deutsche Ausgabe hrsg. von Tina Delavre), Frankfurt/M.–Leipzig 1992, S. 76 f. Vgl. auch die Presseschau in der (von der Catholica Unio hrsg.) Zeitschrift *Der christliche Osten*, 46. Jg. (1991), H. 6, S. 353 f.

2 *Der Putsch in Moskau* (wie Anm. 1), S. 64.

3 Vgl. *Frankfurter Allgemeine Zeitung*, 16. Juni 1992, S. 5.

4 Thomas Ross/Adolf Hampel, *Gott in Rußland*, München 1992, S. 36. Auf dieses Buch sei auch für das Folgende verwiesen.

5 Siehe zum Folgenden grundlegend: Alain Ducellier u. a., *Byzanz. Das Reich und die Stadt*, Frankfurt/M.–New York 1990.

6 Marie Theres Fögen weist in ihrer instruktiven Darstellung der politischen Theologie von Byzanz darauf hin, daß erst mit der Verurteilung des Arianismus (durch die dogmatische Definition der *homoousia*, d. i. Wesensgleichheit von Christus und Gott, von Gottvater und Gottsohn) auf dem unter Beteiligung von Konstantin zustande gekommenen Konzil von Nikaia im Jahre 325, die »Position, die der im Streit unterlegene Arius Christus hatte einräumen wollen«, gewissermaßen »frei« geworden war: »der Status: Geschöpf Gottes, gottähnlich, aber Gott untertan und ihm zum Gehorsam verpflichtet«, ein Status, den nun der Kaiser selbst beanspruchen konnte. Siehe Marie Theres Fögen, »Das politische Denken der Byzantiner«, in: Iring Fetscher/Herfried Münkler (Hrsg.), *Pipers Handbuch der politischen Ideen*, Bd. 2: *Mittelalter*, München–Zürich 1993, S. 41–85 (hier: S. 44). Kein Wunder, daß ein so überzeugter »Byzantiner« wie der Rumäne Constantin Noica die Geburt der europäischen Kultur als Prototyp der Kultur »sans phrase« (und »ohne Ende«) mit dem nizäanischen Credo und Konzil ansetzt. Siehe Constantin Noica, *De Dignitate Europae* [dt. Ausgabe], Bucureşti 1988, S. 52–55; S. 125 f.

7 Siehe dazu etwa Kallistos Ware, »Die östliche Christenheit«, in: John McManners (Hrsg.), *Geschichte des Christentums*, Frankfurt/M.–New York 1993, S. 132 ff. (hier: S. 140–149).

8 Carl Schmitt, *Land und Meer. Eine weltgeschichtliche Betrachtung* (1942), Köln-Lövenich 1981, S. 19.

9 Allgemein zum Folgenden: Alain Ducellier, »Die Orthodoxie«, in: Marc Venard (Hrsg.), *Die Zeit der Konfessionen (1530–1620/30)* [= 8. Bd. der *Geschichte des*

Christentums], Freiburg–Basel–Wien 1992, S. 356–388; Sergej Hackel, »Die orthodoxen Kirchen Osteuropas«, in: J. McManners (Hrsg.), *Geschichte des Christentums*, (wie Anm. 7), S. 551–584.

10 Franz Borkenau, »Luther: Ost oder West« (1947), in: *Sinn und Form*, 25. Jg., 1993, H. 1, S. 70f. Das westliche Pendant zu dieser welthistorischen Wende war das gleichzeitige »ozeanische« Ausgreifen der calvinistischen Revolution, der Hugenotten und Puritaner, von London und Amsterdam aus in die Neue Welt. Carl Schmitt hat es – etwa gleichzeitig zu Borkenau – in seiner weltgeschichtlichen Parabel *Land und Meer* (1942) skizziert. Auch hierbei handelte es sich um eine Nordverschiebung der historischen Dynamik: vom katholischen Territorialreich Spanien zur maritimen Expansion von Geusen und Briten; von der lateinisch-katholischen Raumteilung der Neuen Welt zwischen Spanien und Portugal im Vertrag von Tordesillas (1493) zur Besiedelung der Neuen Welt durch calvinistische Dissidenten aus dem seebeherrschenden England; und vom lateinisch-latifundiaren Grundbesitz zur industriellen Revolution – wie Schmitt 1981 in einer Nachbemerkung hinzufügte, unter Verweis auf den § 247 der Hegelschen *Grundlinien der Philosophie des Rechts* [»Wie für das Prinzip des Familienlebens die Erde, fester Grund und Boden, Bedingung ist, so ist für die Industrie das nach außen sie belebende Element das Meer.«]. Nur am Rande sei hier auf eine in deutschen Landen wichtige Konsequenz aus der theologischen Diagnose der beiden exzentrischen Denker hingewiesen: Wie der Ost-West-Gegensatz Katholizismus und Orthodoxie scheidet, so markiert er auch die Differenz zwischen lutherischer Reform und den Nachfolgern der calvinistischen Revolution. Carl Schmitt und Franz Borkenau, der Exnationalsozialist und der Exkommunist, kommen nämlich in der Diagnose überein, daß auch das Luthertum historisch und politisch nicht eigentlich zum »Westen« gehört: Vom universalistischen Westrom ebenso wie von der »weltgeschichtlichen Brüderschaft« der calvinistischen Internationale unterscheidet sich der lutherische Protestantismus mit seinen Staats- und Nationalkirchen durch seine »Tendenz zum Territorialismus und zu einer allgemeinen Verlandung« (Schmitt). Aufgrund seiner Ablehnung jeglicher Werkethik und innerweltlicher Heiligkeit trennt sich der lutherische Protestantismus ebenso von der katholischen Werkfrömmigkeit thomistischer Provenienz wie vom »aktivistischen Rationalismus« der Nachfolger Calvins; als (un)politische Theologie nur »innerer« Freiheit unterscheidet sich das Luthertum ebenso von der jesuitischen Realpolitik wie von Zwinglis »freier Selbstbestimmung einer republikanischen Stadtgemeinde«. Im Gegensatz zum Westen verfehle damit »die lutherische Haltung […] den Kern des Politischen« selbst (Borkenau). Michael Walzer, der in den sechziger Jahren mit *The Revolution of the Saints* (1965) eine der mittlerweile klassischen Studien zur politischen Theorie des Calvinismus verfaßte, hat in einer Diskussion der hier vertretenen Thesen diese Differenz von Luthertum und Calvinismus vor allem auf den Modus der Einführung der Reformation zurückgeführt: Wo lutherisches Landesfürstentum qua Entscheidung »von oben« die Staatskonfession festlegte, hat die Logik der Sektenbildung (»the dissenters of the dissent«) in der radikalen und häufig intoleranten Reformation »von unten« gewissermaßen im Ergebnis den religiösen Pluralismus hervorgebracht. Der Pluralismus von Enthusiasten aber produziert Toleranz.

11 Katharina die Große/Voltaire, *Monsieur – Madame. Der Briefwechsel zwischen dem Zaren und dem Philosophen*, hrsg. von Hans Schumann, Zürich 1991, S. 156, S. 171 und passim.

12 »Sie, der Sie ein so guter Katholik sind, überzeugen Sie bitte Ihre Glaubensbrüder, daß die griechische Kirche unter Katharina II. nichts gegen die römische hat noch gegen sonst eine Kirche, sondern daß sie sich nur verteidigt« (Katharina an Voltaire, 3./14. März 1771) in: *Monsieur – Madame* (wie Anm. 11).

13 Zur Kontroverse »Cäsaropapismus oder Theokratie« siehe den nützlichen Überblick von M. Th. Fögen, in *Pipers Handbuch der politischen Ideen*, Bd. 2 (wie Anm. 6), hier S. 59–67.

14 Katharina an Voltaire im August und November 1765; Voltaire an Katharina im Januar 1766 (»Der Bischof wurde bestraft, weil er gedacht hat, es gebe zwei Gewalten. Es gibt nur eine, und das ist diejenige, die wohltätig ist.«); Katharina an Voltaire im Juni/Juli 1766, usw. (*Monsieur – Madame* [wie Anm. 11], S. 35 f.; S. 40–46).

15 Peter Tschaadajew, *Apologie eines Wahnsinnigen. Geschichtsphilosophische Schriften*, hrsg. von Gabriela Lehmann-Carli und Ulf Lehmann, Leipzig 1992, hier S. 18, S. 165 und passim. Zu Tschaadajews »paradoxer« Kritik der russischen Tradition siehe ausführlich Andrzej Walickij, *The Slavophile Controversy. History of a Conservative Utopia in Nineteenth Century Russian Thought*; Oxford 1975 (ch. 3 »The Paradox of Chaadeev«), sowie natürlich Thomas G. Masaryks klassische Darstellung aus dem Jahre 1914 in seiner zweibändigen *Russischen Geistes- und Religionsgeschichte* (Reprint Frankfurt/M. 1992). Paradox war diese Kritik des östlichen Christentums insofern, als sie sich gleichzeitig rationalistischer und traditionalistischer Motive des Westens bediente: Tschaadajews Geschichtsphilosophie war nicht nur vom deutschen Idealismus beeinflußt (Hegel, Schelling), sondern auch vom Denken der katholischen Reaktion Frankreichs. (De Maistre, der frühe Abbé Lamennais) – und allgemein vom Zeitgeist der Romantik in beiden Ländern

16 G. W. F. Hegel, *Vorlesungen über die Philosophie der Geschichte*, in: Werke, Bd. 12, Frankfurt/M. 1970, S. 409.

17 *Apologie eines Wahnsinnigen* (wie Anm. 15), S. 27.

18 »Neueste« im Gegensatz natürlich zur »neuen Ostpolitik« der sechziger und siebziger Jahre, die Hansjakob Stehle in seinem Buch *Geheimdiplomatie im Vatikan. Die Päpste und die Kommunisten* (zuerst 1975; überarbeitete Neuauflage: Zürich 1993) dargestellt hat. Auf den Gegensatz zwischen einer auf »Akkommodation« abzielenden Ostpolitik Pauls VI. und einer »offensiven« Ostpolitik Johannes Pauls VI. insistiert der umtriebige amerikanische Theologe George Weigel (vom konservativen Washingtoner *think tank* »Ethics and Public Policy Center«) in seinem lebendigen, stark »wojtylistisch« ausgerichteten Buch *The Final Revolution. The Resistance Church and the Collapse of Communism*, New York–Oxford 1992, etwa S. 93 ff. und passim.

19 Nach KNA (Kath. Nachrichtenagentur), Oktober 1991.

20 Genauer: ein Pole, welcher in Weißrußland geboren wurde, dann in Litauen Theologie studierte und schließlich in Rom die Bischofsweihe erhielt.

21 Interview mit *il Sabato*, 7. August 1993.

22 Vgl. Sergej Lösow, »Nationale Idee und [orthodoxes] Christentum«, in: Sonja Margolina (Hrsg.), *Die Fesseln der Vergangenheit. Russisches Denken nach der Perestroika*, Frankfurt/M. 1993, S. 65 ff.

23 Die These, daß in Polen die katholische Religion und das romantisch-religiöse Erbe der polnischen Nationalbewegung des 19. Jahrhunderts eine »zivil-religiöse Rolle« gespielt habe, die der Aufrechterhaltung der nationalen Identität bei staatlicher Teilung, auf die auch die *Solidarność*-Bewegung in ihrem antistaatlichen Widerstand zurückgreifen konnte, hat Ewa Morawska in einem lesenswerten Artikel aufgestellt: E. Morawska, »Civil Religion vs. State Power in Poland«, in: *Society*, Vol. 21, No. 4 (May/June 1984), S. 29 ff.

24 Hank Johnston, »Religio-Nationalist Subcultures under the Communists: Comparisons form the Baltics, Transcaucasia and Ucraine«, in: *Sociology of Religion*, Vol. 54 (1993), H. 3, S. 237–255.

25 John Emerich Edward Dalberg-Acton First Baron Acton, »The History of Freedom in Christianity« (1877), in: *Selected Writings of Lord Acton*, ed. by J. Rufus Fears. Vol. I, Indianapolis 1985, S. 33. Ich komme im folgenden Kapitel auf diese Frage zurück. Auf die Konsequenzen dieser Trennung von Imperium und Sacerdotium für die politischen Konturen der (west-)europäischen Idee hat Herfried Münkler in seinem anregenden Beitrag »Europa als politische Idee« hingewiesen, in: *Leviathan*, Jg. 19, Heft 4/91, S. 521–541.

26 »Die Bevölkerungen schlachten sich gegenseitig ab und verfolgen einander mit einer Wildheit, die durch wechselseitige Kenntnis und alte Haßgefühle und Ressentiments noch gesteigert wird.« Carnegie-Endowment for International Peace, *Report of the International Commission To Inquire into the Causes and Conduct of the Balkan Wars*, Washington, D. C. 1914, S. 148.

27 Karin Völkl, »Makedonien/Mazedonien«, in: M. Weithmann (Hrsg.), *Der ruhelose Balkan*, München 1993, S. 225. Vgl. auch im selben Band den Beitrag von Sergei Hackel, »Die orthodoxen Kirchen«, S. 556 f.

28 Misha Gleny, »Hope for Bosnia?«, in: *The New York Review of Books*, Vol. XLI, No. 7, April 7, 1994, S. 8; George Soros, »The Other Balkan Mess«, in: *The New York Times*, March 17, 1994.

29 Siehe den Bericht von Giovanni Caprile »Il sinodo speciale dei vescovi per l'Europa«, in: *La Civiltà Cattolica*, Nr. 3400 (Jg. 1992/I), S. 376 ff.; für eine Dokumentation der katholisch-orthodoxen Divergenzen anläßlich der europäischen Bischofssynode Ende 1991 siehe auch die Ausgabe *ISTINA*, Vol. XXXVIII (1993), No. 1. Allgemein zu den Aporien des »christlichen Europa« vgl. Enzo Pace, »Che cosa significa Europa cristiana?«, in: *il mulino*, N. 1/92, S. 73 ff. und die Beiträge u. a. von Franz Xaver Kaufmann und Christian Duquoc im Bd. 144 der ›Quaestiones Disputatae‹, hrsg. von Peter Hünermann. *Das Neue Europa. Herausforderungen für Kirche und Theologie*, Freiburg i. Br. 1993.

30 Vgl. Ewa Morawska, »Civil Religion vs. State Power« (wie Anm. 23); Adam Michnik, *The Church and the Left* (1977), Chicago 1993; Ewa Kobylinska, »Kirche und Polis«, in: *Die Neue Gesellschaft/Frankfurter Hefte*, Nr. 9/1992, S. 822 ff.

31 Man könnte sogar sagen, daß es eine politische, aber nicht imperiale, staatsübergreifende Europa-Idee im »eusebianischen« Christentum der Ostkirche idealiter

gar nicht geben kann: Ökumene und Reich unterstehen derselben Allgewalt Gottes und seines Cäsar. Vgl. zum christlichen Europa als »katholischer« Idee die anregende Studie Rémi Bragues: *Europa. Eine exzentrische Identität*, Frankfurt/M. 1993. Die »byzantinische« Version Constantin Noicas *De dignitate Europae* ist ordnungspolitisch vage.

32 Interview mit *il Sabato*, N. 39/1993. Für die folgenden knappen Bemerkungen, die keinerlei Originalität beanspruchen, habe ich mich u. a. auf einen Vortrag und ein Diskussionspapier von Miroslawa Grabowska »After the Victory: a Cultural Landscape of Poland« (Dez. 1993) stützen können. Siehe auch das neue Vorwort Adam Michniks zur amerikanischen Ausgabe von *The Church and the Left* (siehe Anm. 30) und die Beiträge von Marcin Król und Aleksander Smolar in: *The Journal of Democracy*, Vol. 5 (1994), No. 1.

33 Ein Urteil, das mir auch von der politischen Soziologin Grabowska bestätigt worden ist. Optimistischer hingegen bewerten zwei konservativ-liberale amerikanische Katholiken die Lage: Richard John Neuhaus, »Poland – Reflections On a New World«, in: *The First Things* (Febr. 1994); und der wie üblich gut informierte George Weigel »The Great Polish Experiment«, in: *Commentary* (Febr. 1994).

34 Vgl. die Beiträge von Czeslaw Milosz, Leszek Kolakowski, Marcin Król und Jósef Tischner zur Frage »Polen – ein theokratischer Staat«, in: *Transit. Europäische Revue*, Nr. 3 (Winter 1991/1992); Michael Dixon, »Fault Lines in Warsaw« in: *East European Constitutional Review*, Spring 1993, S. 54 ff. Adam Michnik spricht im neuen Vorwort (1993) zu *The Church and the Left* vom »struggle between two contradictory fundamentalisms: clerical and anticlerical« (wie Anm. 30), S. XV.

35 Siehe Gianni Baget-Bozzo, *Cattolici e democristiani. Un' esperienza politica italiana*, Milano 1994; Warnfried Dettling, *Das Erbe Kohls*, Frankfurt/M. 1994 (v. a. Kap. VII.).

36 Joseph Kardinal Ratzinger, *Chiesa, Ecomenismo e Politica*, Torino 1987, S. 156.

37 Vgl. meinen Beitrag »Katholischer Integralismus als postmoderne Bewegung« im Sonderheft der *Kölner Zeitschrift für Soziologie und Sozialpsychologie*, Bd. 33 (1933) zum Thema Religion und Kultur.

38 Ganz im Gegensatz zur Argumentationsstruktur geläufiger Ethiken, die den amoralischen Menschen (»Egoisten«) von der Notwendigkeit oder Sinnhaftigkeit moralischen Handelns überhaupt überzeugen wollen. Siehe Ernst Tugendhat, *Vorlesungen über Ethik*, Frankfurt/M. 1993, S. 26.

39 Peter L. Berger, *Der Zwang zur Häresie*, Frankfurt/M. 1980, S. 41.

40 *Centesimus annus* wird im Folgenden (nach der offiziellen Version im *Osservatore Romano*, 2. Mai 1992) im Text zitiert mit der Abkürzung CA und der Nr. des Abschnitts. Ausführlich dazu siehe das Kapitel VII. (»Ecclesia militans«) in meinem Buch *Glaubensfragen, über Karl Marx & Christus & andere Tote*, Frankfurt/M. 1991.

41 Grabowska, »After the Victory« (wie Anm. 32); außerdem beziehe ich mich auf J. Tischner, »Christianity in the Post-Communist Vacuum«, in: *Religion, State and Society*, Vol. 20, No. 3/4 (1992), S. 331 ff. und Pater Tischners Beiträge auf

Konferenzen des Deutschen Polen-Instituts und der Soros-Stiftung im Frühjahr bzw. Sommer 1993. Siehe auch Tischner, »Glaube in düsteren Zeiten«, in: *Das neue Europa* (wie Anm. 29), S. 111 ff.

42 Vgl. Henri Tincq, »Nel Paese del Cristo pensante assediato dagli dèi pagani«, in: *La Stampa*, 5. Sett. 1993, S. 9.

43 Karl Gabriel, *Christentum zwischen Tradition und Postmoderne*, Freiburg–Basel–Wien 1992.

44 Vgl. für Deutschland v. a. die Arbeiten von Franz-Xaver Kaufmann (etwa: *Religion und Modernität*, Tübingen 1989, und zuletzt ders., »Das janusköpfige Publikum von Kirche und Theologie. Zur kulturellen und gesellschaftlichen Physiognomie Europas«, in: *Das neue Europa* [wie Anm. 29], S. 11–42). Für analoge Fragestellungen in der italienischen Religionssoziologie vgl. die Arbeiten von Franco Garelli und in Frankreich u. a. die Arbeiten von Danièle Hervieu-Léger. Ich komme im vierten Kapitel auf diese Fragen zurück.

45 Christian Duquoc, »Jesus Christus, Mittelpunkt des Europa von morgen«, in: *Das neue Europa* (wie Anm. 29), S. 110.

3. Katholizismus und Liberalismus

1 Vgl. Werner Sombart, »Der Katholizismus als Kultureinheit«, in: *Synopsis. Festgabe für Alfred Weber* (hrsg. von Edgar Salin), Heidelberg o. J. (1948), S. 505–534. Sombart betont, daß diese Einheitlichkeit der europäischen Kultur kein Wunder war, »sondern die ganz bewußte Schöpfung einer Kulturmacht, deren Wesen offen zu Tage liegt: das ist die katholische Kirche« (S. 515). Zur Europaidee Johannes Pauls II. vgl. René Luneau (Hrsg.), *Le rêve de Compostelle. Vers la restauration d'une Europe chrétienne?*, Paris 1989; und meine Ausführungen in *Glaubensfragen. Über Karl Marx & Christus & andere Tote*, Frankfurt/M. 1991 (Kap. VI.).

2 So auch Roger Kardinal Etchegaray, »Die liberale Gesellschaft und die katholische Kirche«, in: Krzysztoff Michalski (Hrsg.), *Liberale Gesellschaft*. Castelgandolfo-Gespräche Band V, Stuttgart 1993, S. 195–203.

3 Zum Folgenden vgl. Otto von Simson, *Die gotische Kathedrale. Beiträge zu ihrer Entstehung und Bedeutung* [zuerst: New York 1956], Darmstadt 1972; Georges Duby, *Die Zeit der Kathedralen. Kunst und Gesellschaft 980–1420* [zuerst: Genf 1966], Frankfurt/M. 1980.

4 Nämlich 1. dem Grabe von St. Denis, wie man meinte: des hl. Dionysius Areopagita (also des angeblich vom Apostel Paulus durch seinen Auftritt vor dem Athener Areopag bekehrten Atheners) in der Klosterkirche von Saint Denis (der Krönungskirche der französischen Könige); und 2. der neuplatonischen (Gott gleich) Licht-Metaphysik des (Pseudo-)Areopagiten, deren Rolle für die gotische Architektur v. a. Otto von Simson herausgearbeitet hat (*Die gotische Kathedrale* [wie Anm. 3], S. 81 ff.; S. 103 ff.; S. 147 ff. und passim). Zur Kontroverse über die dionysische Fälschung siehe Kurt Flasch, *Das philosophische Denken des Mittelalters. Von Augustin zu Machiavelli*, Stuttgart 1986, S. 74 ff.

5 Die These von der »Papstrevolution« des 11. Jahrhunderts ist in ihren Grundzü-

gen schon 1845 von Edgar Quinet in seinen Vorlesungen über Christentum und Französische Revolution entwickelt worden. In der heutigen Geschichtsschreibung geht die Erinnerung an diese These jedoch allerhöchstens bis auf Eugen Rosenstock-Huessys Buch *Die europäischen Revolutionen und der Charakter der Nationen* (1931) zurück (vgl. Horst Fuhrmann, *Historische Zeitschrift*, Bd. 257 [1993], S. 28). Für eine neuere Darstellung der politischen und zivilisatorischen Konsequenzen des häufig nur auf die Dimension des »Investiturstreits« reduzierten Konflikts zwischen Reformpapsttum und weltlicher Souveränität siehe das 1983 erschienene Werk des amerikanischen Rechtshistorikers (und Rosenstock-Huessy-Schülers) Harold J. Berman *Law and Revolution* [dt.: *Recht und Revolution. Die Bildung der westlichen Rechtstradition*, Frankfurt/M. 1991; hier v. a. S. 144–198: »Der Ursprung der westlichen Rechtstradition in der päpstlichen Revolution«]; sowie zuletzt Karl Leysers Theodor-Schieder-Gedächtnisvorlesung »Am Vorabend der ersten europäischen Revolution«, in: *Historische Zeitschrift*, Bd. 257/H. 1 (Aug. 1993), S. 1–26. Schon Alois Dempf hat allerdings im Jahre 1929 mit fast denselben Worten den Zusammenhang zwischen den Bestrebungen nach innerkirchlicher Reform und sozialer Revolution [»also hier gerade umgekehrt, wie die materialistische Geschichtsauffassung es wahrhaben will«] beim Kampf um die Libertas Ecclesiae im 11. Jahrhundert betont [*Sacrum Imperium*, S. 173]: hier bezogen auf den Zusammenhang zwischen den antisimonistischen Schriften des Cluniazenserkardinals Humbert von Moyenmoutier und der radikalen Gegenkirche der »Pataria« als »Vorläufer der großen bürgerlichen Revolutionen des Abendlandes« (Dempf).

6 Edgar Quinet spricht in der sechsten seiner Vorlesungen *Le christianisme et la Révolution française* (1845) vom »terrorisme moral«, ja einem geistlichen Jakobinismus (»un 93 spirituel«) Papst Gregors VII.: »On peut dire que l'echafaud des révolutionnaires modernes est peu de chose en comparaison de ce glaive de l'excommunication qui jetait l'homme, le roi hors du ban de l'humanité et de Dieu pour ce monde et pour l' autre.« [zit. nach dem Neudruck: Paris 1984, S. 109 f.]

7 Vgl. v. Simson *Die gotische Kathedrale* (wie Anm. 3), Kap. 1; Duby *Die Zeit der Kathedralen* (wie Anm. 3), Kap. 5.

8 Bzw. die Begründung auch der menschlichen Handlungsfreiheit aus dem Intellekt. Vgl. das schöne X. Kapitel »Ordo naturae und erweiterte Reproduktion. Recht und Gesellschaft bei Thomas von Aquin« in Günther Menschings Buch *Das Allgemeine und das Besondere. Der Ursprung des modernen Denkens im Mittelalter*, Stuttgart 1992 (hier v. a. S. 245–247).

9 Zu Recht beginnt Edgar Quinet seine Gregor VII. und der päpstlichen Revolution gewidmete sechste Vorlesung »Le pape« mit dem Satz: »Le miracle par excellence dans le monde, est l' apparition d'une idée nouvelle.« Und welche war die neue Idee der Reformpäpste? Der Anspruch, das Recht der Christenheit zur Grundlage aller politischen Legitimität zu nehmen, beruhe in einem *contrát social*, zwischen dem Heiligen Stuhl und der Welt, und dieser sei gegründet auf die Annahme der Heiligkeit des Papsttums selbst: »À une institution qui doit éternellement représenter Dieu je n' accorde pas un moment de défaillance ni d'interregne; car, on aura beau faire, jamais le monde ne consentira aisément à ce que le vicaire de Jésus-Christ puisse être un fourbe, un violent, un libertin, ou seule-

ment un âme commune.« [*Le christianisme et la révolution*, Neudruck, S. 99, S. 104 f.]

10 Sie weist ihrerseits über Dionysius Areopagita (und dessen Schriften zur himmlischen und kirchlichen Hierarchie) auf die neoplatonischen Ursprünge der Licht-=Geist-Theologie zurück.

11 Für die theologische Doktrinengeschichte siehe die nützliche zweibändige Darstellung von Alister McGrath *Iustitia Dei. A History of the Cristian Doctrine of Justification*, Cambridge 1986.

12 U. a.: Stoische Tugendlehre und Ciceronische Rhetorik; manichäischer (in mancher Hinsicht auch gnostischer) Dualismus und dessen genaues Gegenteil: christlicher Neuplatonismus; heilsgeschichtliche Rechtfertigung des römischen Imperiums und dessen radikale eschatologische Abwertung; die Erfindung des »inneren« Individuums und zugleich seine radikale Entmächtigung (nach 397: in der Gnadenlehre); usw. Die beste deutsche Darstellung stammt von Kurt Flasch, *Augustin. Einführung in sein Denken*, Stuttgart 1980 [Reclams Universal Bibliothek Nr. 9962]; die beste Biographie von Peter Brown, *Augustine of Hippo. A Biography*, New York 1967.

13 Im Sinne Julien Bendas *La trahision des cleres* (1927 / 1946).

14 Zum Gewinn der weltlichen und baldigem Verlust der geistlichen Autonomie der Intellektuellen (Orden und Universitäten) im 13. Jahrhundert siehe Jacques Le Goff, *Die Intellektuellen im Mittelalter*, Stuttgart 1987, S. 74 ff. Die andere päpstliche *task force* im 13. Jahrhundert, der zweite gleichzeitig (um 1212 n. Chr.) entstandene Mendikantenorden – die Franziskaner: also der Teil der minderen Brüder, der vom Papsttum nicht zuletzt als Alternative und im selben Milieu operierende *Counter-Insurgency* zu den (in mancher Hinsicht verwandten) Waldensern approbiert worden war – sollte aufgrund seiner linksradikalen Armutstheologie und seiner evangelischen Brüderlichkeitsethik immer wieder von Versuchungen zur Insubordination heimgesucht werden: bis zum heutigen Tag, mit seinen lateinamerikanischen Befreiungstheologen. Die Jünger des hl. Franziskus stehen somit bei der hierarchischen Kirche immer noch und wieder (zu Recht) im Geruch der Unzuverlässigkeit; die *Domini canes* aber sind, auch wenn sie linke Programme schreiben, wie weiland das »Ahlener Programm« der CDU, Politikberater und Spezialisten geblieben. Zur Gründung der *fraternitas* des hl. Franz vgl. die interessante These Paolo Riccas »Sekte oder Orden? (Waldenser – Franziskaner)«, in: *Concilium*, Okt. 1982, S. 558–564.

15 Flasch, *Das philosophische Denken im Mittelalter*. (wie Anm. 4), S. 325. Flasch weist zu Recht darauf hin, daß man diese Verwertbarkeit von Thomas' Werk »nicht außer acht lassen (darf), sie kann aber nicht den primären Gesichtspunkt abgeben«. Für eine (hier nicht beabsichtigte) philosophische Beurteilung des gewaltigen Werks des hl. Thomas siehe die Beiträge im von Anthony Kenny hrsg. Sammelband *Aquinas. A Collection of Critical Essays*, London 1969. Vgl. auch Mensching, *Das Allgemeine und das Besondere* (wie Anm. 8), Kap. X.

16 Und aus der er den deutschen »antirömischen Affekt« erklärt hat: »Ich glaube, der [antirömische] Affekt würde sich noch unendlich vertiefen, wenn man es in seiner ganzen Tiefe begriffe, wie sehr die katholische Kirche eine *complexio oppositorum* ist. Es scheint keinen Gegensatz zu geben, den sie nicht umfaßt.« Carl

Schmitt, *Römischer Katholizismus und politische Form* (1923), Stuttgart 1984, S. 11.

17 Hierin liegt das Neue des Projektes der Reformpäpste. Denn natürlich implizierten (z. B.) auch der christliche Neuplatonismus der Spätantike oder etwa die karolingische Renaissance je spezifische (Re-)Konstruktionen eines geordneten Kosmos; doch waren dabei weder die Prinzipien, nach denen dieser Kosmos codiert war, noch die Institutionen, in denen sie gelehrt, perpetuiert und rationalisiert wurden, ausschließlich von der Kirche selbst hervorgebracht worden und exklusiv kirchlicher Rationalität und Jurisdiktion unterstellt. Hierin – mit anderen Worten im Prinzip der *Libertas ecclesiae* – liegt der entscheidende *point of no return* der Papstrevolution und das Prinzip der geistlichen Souveränität: Die politische Revolution hat auch eine neue ontotheologische Weise der Weltbeschreibung hervorgebracht.

18 Vgl. dazu (soziologisch) Jacques Le Goff, *Die Intellektuellen im Mittelalter* (wie Anm. 14), und (philosophisch) die genannten Arbeiten von Günter Mensching (wie Anm. 8) und Kurt Flasch (wie Anm. 15). Letzterer hat auch eine schöne Edition des Verdikts des Pariser Bischofs im Streit an der Pariser Artistenfakultät im Jahre 1277 vorgelegt: K. Flasch (Hrsg.), *Aufklärung im Mittelalter?* Mainz 1989.

19 Wer dazu O-Töne nachlesen will, sei verwiesen auf Karl Markus Michel, »Die Tugend der Sünde. Kasuistische Exerzitien«, in: ders., *Von Eulen, Engeln und Sirenen*, Frankfurt/M. 1988, S. 290–341. Als ein schönes Plädoyer für eine Rehabilitation der Kasuistik siehe jetzt Alber R. Jonsen/Stephen Toulmin, *The Abuse of Casuistry. A History of Moral Reasoning*, Berkeley 1988.

20 Vgl. Stefano Moschetti, »La leggitima autonomia delle realtà terrene. Riflessione su ›Gaudium et spes‹«, in: *La civiltà cattolica*, N. 3227 (a. 135, Vol. IV., Dez. 1984).

21 D. h. nach seiner im Jahre 397 entstandenen Schrift *De diversis questionibus ad Simplicianum*, I. 2. Die erste deutsche Übersetzung dieses Schlüsseltextes des christlichen Abendlandes verdanken wir Kurt Flasch, auf dessen hervorragende Edition und Kommentierung hier nur summarisch hingewiesen werden kann: *Logik des Schreckens. Augustinus von Hippo. Die Gnadenlehre von 397.* Lateinisch – Deutsch, hrsg. und erläutert von K. Flasch, Mainz 1990. In der Neuzeit sollten an diese Konzeption der souveränen und unbegreiflichen göttlichen Gnade des *Deus absconditus* dann nicht nur die Reformatoren, sondern auch die Jansenisten anknüpfen. Das bedeutendste literarische Dokument dieser Kontroverse zwischen augustinischen Radikalen und jesuitischen »Semi-Pelagianern« bleiben die *Lettres provinciales* von Blaise Pascal.

22 Augustinus, *De vera religione* (39.72), zit. nach Charles Taylor, *Sources of the Self. The Making of Modern Identity*, Cambridge, Mass. 1989 (ch. 7, »In interiore homine«).

23 Vgl. Taylor *Sources of the Self* (wie Anm. 22); siehe zuletzt auch den interessanten Aufsatz Gedaliahu G. Stroumsas »Die Entstehung des reflexiven Selbst im frühchristlichen Denken«, in: Shmuel N. Eisenstadt (Hrsg.), *Kulturen der Achsenzeit II. Ihre institutionelle und kulturelle Dynamik*, Teil 3, Frankfurt/M. 1992, S. 298–329. Zu Augustins »divided self« siehe auch die treffende Charakte-

risierung bei R. A. Markus, *Saeculum. History and Society in the Theology of St. Augustine*, Cambridge 1988, S. XIII ff.

24 Der augustinische, auf Innerlichkeit gebaute »Individualismus« steht somit im Gegensatz zum stets ontologisch, »soziologisch« und moralisch eingebundenen »Personalismus« des hl. Thomas, für den das bloße Individuum eine gewaltsame Abstraktion darstellt. Der Freiheitsbegriff der augustinischen Tradition ist daher sowohl (nach »innen« gewandt) existentialistischer eingestellt als auch politisch (nach »außen« gewandt) radikaler, basisdemokratischer ausgerichtet als die von vornherein »soziologisch« orientierte Freiheitsvorstellung der thomistischen Tradition, auf deren Erneuerung durch Jacques Maritain ich unten noch zurückkomme. [Zur thomistischen »Soziologie« siehe Mensching, *Das Allgemeine und das Besondere* (wie Anm. 8), S. 250 ff.]

25 Vgl. dazu Ernst Cassirer, *Freiheit und Form. Studien zur deutschen Geistesgeschichte*, Berlin 1916, Einleitung (v. a. S. 12–30); sowie – aus militant katholischer Sicht – Jacques Maritain, *Trois Réformateurs. Luther – Descartes – Rousseau*, Paris 1925 (hier S. 19 ff.). Äußerst anregend zur philosophischen Vorgeschichte ist neben der klassischen Darstellung *Sacrum Imperium* (1929) von Alois Dempf heute auch das provokante Buch von Günther Mensching, *Das Allgemeine und das Besondere* (wie Anm. 8) – wenngleich der geschichtsphilosophisch ambitionierte Versuch Menschings (ähnlich wie zuvor Karl Heinz Haag in seinen Büchern *Kritik der neueren Ontologie*, Stuttgart 1960; und *Der Fortschritt in der Philosophie*, Frankfurt / M. 1983), die gesellschaftstheoretisch reformulierte Frage des »Universalien-Realismus« als wichtigsten Schlüssel zum Begreifen der Architektur und Auflösung der mittelalterlichen Ordo anzusehen, nicht ganz überzeugt.

26 Meister Eckhart, *Werke*, Bd. I, hrsg. von Niklaus Larger, Frankfurt / M. 1993, S. 11.

27 Zunächst bekämpften sich zwei Kaiser – 1322 besiegte dann Ludwig von Bayern seinen Rivalen Friedrich von Österreich – und der Papst residierte seit 1309 in Avignon, nicht in der Heiligen Stadt Rom. Am Ende des Jahrhunderts, mit dem »großen Schisma«, sollten sich dann zwei Päpste bis aufs Messer bekriegen, hinter denen jeweils die deutsche bzw. die französische Christenheit stand. Vgl. die knappe Darstellung bei Kurt Flasch, *Das philosophische Denken* (wie Anm. 15), S. 363–371; ausführlich siehe Paul Ourliac, »Das Schisma und die Konzilien«, 2. Kapitel von *Die Geschichte des Christentums*, Bd. 6: *Die Zeit der Zerreißproben* (1274–1449), hrsg. von Michel Mollat du Jourdin, André Vouchez, dt. Bearbeitung von Bernhard Schimmelpfennig, Freiburg i. Br. 1991, S. 75–131.

28 So Ruedi Imbach in der Einleitung der von ihm hrsg. Sammlung Wilhelm von Ockham, *Texte zur Theorie der Erkenntnis und der Wissenschaft*, Stuttgart 1984 [Reclams Universal Bibliothek Nr. 8239], S. 7.

29 Mindestens acht Bände gesellschafts- und herrschaftstheoretischer Schriften hat Ockham hinterlassen. Sie stammen allesamt aus den beiden Jahrzehnten nach Ockhams Flucht vom Avignoneser Papsthof 1328 bis zu seinem Tode 1348 in München: vier Bände *Opera politica* sowie als (durch seinen Tod) unvollendetes Abschlußwerk den *Dialogus*, eine enzyklopädische Übersicht und Prüfung des gesamten im Mittelalter verfügbaren Korpus an Theorien zur Begründung,

Rechtfertigung, Begrenzung und Veränderung von Herrschaft, im weltlichen wie im geistlichen Bereich. Für eine nützliche Auswahl siehe: Wilhelm von Ockham, *Dialogus. Auszüge zur politischen Theorie*, hrsg. mit einem Nachwort von Jürgen Miethke, Darmstadt 1992. – Zum Folgenden siehe allgemein das vorletzte Kapitel in Alois Dempfs *Sacrum Imperium* (wie Anm. 25), S. 504 ff.

30 Zunächst waren die minderen Brüder und Vorkämpfer der apostolischen Armut der Kirche durchaus Parteigänger der absoluten Vorrechte des Papstes innerhalb der Kirche gewesen – im 13. Jahrhundert nämlich, als der Franziskanerpapst Nikolaus III. die Armutslehre der Bettelorden in seiner Bulle *Exiit qui seminat* zur verbindlichen Lehre erklärt hatte. Nachdem aber mit dem Franzosen Clemens V. der Papstthron nach Avignon transferiert worden war, hatte sich die Lage gewandelt. Dessen Nachfolger Johannes XXII. (1316–1334) hatte sich politisch hinter den französischen König Philipp den Schönen gestellt und gegen den deutschen Kaiser Ludwig von Bayern Partei ergriffen. Im Verlauf ihres Konflikts mit Johannes wurden die franziskanischen Theoretiker dann vom Kaiser als ideologische Sonderwaffe eingesetzt: Kaiser Ludwig von Bayern läßt sich sein Absetzungsurteil gegen Johannes XXII. von den an seinen Hof geflüchteten Franziskanern redigieren. Am Hofe Ludwigs sollten in der Mitte des 14. Jahrhunderts sowohl der »Parteichef« der Franziskaner Michael von Cesena sterben als auch Wilhelm von Ockham – und ebenso Marsilius von Padua; also die Cheftheoretiker sowohl der »evangelischen« als auch der »laikalen« Kritik an der Kirchenmonarchie des Papsttums. (Vgl. dazu auch J. Miethke, *Ockhams Weg zur Sozialphilosophie*, Berlin 1969.)

31 Ockham, *Dialogus* (wie Anm. 29), S. 98 ff.

32 Ockham ist damit gewiß noch kein Verfechter der Demokratie, sondern radikaler Konventionalist. Vgl. Alois Dempf, *Sacrum Imperium* (wie Anm. 25), sowie das XIII. Kapitel in Günther Menschings Buch *Das Allgemeine und das Besondere* (wie Anm. 8), S. 318 ff. (v. a. S. 349–367). Ich teile allerdings nicht unbedingt die Bewertung Menschings, für den in Ockhams »wahnhafter Verabsolutierung des Individuums« im Grunde schon der Weltbürgerkrieg angelegt ist (S. 362).

33 Ockham, *Dialogus* (wie Anm. 29), S. 80–89, S. 104 f., S. 163. (Natürlich konnte ein derart »augustinischer« Existentialismus in der Kutte franziskanischer Armut eher gedeihen als am »simonistischen« Hofe Johannes XXII. zu Avignon.)

34 Georg Wilhelm Friedrich Hegel, *Vorlesungen über die Philosophie der Geschichte*, zit. nach: Hegel, Werke in 20 Bd., hrsg. von Eva Moldenhauer und Karl Markus Michel, Frankfurt/M. 1970, Bd. 12, S. 495 f.

35 Das dritte Grundprinzip der Reformation (nach der Gnadenlehre und der Subjektivität des Glaubens) ist dann das evangelische Schriftprinzip: »Luther hat diese Autorität [der römischen Kirche] verworfen und an ihre Stelle die Bibel und das Zeugnis des menschlichen Geistes gesetzt. Daß nun die Bibel selbst zur Grundlage der christlichen Kirche geworden ist, ist von größter Wichtigkeit: jeder soll sich nun daraus selbst belehren, jeder sein Gewissen daraus selbst bestimmen können. Dies ist die ungeheure Veränderung im Prinzip: die ganze Tradition und das Gebäude der Kirche wird problematisch und das Prinzip der Autorität der Kirche umgestoßen.« (Hegel, Werke, Bd. 12, S. 497 f.)

36 Vgl. Franz Borkenau, »Luther: Ost oder West?«, in: ders., *Drei Abhandlungen*

zur deutschen Geschichte, Frankfurt/M. 1947 [jetzt auch in: *Sinn und Form*, Bd. 45 (1993), H. 1].

37 In seiner *Einleitung zur Kritik der Hegelschen Rechtsphilosophie*.

38 Vgl. die interessanten Hypothesen Wolfgang Reinhards, »Zwang zur Konfessionalisierung? Prolegomena zu einer Theorie des konfessionellen Zeitalters«, in: *Zeitschrift für Historische Forschung*, Bd. 10 (1983), S. 257–277; ders., »Reformation, Counter-Reformation and the Early Modern State«, in: *The Catholic Historical Review*, Vol. LXXV (1989), N. 3, S. 383–404.

39 »Das von der Autorität als Kriterium solcher Disputationen aufgestellte strenge Schriftprinzip entwaffnete als Formalprinzip den katholischen Gegner in den meisten Fällen und diente dazu, alle ›menschlichen Erfindungen‹, d. h. nicht in der Schrift begründete Lehr- oder Kulturtraditionen zurückzuweisen.« Olivier Millet, »Die reformierten Kirchen«, im 8. Bd. der *Geschichte des Christentums*: Marc Venard/Heribert Smolinsky (Hrsg.), *Die Zeit der Konfessionen*, Freiburg i. Br. 1992, S. 52.

40 Vgl. dazu die hervorragende Darstellung bei Alister E. McGrath, *Johann Calvin*, Zürich 1991 (10. Kapitel); sowie Olivier Millet, im 8. Bd. der *Geschichte des Christentums* (wie Anm. 39).

41 Der konfessionelle Staat widerspricht zwar an sich gewiß ebenfalls der universalistischen Idee der *Una Sancta Catholica et Apostolica* – aber er paßte praktisch ganz gut zur Domino-Strategie der Gegenreformation; so wie er im 19. Jahrhundert zwar mit der ultramodernen Idee der römischen Papstkirche (und mit De Maistres Verurteilung des Gallikanismus) im Widerspruch stehen sollte, sich aber praktisch hervorragend zur Strategie der klerikalen Gegenrevolutionäre eignete.

42 »The violence of this species of religion, when excited by novelty, and animated by opposition, appears from numberless instances; of the anabaptists in Germany, the camisars in France, the levellers and other fanatics in England, and the covenanters in Scotland.« Hume weist in seinem Essay »Of Superstition and Enthusiasm« darauf hin, daß die zum »Enthusiasm« neigenden reformierten Religionsgemeinschaften im Gegensatz zum katholischen Aberglauben (d. h. zum Papismus als »unphilosophical and absurd superstition«) zunächst zu »the most cruel disorders in human society« führen: »that religions which partake of enthusiasm are, on their first rise, more furious and violent than those which partake on superstition«; doch er fügt hinzu: »but in a little time [die enthusiastischen Puritaner] become more gentle and moderate«. Und insofern bleibt dann auf lange Sicht für Hume der Aberglaube [superstition = Katholizismus] »an enemy to civil liberty, and enthusiasm is a friend of it«. [David Hume, *The Philosophical Works*, ed. by Th. Hill Green and Th. Hodge Grose, London 1882 (Reprint: Aalen 1964) Vol. 3, S. 148f.]

43 Während in Westeuropa der Prozeß der »Konfessionalisierung« der (späteren) Nationalstaaten einsetzt, erleben die mitteleuropäischen Länder Polen-Litauen, Böhmen, z. T. Ungarn im 16. Jahrhundert ein einzigartiges, relativ friedfertiges Nebeneinander von ost- und westkirchlichen Christengemeinden, d. h. reformierten, katholischen und orthodoxen Kirchen sowie in hohem Maße autonomen jüdischen Religionsgemeinschaften. Vgl. zu dieser heute weitgehend vergessenen Tradition das instruktive 5. Kapitel (verfaßt von J. Kloczowski) im 8. Bd. der *Ge-*

schichte des Christentums: Venard/Smolinsky (Hrsg.), *Die Zeit der Konfessionen* (wie Anm. 39), S. 618–661.

44 Vgl. dazu Francesco Ruffini, *La libertà religiosa. Storia dell'idea*. Mit einer Einleitung von Arturo Carlo Jemolo, Milano 1967, S. 36 ff. (§§ 5–8)

45 Ernest Gellner, *Pflug, Schwert und Buch. Grundlinien der Menschheitsgeschichte*, Stuttgart 1990, S. 132. Gellner bezieht sich hier auf Humes widersprüchliche Hypothesen zur Frage, ob der monotheistische *Enthusiasm* der bürgerlichen Freiheit eher zuträglich oder abkömmlich sei als polytheistische *Superstition*, in seiner *Natural History for Religion* bzw. seinem Essay »Of Superstition and Enthusiasm« [Hume, *The Philosophical Works* (Reprint 1964), (wie Anm. 42), Bd. 3, S. 144 ff.; Bd. 4, S. 336 ff.]

46 Zur Vorgeschichte der Trennung von Kirche und Staat in den USA s. Ruffini, *La libertà religiosa* (wie Anm. 44), (§ 13); Gary Wills, *Under God. Religion and American Politics*, New York 1990, S. 341 ff.

47 Der Einfachheit halber erlaube ich mir, zu diesem Thema auf meinen kommentierten Literaturbericht in: Christel Zahlmann (Hrsg.), *Kommunitarismus in der Diskussion*, Berlin 1992, S. 124–151 zu verweisen. Für einen polemisch antikommunistischen Überblick siehe Stephen Holmes, *The Anatomy of Antiliberalism*, Cambridge, Mass. 1992 (ch. 4.–7.).

48 F. Naumann, »Liberalismus als Prinzip«, in: *Süddeutsche Monatshefte* 1. Jg. 1904, Nr. 5.

49 Norberto Bobbio, »Alter und neuer Liberalismus«, in: ders., *Die Zukunft der Demokratie*, Berlin 1988; ders., *Liberalism and democracy*, London–New York 1998.

50 M. Walzer, *Zivile Gesellschaft und amerikanische Demokratie*, Berlin 1992, Kap. 1.

51 Ernst Tugendhat, »Liberalism, Liberty and the Issue of Economic Human Rights«, in: ders., *Philosophische Aufsätze*, Frankfurt/M. 1992.

52 Benedetto Croce, *Geschichte Europas im 19. Jahrhundert* (1932), Frankfurt/M. 1979, Kapitel II: »Die gegnerischen Religionen« (sc. als Gegner des Liberalismus, also der »Religion der Freiheit«, der Croce das erste Kapitel gewidmet hatte). Für diesen »äußeren« und grundsätzlichen Gegensatz zwischen Katholizismus und Liberalismus gelte das Wort »mors tua, vita mea« (S. 20 f., S. 35).

53 Zum Folgenden siehe ausführlich: Hans Maier, *Kirche und Demokratie*, Freiburg/Br. 1979; John Lange »Catholicism and Liberalism«, in: Bruce Douglass/Gerald M. Mara/Henry S. Richardson (Hrsg.), *Liberalism and the Good*, New York–London 1990, S. 105–124; Michael Novak, *The Catholic Ethic and the Spirit of Capitalism*, New York 1992 [ch. 1. u. 2.]

54 Siehe Isaiah Berlin, »De Maistre und die Ursprünge des Faschismus«, in: ders., *Das krumme Holz der Humanität*, Frankfurt/M. 1992, S. 123–222; vgl. auch Stephen Holmes, *The Anatomy of Antiliberalism* (wie Anm. 47) [ch. 1 »De Maistre and the antiliberal Tradition«].

55 Vgl. Pierre Gothot, »De l'infaillible au satanique. Sur deux textes de Joseph de Maistre«, in: *Le genre humain*, N. 23, S. 99 ff.

56 Auch Johannes Paul II. hat übrigens in seiner Jubiläumsenzyklika *Centesimus annus* (N. 10) daran erinnert, wenngleich etwas beiläufig, eher verschämt. Für

zwei kontrastierende Einschätzungen von *Rerum novarum* siehe Novak, *The Catholic Ethic* (wie Anm. 53), 2. Kapitel, und Kallscheuer, *Glaubensfragen* (wie Anm. 1), 7. Kapitel.

57 »In den Umwälzungen des vorigen Jahrhunderts wurden die alten Genossenschaften der arbeitenden Klasse zerstört,« – schreibt Leo – »keine neuen Einrichtungen traten zum Ersatz ein, das öffentliche und staatliche Leben entkleidete sich zudem mehr und mehr der christlichen Sitte und Anschauung, und so geschah es, daß die Arbeiter allmählich der Herzlosigkeit reicher Besitzer und der ungezügelten Habgier der Konkurrenz isoliert und schutzlos überantwortet wurden.« (*Rerum novarum*, N. 2).

58 *Centesimus annus* (N. 34 u. 35) charakterisiert die freie Marktwirtschaft, das *liberum commercium* von Ressourcen, Produkten und Gütern (sowie den Gewinn als Regulator des Unternehmens) als die *via efficentissima* der ökonomischen Kommunikation, Allokation und Bedürfnisbefriedigung. (Zu den ethischen Grenzen des Marktes siehe *Centesimus annus*, N. 40). Für die beiden kontrastierenden liberalen Deutungen siehe Novak, *The Catholic Ethic* (wie Anm. 53), 4. und 5. Kapitel: Novak kommt allerdings zu einer recht »kommunitären« Version oder Vision des Kapitalismus, die die ökonomische Freiheit der Marktwirtschaft in Institutionen der politischen und kulturellen Freiheit, in politische Demokratie und zivile Gesellschaft »eingebettet« sehen will [vgl. dazu die Kommentare von E. J. Dionne Jr. und P. Johnson in *Commonweal*, 21. Mai 1993 bzw. *Commentary*, Vol. 95, N. 5/93]. Im Gegensatz dazu Milton Friedman, »Goods in Conflict?«, in der nützlichen Dokumentation amerikanischer Diskussionsbeiträge zu *Centesimus annus*: George Weigel (Hrsg.), *A New Worldly Order. John Paul II and Human Freedom*, Washington, D. C. / Ethics and Public Policy Center 1992, S. 75 ff.

59 »quando quidem Deo non serviens nullo modo potest iuste animus corpori aut humana ratio vitiis imperare. Et si in homine tali non es ulla iustitia, procul dubio nec in homini coetu, qui ex hominis talibus constat.« A. Augustinus, *Vom Gottesstaat*. Buch 11 bis 22 (Übs. v. W. Thimme), München 1978, S. 568 [*de Civ. Dei*, lib. XIX, c. 21].

60 Vgl. J. Maritain, *Trois Réformateurs*, Paris 1925, S. 29 ff.; ders., *L'Humanisme intégral*, Paris 1936, S. 145 ff., S. 217 ff. (Der Begriff »Personalismus« sollte dann in Frankreich mit Emmanuel Mounier auch zum Namen einer linkskatholischen politischen Bewegung werden.) Zu den Gründen für die im deutschen Katholizismus so gut wie völlig fehlende Auseinandersetzung mit Maritains Werk siehe Heinz Hürten, »Der Einfluß Jacques Maritains auf das politische Denken in Deutschland«, in: *Jahrbuch für christliche Sozialwissenschaften* 26 (1985), S. 25–39.

61 In seinen im Jahre 1956 an der Universität von Chicago gehaltenen *Random Reflections on the American Scene*, die 1958 unter dem Titel *Réflexions sur l'Amérique* auf französisch veröffentlicht wurden, sollte Maritain dann sogar behaupten, er habe mit seinem eigenen Buch *Humanisme intégral* (1936) – gewissermaßen ohne es zu wissen – eine Art Antizipation des amerikanischen politischen Klimas und sozio-politischen Regimes vorgenommen. [zit. n.: Jacques et Raissa Maritain, *Œuvres Complètes*, Vol. X, Paris 1985, S. 902 ff.]

62 Jacques et Raissa Maritain, *Œuvres Complètes*, Vol. VII, Paris 1989, S. 723. Im Folgenden zitiere ich Maritains Schrift *Christianisme et démocratie* nach dieser Ausgabe.

63 Siehe später auch die Vorlesungen über den Begriff der Demokratie, die Maritain nach dem Kriege in den USA hielt: *Man and the State*, Chicago 1951 [franz. in: *Œuvres Complètes* (wie Anm. 61), Vol. IX].

64 *Christianisme et démocratie* (wie Anm. 62), S. 716.

65 Dieser »metapolitische« Gedanke einer *facultas essentialis trancendentiae* des Menschen als wesentliche Hinsicht personaler Freiheit findet sich heute auch in Papst Johannes Pauls II. Enzyklika *Centesimus annus*.

66 Vgl. das Kapitel zur »evangelischen Inspiration« in *Christianisme et démocratie* (wie Anm. 62), S. 727 ff.

67 Zu dieser zählt Maritain ebenso den »Pessimismus« Machiavellis wie den »Rationalismus« Descartes, den »pseudochristlichen Naturalismus« Rousseaus wie den angeblichen »Pantheismus« Hegels – und natürlich heißt der Hauptschuldige Dr. Martin Luther! (*Christianisme et démocratie* (wie Anm. 62), S. 709 ff.; vgl. aber v. a. den ersten Teil in *Trois Réformateurs* (wie Anm. 60).

68 Für diesen sei allerdings auch das Versagen des Katholizismus verantwortlich zu machen, d. h. der »Skandal« (Pius XI.), daß die Kirche die Arbeiterschaft verloren habe. So habe es die Vorsehung gegeben, daß »atheistische Kommunisten in Rußland den Absolutismus des privaten Profits abgeschafft haben«. (Maritain, *Christianisme et démocratie* [wie Anm. 62], S. 722).

69 Wie weiland der deutsche Protestant Hegel in der Einleitung seiner *Vorlesungen zur Philosophie der Geschichte* (wie Anm. 34), Bd. 12, S. 32.

70 Maritain, *Christianisme et démocratie* (wie Anm. 62), S. 710.

71 Siehe dazu Charles Larmore, »Wurzeln radikaler Demokratie«, in: *Deutsche Zeitschrift für Philosophie*, Bd. 41/H. 2 (Jg. 1993), S. 321–327.

72 Maritain, *Christianisme et démocratie* (wie Anm. 62), S. 721.

73 Maritain spricht explizit von der christlichen »Inspiration« einer »neuen Zivilisation«, von christlichen »Wurzeln« öffentlicher Werte, von der »notwendigen Kooperation« zwischen Kirche und Staat. Diese explizit geforderte öffentliche Rolle der Religion ist aber das Gegenteil eines staatlichen Vorrechts für die (oder eine) Kirche, das Maritain ebenso explizit ablehnt, und zwar aus religiösen Gründen: »In the stage of development and selfawareness which modern societies have reached, a social and political discrimination in favor of the Church, or the granting of juridical privileges to her ministers or to her faithful, would be precisely of a nature to jeopardize, rather than to help, this spiritual mission« (*Man and the State* [wie Anm. 63], S. 167 u. S. 173 und passim). Vgl. im Frühjahr 1945 auch die Debatte zwischen dem pragmatischen Philosophen Sidney Hook und Jacques Maritain über das Verhältnis von weltanschaulichem Pluralismus und dem *common faith* in einer Demokratie in *The Nation*. [Maritain, *Œuvres Complètes* (wie Anm. 61), Vol. IX, S. 419 ff.; S. 677 u. 684].

74 Ich komme darauf im 5. Kapitel ausführlich zurück. Hier nur noch ein letzter Hinweis zu Maritain: In seinen *Réflexions sur l'Amérique* aus den fünfziger Jahren unterstreicht der katholische Philosoph nicht allein den »personalistischen« und den »kommunitaristischen« Charakter der nordamerikanischen Kultur als

positive Ausgangspunkte einer Zivilisation der Zukunft, sondern auch ihre »pluralistische« Verfassung – und dies nicht zuletzt in religiöser Hinsicht. Mit dem klassischen Nationalstaat haben die Vereinigten Staaten in seinen Augen also auch den konfessionellen Staat überwunden: Die USA erscheinen Maritain, der als katholischer Universalist (natürlich) ein Kritiker des klassischen Nationalismus war, ebenso als eine pluralistische »multinationale Nation« wie als eine christlich inspirierte religiös pluralistische Gesellschaft ohne Staatsreligion: »De ce point de vue on peut croire que si une nouvelle civilisation chrétienne, une nouvelle chrétienté, doit jamais voir le jour dans l'historie humaine, c'est sur le sol américain qu'elle trouvera son point de départ.« [*Œuvres Complètes* (wie Anm. 61), Vol. X, S. 906 f. u. 914].

75 Leszek Kolakowski, »Vorwitzige Bemerkungen eines Laien zum neuen Katechismus«, in: *Transit. Europäische Revue*, Nr. 6 (1993), S. 181.

76 Friedrich Schleiermacher, *Über die Religion. Reden an die Gebildeten unter ihren Verächtern* (1799), Vierte Rede: »Über das Gesellige in der Religion oder über Kirche und Priestertum« [zit. Ausgabe: Reclams Universal Bibliothek, Stuttgart 1969, S. 141 = S. 211 der Erstausgabe].

4. Wenn Engel schlafen

1 Die französische Ausgabe erschien 1992 (Paris: Mame/Plon); die deutsche Anfang 1993 (München–Wien–Leipzig–Freiburg–Linz: Oldenbourg/Benno Verlag/Paulusverlag/Veritas); die *editio typica*, die lateinische »als Urtext geltende« Ausgabe soll 1994 in Rom erscheinen (*copyright* Libreria Editrice Vaticana); die englische Version zirkulierte *sub secreto* i. J. 1993 (siehe Lawrence S. Cunningham, »The New Catechism. A First Reading«, in: *Commonweal*, 12 March 1993), erschien dann jedoch erst Ende 1994 in den USA und Kanada.

2 Siehe dazu Peter L. Berger, *Auf den Spuren der Engel. Die moderne Gesellschaft und die Wiederentdeckung der Transzendenz*, 2. Aufl., Freiburg/Br. 1991; vgl. auch ders., *A Far Glory. The Quest for Faith in an Age of Credulity*, New York 1992 (hier vor allem ch. 5.)

3 Vgl. etwa Anthony Giddens, *Modernity and Self-Identity. Self and Society in the Late Modern Age*, Cambridge/UK 1991. Genannt seien auch die Arbeiten von Alain Touraine, Gilles Lipovetzky und Zygmunt Bauman oder in Deutschland von Gerhard Schulze und Ulrich Beck. Allerdings nehmen diese neueren soziologischen Diagnosen zumeist nicht Bezug auf die »Fenster der Transzendenz« (Peter L. Berger) oder den Fluchtpunkt des Glaubens.

4 Vgl. die Debatte über die Thesen S. Huntingtons in *Foreign Affairs*, Vol. 72 (1993), No. 3–5.

5 Peter L. Berger, *Der Zwang zur Häresie*, Frankfurt/M. 1980.

6 Blaise Pascal, *Gedanken*, Leipzig 1987, S. 100. Die innere *disproportion* des Menschen, seine Größe und sein Elend, sollte für Blaise Pascal ein entscheidendes Argument in seiner Apologie des christlichen Glaubens sein: »daß die wahre Religion uns unbedingt unterrichten muß, daß es im Menschen sowohl irgendein Hauptprinzip für seine Größe wie ein Hauptprinzip für sein Elend gibt« (ebd.,

S. 80), wird ihm geradezu zum existentiellen Plausibilitätskriterium für die wahre Religion [Pascal, *Pensées*, ed. Brunschvicg, No. 72, 430].

7 Mit diesen Worten charakterisierte Papst Johannes Paul II. in seiner letzten Sozialenzyklika nicht etwa die Postmoderne, sondern den »anthropologischen Grundirrtum« des marxistischen Sozialismus [*Centesimus annus*, N. 13]. Aber auch der postmoderne Kapitalismus dekonstruiert den Menschen in seiner sozialen Identität – und dies vermutlich weitaus effektiver als die ehemals sowjetischen Gesellschaften, jedenfalls in ihren Jahren nach dem Stalinschen Terror.

8 Vgl. Jürgen Habermas, »Transzendenz von innen, Transzendenz ins Diesseits«, in: ders., *Texte und Kontexte*, Frankfurt/M. 1991, S. 127ff.

9 Siehe dazu für (West-)Deutschland die Arbeiten von Franz-Xaver Kaufmann und Karl Gabriel (auf die ich am Ende des zweiten Kapitels kurz hingewiesen habe); zu Italien die Arbeiten von Franco Garelli (v. a. *Religione e chiesa in Italia*, Bologna 1991; und danach seine periodischen Analysen in der liberalkatholischen Zeitschrift *il Mulino*); für Frankreich siehe etwa die Studie des Groupe de sociologie des religions des CNRS, etwa Yves Lambert, »Vers un monotheisme des valeurs?«, *le Débat*, Nr. 59 (1990); »Les jeunes et le christianisme – le grand défi«, *le Débat*, Nr. 75 (1993), ebd. auch die Beiträge von Martine Cohen, François Champion, Guy Michelat. Für aktuelle Umfragedaten vgl. das Kapitel »The Unchurching of Europe« (Ashford/Timms) in: *What Europe thinks. A Study of Western European Values*, Darmouth, Aldershot 1992; sowie die »Europäische Wertestudie« von Paul M. Zulehner/Hermann Denz, *Wie Europa lebt und glaubt*, Düsseldorf 1993 (hier v. a. Teil I.).

10 Jósef Tischner, »Christianity in the Post-Communist Vacuum«, in: *Religion, State and Society*, Vol. 20, No. 3/4 (1992), S. 331–338.

11 *Catechismus Romanus* (1566), Proömium, hier zit. nach dem Editorial »Il Catechismo della chiesa cattolica« von *La Civiltà Cattolica*, N. 3421 (Jg. 1993/I), S. 5.

12 Siehe etwa Anthony Giddens, *The Transformations of Intimacy. Sexuality, Love & Eroticism in Modern Societies*, Stanford, Cal. 1992, oder in Deutschland die Arbeiten von Elisabeth Beck-Gernsheim über die »irdische Religion der Liebe« heute.

13 Die amerikanische Debatte über diesen »provisonal draft« wurde dort aber ganz selbstverständlich veröffentlicht: Thomas Reese (Hrsg.), *The Universal Catechism Reader*, New York 1990. Vgl. zum ersten Entwurf des *KKK* auch den Beitrag der Katechetik-Professorin Elfriede Pissarek-Hudelist in der *Herder-Korrespondenz*, Mai 1990, und die Antwort von Ratzinger im Juniheft desselben Jahrganges. Zum fertigen Katechismus siehe dann Pissarek-Hudelists Artikel in: *Die Furche* (Wien), Nr. 20/1993.

14 »Wo aber blieb die wissenschaftliche Theologie bei der Ausarbeitung dieses Weltkatechismus?« empörte sich Norbert Greinacher in der *Süddeutschen Zeitung* vom 9. Januar 1993 über das »Desaster« des neuen Weltkatechismus. Der Tübinger Ordinarius berief sich gar auf den hl. Thomas von Aquin [*Contra impugnantes*, 2], welchselbiger schließlich dem *magisterium cathedrae pastoralis*, dem amtskirchlichen Lehramt auch noch ein wissenschaftliches, theologisches Lehramt *magisterialis* zur Seite gestellt hatte. Doch diese Zeiten orthodoxer Sinn-

rationalität der scholastischen Theologie der diversen Universitäten sind seit dem Mittelalter vorbei – sie lassen sich auch von links nicht mehr wiederbeleben. Und die Gregoriana oder das Collegium Romanum sind längst nicht mehr, wie *in the good old days* unter Kardinal Bellarmin (der den letzten *Catechismus Romanus* auch wissenschaftlich managte), die entscheidenden Arenen für die gutachterliche Selbstbehauptung einer kirchlichen Wahrheit des Glaubens. Wen kümmert da schon Tübingen?

15 »There is no evidence that contemporary biblical criticism has made any impact on the catechism's formulation«, schreibt Lawrence S. Cunningham (*Commonweal*, 12. 3. 1993; siehe auch die Beiträge von Dennis Doyle, Dennis O'Brien, Luke T. Johnsons und Sara Butler in *Commonweal*, 7. 5. 1993).

16 Vgl. Joseph Kardinal Ratzinger, »Schriftauslegung im Widerstreit. Zur Frage nach Grundlagen und Weg der Exegetik heute«, in: ders. (Hrsg.), *Schriftauslegung im Widerstreit*, Freiburg 1989, S. 15–44; und dazu sein Kritiker (und ehemaliger Schüler) Hansjürgen Verweyen, *Der Weltkatechismus. Therapie oder Symptom einer kranken Kirche?*, Düsseldorf 1993, v. a. das 1. und 4. Kapitel (hier insbes. S. 130–136).

17 Wie etwa das von H. Verweyen gelobte (und aus den Zeiten des postkonziliaren Honigmonds zwischen akademischer Theologie und kirchlicher Hierarchie stammende) Arbeitsbuch der Deutschen Bischofskonferenz *Glauben-Leben-Handeln* von 1969: »Die Zahl der Zitate aus dem Johannesevangelium ist beträchtlich verringert, das Markusevangelium wird dagegen häufig herangezogen. Beim Rückgriff auf Jesusworte zeigte sich das Bemühen, vor allem solche Aussagen anzuführen, die von der kritischen Exegese dem ›historischen‹ Jesus zugeschrieben werden usw.« (Verweyen [wie Anm. 16], S. 20). Diese Gewichtung vermag aber nur der Fachmann zu goutieren, für den Leser, welcher den *state of the art* der historisch-kritischen Exegese gar nicht kennt, ist sie irrelevant – es sei denn, sie führt darüber hinaus auch zu dogmatischen Differenzen. Diese sollte man dann aber auch als solche diskutieren.

18 Siehe Norbert Greinacher, »Cui bono? Über Vergeblichkeit und Nutzen öffentlicher Erklärungen von Theologinnen und Theologen«, in der von Hermann Häring und Karl-Josef Kuschel hrsg. Festschrift *Hans Küng*, München 1993, S. 129–160.

19 Zum Renouveau Charismatique siehe Françoise Champion/Martine Cohen, »Récompositions, décompositions«, in: *le Débat*, Nr. 75 (1993); zu Comunione e Liberazione siehe meine Fallstudie im Sonderheft 33 (1993) »Religion und Kultur« der *KZfSS*, S. 150–168.

20 Und natürlich wurden – wie der Geschäftsführer des Leipziger Benno Verlages bei der Präsentation des neuen Katechismus mitteilte – dem Buchhandel »ungewöhnlich zuvorkommende« Konditionen bei der Vorbestellung eingeräumt.

21 Vgl. das Dossier: »Drewermann – nouvelle Réforme ou syncrétisme?«, *Le Monde des livres*, 9. April 1993; sowie Jürg Altweggs Artikel »Wetten mit Gott«, *Frankfurter Allgemeine Zeitung*, 16. April 1993.

22 Vgl Meister Eckhart, *Werke*, Bd. I, hrsg. von Niklaus Larger, Frankfurt/M. 1993, S. 11 f. Zu Paulus' »Herz« siehe Peter Brown, *Die Keuschheit der Engel*.

Sexuelle Entsagung, Askese und Körperlichkeit am Anfang des Christentums, München 1991, S. 59 ff.

23 Vgl. Michel de Certeau, *La faiblesse de croire*, Paris 1987; ders., *L'Étranger ou l'union dans la différence* (1969), Paris 1991.

24 »Marias mütterliche Aufgabe... verdunkelt oder vermindert die einzige Mittlerschaft Christi in keiner Weise, sondern zeigt ihre Kraft« (*KKK*, 970).

25 »Totus tuus« lautet das Papstwappen: ganz Dein bin ich, o Jungfrau – in Marienfarbe (himmelblau). Auf die ökumenischen Implikationen der Mariensymbolik komme ich noch zurück.

26 Die antignostische *Epideixis* (»Darlegung«) der apostolischen Verkündigung des Irenäus von Lyon war beides. Vgl. dazu Norbert Brox' Einleitung in: Irenäus von Lyon, *Epideixis. Adversus Haereses I*, Freiburg/Br. 1993, S. 26 ff.

27 Für den studierten Theologen Hegel liegt im »sinnlichen Genuß« des Göttlichen das Spezifikum der Sakramente und allgemein – im Unterschied zu einer bloßen Glaubenslehre – des »Cultus«. So heißt es im Berliner Vorlesungsmanuskript der *Religions-Philosophie* von 1821: »die Sacramente – sie fügen – nemlich zu der innern Gewißheit der Wahrheit [...] diß zum sinnlichen Bewußtsein, daß jeder, dieser – einzelne Subjektivität – Glied der Gemeinde d. h. Gott in ihm und er in Gott ist – diese nicht Vergewisserung, Bezeugung, Erhärtung – sondern nur Genuß«. G. W. F. Hegel, *Vorlesungsmanuskript I (1816–1831)*, ed. W. Jaeschke, in: *Gesammelte Werke*, Krit. Ausg. [hrsg. v. d. Rhein.-Westf. Akademie d. Wiss.] Bd. 17, Hamburg 1987, S. 291 f.

28 Also etwa wider eine These wie die Hugos von St. Victor [*De sacramentis*, 1.9.2], wonach die sakramentale Handlung spiritualiter etwas anderes bedeutet als das, was sie materialiter darstellt. Für eine handliche Zusammenfassung der Lehre des Aquinaten zu den Sakramenten im allgemeinen und insbesondere zur Transsubstantiation, samt Diskussion der aktuellen Literatur, siehe das letzte Kapitel von Brian Davies' nützlichem Buch *The Thought of Thomas Aquinas*, Oxford 1992 [s. S. 348 das Zitat Hugos, zum Folgenden jedoch v. a. S. 361 ff.].

29 Hegel, Manuskript *Religions-Philosophie* (wie Anm. 27), S. 292.

30 Verweyen, *Weltkatechismus* (wie Anm. 16), S. 95 f. (hier bezogen auf den Umgang der Katechismus-Redaktion mit den konziliaren Richtlinien zur Bibelauslegung).

31 Hegel, *Religions-Philosophie* (wie Anm. 27), S. 294. Hegel fährt fort: »Diese Form äusserlicher Objectivität, des Anundfürsichseyenden ist nicht auf diß Sacrament eingeschränkt – sondern findet [sc. bei der katholischen Kirche] nach diesem Prinzip im Übrigen Statt. So starr steht also die Lehre der Kirche für sich da, die im Besitz der Kirche wie deren Fortbildung und Tradition – von den Mitgliedern nur rein empfangend aufgenommen werden soll«.

32 Vgl. *Christlicher Glaube in moderner Gesellschaft*, Bd. 28 (1983).

33 Diese ausgerechnet aber wird im neuen Katechismus tunlichst verschwiegen – bei besagter Stelle kommt der ansonsten ultrapräsente *doctor angelicus* nur mit seinem verschämten Hinweis (»gleichsam«) auf den Vollendungscharakter der Eucharistie für das geistige Leben zu Wort, sodann mit einem Hymnus und der Aufforderung zum Glauben (*KKK*, 1374, 1381).

34 Siehe Thomas v. Aquin, *De ente et essentia*.

35 Vgl. dazu Anthony Kenny, »The Use of Logical Analysis in Theology«, in: ders., *Reason and Religion. Essays in Philosophical Theology*, Oxford 1987, S. 3–20 (hier S. 16 f.).

36 Zit. nach Davies, *Thought* (wie Anm. 28), S. 374.

37 »The consecrated elements are as it were, merely the discarded husk of the bread and wine earlier present, and have no more intimate connection with the Body and Blood of Christ than that. It is as if bread and wine have stepped aside to make room for Christ's Body and Blood, which could not otherwise be present and in so stepping aside, have, so to speak, left their mortal remains behind.« Michael Dummet, The Intelligibility of Eucharistic Doctrine [zit. nach Davies, *Thougt* (wie Anm. 28), S. 372].

38 S. Thomae Aquinatis *Summa theologiae*, IIIa. quaestio 77 art. 1.: »Remanent accidentia panis et vini in sacramento, non in aliquo subjecto existentia; sed sola divina virtute sine subjecto existunt.« Vgl. dazu A. Kenny, *Reason and Religion* (wie Anm. 35), S. 19.

39 Dazu s. auch Hegel, Manuskript zur *Religions-Philosophie* (wie Anm. 27), S. 225 f.

40 Im Vergleich zum 800seitigen *KKK* war Irenäus' polemischer Kurzer Lehrgang ein wahrhaftes Muster an Provokation und (daher) an Klarheit. In *Epideixis*, 6, werden als Kanon unseres Glaubens »drei Punkte« genannt: 1. Gottvater = Anfang, Einheit, Grund; 2. Sohn Gottes = schaffendes Wort, »der den Propheten erschienen ist«; 3. Hl. Geist = Weisheit Gottes und damit hienieden auch zuständig für die kognitive Programmierung der Kirchenlehre, »durch den die Propheten prophezeit und die Väter die göttlichen Dinge gelehrt haben«. Im neuen Katechismus wird nun zwar *Epideixis*, 7, angeführt (und *Ep.*, 100: die Trinität als die »drei Punkte unseres Taufsiegels«), aber die unmittelbar vorhergehende (teilweise an Hegels Trinitätsdeutung erinnernde und übrigens auch systemtheoretisch einleuchtende) Differenzierung zwischen Einheit/Grund, Logos/power und Geist/Programm weggelassen (Vgl. *KKK*, 190, 683, 704).

41 Zur halbherzigen Unentschiedenheit des *KKK* zwischen augustinischer und semipelagianischer Auffassung siehe jetzt auch Leszek Kolakowski, »Vorwitzige Bemerkungen eines Laien zum neuen Katechismus«, in: *Transit. Europäische Revue*, Nr. 6 (1993), v. a. S. 181 ff.

42 Sergio Quinzio, *La sconfitta di Dio*, Milano 1992.

43 Lesenswert dazu ist immer noch Origenes, *Peri Archon*, I, 5–8.

44 Vgl. dazu ausführlich Karl Markus Michels »Kurzen Lehrgang der Angelologie« in: ders., *Von Eulen, Engeln und Sirenen*, Frankfurt/M. 1988, S. 234–258.

45 Gianni Colzani, »Il catechismo della Chiesa cattolica«, in: *il Mulino*, N. 3/93, S. 503. Lawrence Cunningham spricht von einem »reference-work« (*Commonweal*, 12. 5. 93).

46 Wie man hört, gab es mit der englischen Übersetzung etliche redaktionelle Probleme, weil man/frau in Rom mit der *gender*-paritätischen Schreib- und Redeweise der amerikanischen TheologInnen nicht klarkommen mochte. Deshalb trat die »vom Papst errichtete behördenübergreifende Kommission für den Katechismus der Katholischen Kirche« erneut im Vatikan zusammen. »Bei dieser Zusammenkunft wurde insbesondere die lateinische Ausgabe des Katechismus bespro-

chen, nach der sich alle – auch die bereits veröffentlichten – Übersetzungen des Glaubenskompendiums zu richten haben. Deshalb sind die bereits vorliegenden Übersetzungen noch in der Weise zu revidieren, daß sie getreulich mit dem Original übereinstimmen.« Siehe *Osservatore Romano*, dt. Wochenausgabe, Nr. 25 / 1993: »Lateinischer Text des Katechismus ist maßgebend«.

47 Auch die »Geburt des menschgewordenen Gottessohns«, so heißt es wenige Paragraphen zuvor, habe die Jungfräulichkeit Mariens nicht versehren können; durch seine Geburt habe ihr Sohn »ihre jungfräuliche Unversehrtheit nicht gemindert, sondern geheiligt« (*KKK*, 499); sie sei stets wirklich Jungfrau geblieben *[Aeiparthenos]* – was immer sich die Frau von heute nun darunter vorzustellen hat. Zu dieser »virginitas Mariae in partu« vgl. die pikanten »Stellen« und treffenden Bemerkungen bei Verweyen, *Weltkatechismus* (wie Anm. 16), S. 72 f.

48 Als historische »Ikone« verkörpert Maria überdies noch eine weitere Schlachtordnung im »clash of civilisations« (Huntington): Unter dem Banner der Muttergottes wurden 1571 bei Lepanto die Türken von einer venezianisch-spanischen Flotte besiegt und von den alliierten Truppen vor Wien das christliche Europa verteidigt. Jan Sobieskis polnische Reiterei entschied 1683 in letzter Minute die Schlacht vor Wien – im Zeichen der Jungfrau.

49 Etwa einer *France profonde* wider die antiklerikale Republik und die Vernunftreligion einer rationalistischen Aufklärung. Maria sprach zu Bernardette Soubirous wohlweislich in Patois; denn das junge Mädchen aus Lourdes sprach kein republikanisches Hochfranzösisch.

50 Gianni Baget Bozzo, »La madre dell 'ultimo giorno«, in: *il Sabato*, 21. August 1993.

51 Die beste Gesamtdarstellung dieser Tradition ist das Standardwerk von Alister McGrath, *Justitia Dei. A History of the Christian Doctrine of Justification*, 2 Bde., Cambridge 1986. Ceterum censeo: theologischer Radikalismus und sozial-politischer Radikalismus implizieren einander keinesfalls wechselseitig; und eine augustinische Realpolitik (ob von rechts oder von links) ist häufig weitaus grausamer und gnadenloser als die herrschende Praxis katholischer Barmherzigkeit.

52 Hier greift Carl Schmitts schöne Analogie zwischen Seeschäumerei und calvinistisch-kapitalistischer Freiheit. Vgl. Carl Schmitt, *Land und Meer* (1944), Köln 1981. Genaugenommen müßte man hier vom Nord-Westen sprechen – vom angloamerikanischen, protestantischen Atlantismus, auch im Gegensatz zum »römischen« Lateineuropa und Lateinamerika, das erst in den allerletzten Jahrzehnten in größerem Ausmaß in den Einflußbereich der Reformation gelangte. Vgl. hierzu das 1. Kapitel von David Martins Buch *Tongues of Fire. The Explosion of Protestantism in Latin America*. Mit einem Vorwort von P. L. Berger, Oxford / UK – Cambridge / Mass. 1990. Ich komme im nächsten Kapitel auf diese Frage zurück.

53 Karol Wojtyla beim katholischen Weltjugendtreffen in Tschenstochau, Mariae Himmelfahrt 1991.

54 Man vergleiche zu dieser Frage, die eine eingehendere Erörterung verdiente, zuletzt auch die Ausführungen von Rémi Brague in seinem lesenswerten Buch *Europa. Eine exzentrische Identität*, Frankfurt / M. – New York 1992, v. a. Kapitel III und VI.

55 Vgl. Bernard Lewis, *Europe Islam. Actions et réactions*, Paris 1992, S. 13 ff.
56 Hier liegt der Unterschied des katholischen Universalismus zu einer Weltreligion ohne Missionsauftrag, wie etwa zum Buddhismus. So kann es sich z. B. der Dalai Lama weit eher leisten, angesichts der neuen »Gefahren weltweiter Überbevölkerung« für »Flexibilität« einzutreten, d. h. für eine positive Einstellung zur Empfängnisverhütung, »auch um damit einen offeneren Spielraum für Wortführer anderer religiöser Traditionen zu schaffen«; er hat schließlich von seinem Religionsgründer keinen Bekehrungsauftrag für alle Welt erhalten. (Claudia Dreifus, Interview mit dem Dalai Lama, *New York Times Magazine*, 28. 11. 1993).
57 Vgl. David Martin, *Tongues of Fire* (wie Anm. 52); Ernest Gellner, *Postmodernism, Reason and Religion*, London 1992; Claus Leggewie, *Alhambra. Der Islam im Westen*, Reinbek 1993.
58 Mit anderen Worten zur *Summa theologiae* Ia IIae, quaestiones 91–97. Vgl für einen rationalen Klärungsvorschlag Alan Donogan, »The Scholastic Theory of Moral Law in the Modern World«, in: Anthony Kenny (Hrsg.), *Aquinas. A Collection of Critical Essays*, London–Melbourne 1969, S. 325–339. Aber auch Jacques Maritains Ausführungen im vierten Kapitel seines Buches *Man and the State*, Chicago 1951 [frz. jetzt in *Maritains Œuvres Complètes*, Vol. IX, v. a. S. 577 ff.], das auch auf dem Hintergrund von Maritains Mitarbeit an der UNO-Menschenrechts-Charta von 1948 gelesen werden muß, sind immer noch lesenswert.
59 Johannes Paul II., Litterae Encyclicae *Vertitatis splendor*, Suppl. von *L'Osservatore Romano*, N. 230 (6. Oktober 1993): lateinischer Text, italien. Übersetzung. – Die *ghostwriter* dieser Enzyklika (in primis offenbar Wojtylas Lehrstuhlnachfolger in Lublin, Tadeusz Styczer, und einige seiner Sympathisanten und Freunde von Comunione e Liberazione im Vatikan?) hatten sich nämlich mit den Engeln von der Katechismus-Mannschaft überhaupt nicht vernetzt (oder mit Ratzinger nicht verstanden?). Dazu und zum Folgenden siehe u. a. Peter Steinfels, »Papal Encyclica says Church must enforce Basic Morality«, *The New York Times*, 3. Oct. 1993; sowie, zur Vorgeschichte und den diversen Versionen der Enzyklika u. a. *Der Spiegel* N. 26 / 1993; und Analysen und Kommentare in der römischen Presse zur vorletzten Version der Enzyklika u. a. von Gianni Vattimo, Filippo Gentiloni u. Gianni Baget-Bozzo am 1. August *(La Stampa, il manifesto, la Repubblica)* und von Sergio Quinzio *Corriere della Sera*, 2. 8. 1993), etc.
60 Statt dieser »theologischen Diskussionen« (d. h. mindestens der Hälfte des Texts der Enzyklika) weist Ratzinger in seiner Präsentation vielmehr auf die existentielle Dimension auch der thomistischen Metaphysik und Moral hin: auf die katholische Ablehnung einer »neomanichäischen« Trennung zwischen biologischen Fakten oder Bedürfnissen und moralischen Werten. Alle Details im zweiten Teil der Enzyklika (in welchem den Bischöfen sozusagen eine Checkliste zur Feststellung theologischer Abweichungen und Irrtümer an moraltheologischen Fakultäten an die Hand gegeben werden sollte) übergeht Ratzinger hingegen (als eher philosophiegeschichtliche Fachfragen). Jedenfalls solle mit der Enzyklika keine bestimmte theologische Version oder Schule »kanonisiert« werden. Auch Francis Stafford, Erzbischof von Denver, legt in seinem Beitrag auf der Presse-

konferenz den (wertkonservativ-kommunitaristischen) Akzent eher auf die existentiellen Folgen einer entmoralisierten Öffentlichkeit: »Catholics deplore a public square which is empty of a living sense of the connection between reason and morality« – und von daher sei die Suche nach »some form of natural law« als »one precondition for building a community of virtue« gerechtfertigt. Auch dies in einem Stil, der sich wohltuend vom hölzern-thomistischen Klippschulvokabular und vom Verurteilungsduktus etlicher Passagen der Enzyklika selbst abhebt. [Beide Texte in: *l'Osservatore Romano*, 6. Oktober 1993, S. 11.]

61 Mit zuweilen durchaus unfreiwilliger Komik: etwa in den Paragraphen zum christlichen Martyrium, welches als »Exaltation der unverletzlichen Heiligkeit des göttlichen Gesetzes« *exaltatio inviolabilis sanctitatis legis Dei* und als Zeichen der Heiligkeit der Kirche *Martirium demum signum est praeclarum sanctitatis Ecclesiae* nebenbei auch noch die »schlagende Widerlegung der teleologischen, konsequentialistischen und proportionalistischen« Abweichungen in der Moraltheologie sozusagen miterledigen soll *Reiectio doctrinarum ethicarum ›teleologicarum‹, ›conseqentialistarum‹ et ›proportionalistarum‹… apertissime confirmatur praesertim cristiano martirio*. So schlägt man zwei, drei Fliegen mit einer Klappe (*Veritatis splendor*, N. 90–93).

62 Man denke nur an die »Kommunitarismusdebatte«.

63 *La Civiltà Cattolica*, N. 3421 (Jg. 1993/I), Editorial, S. 13.

64 Dazu siehe jetzt die instruktive Interpretation von Jean-Yves Calvez, *L'homme dans le mystère du Christ. Le message de Jean Paul II*, Paris 1993 [hier v. a. ch. 2. u. 3.].

65 Dies wird in den Schriften des Papstes insbesondere dort deutlich, wo er sein Menschenbild von dem des Totalitarismus abgrenzt, v. a. in *Centesimus annus* (etwa N. 44): »Hinzukommt, daß der Totalitarismus aus der Verneinung der Wahrheit im objektiven Sinn entsteht: Wenn es keine transzendente Wahrheit gibt, der gehorchend der Mensch zu seiner vollen Identität gelangt, gibt es kein sicheres Prinzip, das gerechte Beziehungen zwischen den Menschen gewährleistet. […] Die Wurzel des modernen Totalitarismus liegt also in der Verneinung der transzendenten Würde des Menschen, der sichtbares Abbild des unsichtbaren Gottes ist.« *Prima facie* könnte es also so scheinen (und in der Tat haben offenbar die Redakteure von *Veritatis splendor* den Papst so verstanden), als ginge es Karol Wojtyla nur darum, den falschen materialistischen Metaphysikern des marxistischen Totalitarismus die richtige »Wahrheit im objektiven Sinne« entgegenzusetzen. Doch die Glaubenswahrheit ist keine ›propositionale‹ Tatsachenwahrheit. Der Papst redet zwar von ›objektiver Wahrheit‹, bezieht sich aber gerade nicht auf ein Faktum, sondern fordert eine moralische Einstellung zur »transzendenten Würde des Menschen«.

66 *Personae bonum est in Veritatem manere et Veritatem facere*: Ansprache an die Teilnehmer des internationalen Kongresses für Moraltheologie (April 1986), zit. n. *Veritatis splendor*, N. 84.

67 »Si concursus aut conflictus opinionum communia vitae publicae sunt signa in contextu popularis regiminis repraesentativi, moralis doctrina ex ethica ›procedurali‹ quam appellant, pendere profecto non potest« (*Veritatis splendor*, N. 113).

68 Vgl. Gilles Lipovetzky, *Le crépuscule du devoir*, Paris 1992.

69 Vgl. John T. Noonan Jr., »Aquinas on Abortion« in: Paul E. Sigmund (ed.), *St. Thomas Aquinas on Politics and Ethics*, New York–London 1988, S. 245 ff.

70 Ein für die Theologie Johannes Pauls II. zentraler Begriff, der nicht nur in seiner »Theologie der Arbeit« eine Rolle spielt (s. die Enzyklika *Laborem exercens*), sondern auch für seine Sicht der Geschlechterdifferenz wichtig ist: Des Menschen »Körperlichkeit, Männlichkeit und Weiblichkeit«, gelten dem Papst geradezu als »sichtbares Zeichen der ›Ökonomie‹ der Wahrheit und Liebe, deren Quelle Gott selbst ist und die zuerst im Schöpfungsmysterium wurde« (Katechese zur Genesis vom 5. März 1980 hier zit. nach Calvez, *L'Homme dans le mystère du Christ* [wie Anm. 64], S. 61).

71 Das sind einige Fragen und Vermutungen aus Ronald Dworkins neuem Buch *Life's Dominion. An Argument About Abortion, Euthanasia, and Individual Freedom*, New York 1993 [hier aus ch. 2 u. 3].

5. Die christliche Republik

1 Die Chancen, bei der Überarbeitung dieses Kapitels auch die Bestände einer der bedeutendsten theologischen Bibliotheken der USA benutzen zu können, die Speer Library des Princeton Theological Seminary, hätten einen Religionshistoriker dazu veranlaßt, sich weitaus tiefer in den »New England Mind« aus dem 17. und 18. Jahrhundert, in die Streitereien der Bundestheologen mit Arminianern und Antinomianern, der Quäker mit den Anglikanern usw. zu versenken, als das mir Politologen möglich war. So habe ich den *genius loci* nur für einige *inputs* zur »Religion der Erfahrung« genutzt: Immerhin leitete in seinen letzten Lebensjahren Jonathan Edwards, der Theologe des ersten »Great Awakening« und zugleich der erste bedeutende amerikanische Philosoph, das College of New Jersey, also das presbyterianische Seminar von Princeton, an welchem dann sehr viel später auch Henry James Senior studierte, dessen Einfluß gerade in den Gifford-Lectures seines Sohnes William James über die »Vielfalt der religiösen Erfahrungen« nicht zu übersehen ist. Umgekehrt habe ich in diesem Kapitel den amerikanischen Katholizismus ganz bewußt vernachlässigt, dessen Bedeutung theologisch, politisch, demographisch innerhalb der USA wie innerhalb der katholischen Weltkirche seit den Jahren des großen Theologen John Courtnay Murray (der auch eine wichtige Rolle für das Zweite Vatikanische Konzil spielte) immer stärker gewachsen ist. (Bahnbrechend dafür war v. a. John Courtnay Murray, *We Hold These Truths: Catholic Reflections on the American Proposition*, New York 1960: später das Engagement vieler Katholiken gegen den Vietnamkrieg und in den achtziger Jahren die sozialen Hirtenbriefe der katholischen Bischofskonferenz.) Doch der »Idealtypus« der amerikanischen Republik ist protestantisch – pluralistisch.

2 Ich rekurriere hier zum Exempel auf Diskussionsbeiträge konservativer katholischer Kleriker während einer Tagung in Warschau (Juli 1993), aber natürlich sind derartige Ängste keine polnische Spezialität. Über in mancher Hinsicht parallele

Traditionen in deutschen Landen siehe jetzt Dan Diner, *Verkehrte Welten. Antiamerikanismus in Deutschland*, Frankfurt/M. 1993.

3 Eine nützliche Typologie antiamerikanischer Vorurteilsmuster liefert Ludwig Marcuse im ersten Kapitel (S. 7–14: »Was ist amerikanisch?«) seines Büchleins *Amerikanisches Philosophieren*, Reinbek 1959.

4 G. W. F. Hegel, *Vorlesungen über die Philosophie der Geschichte*, zit. nach: Hegel, Werke in 20 Bd., hrsg. von Eva Moldenhauer und Karl Markus Michel, Frankfurt/M. 1970, Bd. 12, S. 112.

5 Das deutlich freundlichere Kapitalismusbild, das der konservativ-liberale, am American Enterprise Institute lehrende, katholische Vordenker Michael Novak in seinem Buch *The Catholic Ethic and the Spirit of Capitalism* (1993) zeichnet, hat seinerseits zur Voraussetzung, daß für Novak die freie Marktwirtschaft auch ihre Grenzen mitbedenken muß. Sein der kreativen (Unternehmer-)Persönlichkeit verpflichteter »kapitalistischer Geist« hat nämlich im Unterschied zum kruden Chicago-Neoliberalismus stark »kommunitäre« (kulturell konservative) Züge; Novak betont die *family values*, die zivile Gesellschaft und die soziale Solidarität als ethische Rahmenbedingungen für eine sittlich förderliche Marktwirtschaft – genau die Eigenschaften also, die ein ungehemmter Kapitalismus (*capitalismus effrenus*) nach der Auffassung des Papstes vermissen läßt.

6 Siehe das Echo vergleichbarer Vorurteile aus russisch-orthodoxer Sicht im Schlußkapitel der ansonsten empfehlenswerten Reportage von Thomas Ross und Adolf Hampel, *Gott in Rußland*, München 1992.

7 Präsident Clinton hielt Ende 1993 eine Art moralische Erweckungspredigt in einer schwarzen Baptistengemeinde in Memphis, auch seine erste Rede zur Lage der Nation hatte starke »moralische«, wertkonservative Akzente (»Message on the State of the Union«, in: *The New York Times*, 26. Jan. 1994). »The Moral State of the Union« war zuvor auch das Thema der kommunitaristischen Zeitschrift *The Responsive Community* (Vol. 4, N. 1, Winter 1993/94) sowie einer Veranstaltung des »kommunitaristischen Netzwerks« gewesen (in New York, mit Gouverneur Mario Cuomo als Hauptredner, am 10. Jan. 1994).

8 Vgl. Robert N. Bellah, Richard Madsen, William M. Sullivan, Ann Swidler, Steven M. Tipton, *The Good Society*, New York 1991 (hier v. a. ch. 6 »The Public Church«).

9 Ob die staatliche Armenhilfe oder die inzwischen auch nach ethnischen (afroamerikanischen, asiatischen, latino-amerikanischen etc.) »Ministries« ausdifferenzierten Programme der Heilsarmee die Not der Obdachlosen effektiver lindert, ist heute auch unter Linken umstritten. Vgl. Sallie Tisdale, »Good Soldiers. Why Liberals should love the Salvation Army«, *The New Republic*, 3. Jan. 1994.

10 Gary Wills' Buch *Under God. Religion and American Politics* (New York 1990) ist nicht nur eine hervorragende Analyse der politischen Semantiken im Präsidentschaftswahlkampf von 1988, es ist eine der spannendsten und besten Darstellungen zum Verhältnis von Religion und Politik in den Vereinigten Staaten überhaupt. (In deutscher Sprache vgl. den von Klaus-Martin Kodalle hrsg. Sammelband *Gott und Politik in USA*, Frankfurt/M. 1988).

11 Vor dem »multikulturellen« Zerfall der USA warnt Arthur M. Schlesinger jr.,

The Disuniting of America. Reflections on a Multicultural Society, New York 1992.

12 Vgl. speziell dazu Jerald C. Brauer, »Puritanism, Revivalism, and the Revolution«, in: ders. (Hrsg.), *Religion and the American Revolution*, Philadelphia 1976, S. 1–27; und das 1. Kapitel in Nathan O. Hatchs Buch *The Sacred Cause of Liberty* (New Haven, Conn. 1977); aber die Literatur zur religiösen Erwekkungsbewegung des 18. Jahrhunderts in Nordamerika ist umfänglich. Ausmaß, Charakter und Dimension des ersten »großen« Erwachens sind in der Forschung umstritten: Die eher theologische Deutung, der ich hier folge, findet sich etwa in der Darstellung Edwin Scott Gaustadts (*The Great Awakening in New England*, New York 1957) oder auch in der von Alan Heimert und Perry Miller hrsg. Dokumentensammlung *The Great Awakening* (Indianapolis–New York 1967, S. XII–LXI). Die durchaus widersprüchlichen Ursprünge des gleichzeitig (in sozialer Hinsicht) provinziellen und (theologisch) internationalen »Great Awakening« in den neuenglischen Gemeinden betont in einer stärker sozial- und ideologiegeschichtlichen Optik Jon Butler, *Awash in a Sea of Faith. Christianizing the American People*, Cambridge, Mass. 1990, hier ch. 6.

13 »Thus all you that never passed under a great change of heart, by the mighty power of the Spirit of God upon your souls; all you that were never born again, and made new creatures, and raised from being dead to sin, to a state of new and before altogether unexperienced light and life, are in the hands of an angry God... The God that holds you over the pit of hell, much as one holds a spider, or some soathsome insect over the fire, abhors you, and is dreadfully provoked; his wrath towards you burns like fire; he looks as you as worthy of nothing else, but to be cast into the fire... You have offended him infinitely more than ever a stubborn rebel did his prince; and yet it is nothing but his hands that holds you from falling into the fire every moment« heißt es in Jonathan Edwards einschlägiger Predigt, gehalten am 8. Juli 1741, in: Jonathan Edwards, *Basic Writings*. hrsg. u. mit einer Einleitung von Ola Elisabeth Winslow, New York 1966, S. 159.

14 Hannah Arendt beschrieb diese als »ein Glück, das nur im öffentlichen Raum erfahren werden kann, den alle Bürger im Unterschied zu ihren Privatwohnungen gemeinsam [*in common*] bewohnen«. (unpubl. lecture)

15 Hegel, *Werke* (wie Anm. 4), Bd. 12, S. 111 ff.

16 Alexis de Tocqueville, *De la Démocratie en Amérique*, histor.-krit. Ausg. (hrsg. v. Eduardo Nolla), Paris 1990, Bd. II., S. 169 [FN c.]. Tocqueville beabsichtigte ursprünglich, sein Buch *De la Démocratie en Amérique* (1831–1840) in drei Abschnitte – »société politique, société civile, société réligieuse« – zu unterteilen. Es sollte dem katholischen Grafen und Republikaner aber nicht gelingen, seine eigenen (liberal-katholischen) Neigungen – und seine Abneigung gegenüber dem protestantischen Sektenwesen – mit seiner Diagnose des jacksonianischen Nordamerika auf eine schlüssige Formel zu bringen. Die neue historisch-kritische Edition der *Démocratie en Amérique* zeigt: Kein Thema seines Buches hat so viele Kommentare und Streichungen erfahren wie die Studien und Notizen für den geplanten und dann verworfenen Teil zur »société religieuse«. Vgl. James T. Schleifer, *The Making of Tocqueville's »Democracy in America«* (Chapel Hill

1980) und speziell dazu seine Bemerkungen in: *The Tocqueville Review*, Vol. IV, N. 2 (1982), S. 303 ff.

17 Ralph Waldo Emerson, »The American Scholar« (1837), in: *The Selected Writings of Ralph Waldo Emerson* (ed. by Brooks Atkinson), New York 1992, S. 59. Siehe dazu auch die Bemerkungen Robert Bellahs in: *The Tocqueville Review*, Vol. 7 (1985/86), S. 89 ff.

18 Vgl. dazu Reinhold Niebuhr, »Augustine's Political Realism« (1953), in: Robert McAfee Brown (Hrsg.), *The Essential Reinhold Niebuhr*, New Haven 1986, S. 123–141.

19 Zur lutherischen Entpolitisierung der Bundestheologie siehe Reinhart Koselleck, Artikel: »Bund«, in: *Geschichtliche Grundbegriffe*, Bd. 1 (1972), hier v. a. S. 600 ff.

20 Hegel, *Werke* (wie Anm. 4), Bd. 12, S. 113.

21 Robert N. Bellah, *The Broken Covenant. American Civil Religion in Time of Trial* (1975), Neuauflage Chicago 1992, 1. Kapitel (v. a. S. 9 ff.).

22 Michael Walzer, *Exodus und Revolution*, Berlin 1988, S. 90 u. 92.

23 Michael Walzer, *Zivile Gesellschaft und amerikanische Demokratie*, hrsg. von O. Kallscheuer, Berlin 1992, S. 173. In einigen folgenden Bemerkungen greife ich auf meine Einleitung zu diesem Buch zurück. Siehe außerdem Michael Walzers klassische Rekonstruktion des puritanischen politischen Denkens: *The Revolution of the Saints. A Study in the Origins of Radikal Politics*, Cambridge, Mass. 1965, hier v. a. chapter 5: »The Attack upon the Traditional Political World.«.

24 Calvin, *Institutio Christianae Religionis*, II. 1.7. Vgl. dazu ausführlich Alister E. McGrath, *Johann Calvin*, Zürich 1991, S. 203 ff. Zur Kosmologie der neuenglischen Puritaner siehe ausführlich Perry Millers klassische und immer noch unüberholte Studie *The New England Mind*, Bd. I. *The Seventeenth Century* (1939), Cambridge/Mass. 1954, ch. VIII [hier v. a. S. 232 ff.].

25 Perry Miller, *The New England Mind* (wie Anm. 24), S. 398. Vgl. aber zur Schule der neuenglischen »föderalen« oder Bundestheologie allgemein die Kapitel XIII.–XV. in Millers Buch (Bibliographischer Überblick S. 502 ff.) und den Folgeband *From Colony to Province* (Cambridge, Mass. 1953), auf die hier generell verwiesen sei.

26 »Thus stands the cause betweene God and us. Wee are entered into a Covenant with him for this worke, wee have taken out a Commission, the Lord has given us leave to draw our owne Articles, wee have professed to enterprise these Accions upon these and these ends, wee have hereupon besought him of favour and blessing: Now if the Lord shall please to here us, and bring us in peace to the place wee desire, than has thee ratified this Covenant and sealed our Commission [and] will expect a strickt performance of the Articles contained in it, but if wee shall neglect the observacion of these Articles... the Lord will surely breake out in wrathe against us, revenged of such a perjured people and make us knowe the price of the breache of such a Covenant [...] But if our heartes shall turne away soe that wee will not obey, but shall be seduced and worship [...] other Gods, our pleasures, and proffitts, and serve them; it is propounded unto us this day, wee shall perishe out of the good Land whither wee passe over this

vast Sea to possesse it«. John Winthrop, *A Modell of Christian Charity*, zit. nach Bellah, *The Broken Covenant* (wie Anm. 21), S. 14f. Dieser »augustinianische« Gegensatz zwischen *caritas* und *cupiditas*, zwischen politischer Bürgersolidarität und individualistischen Werten [»our pleasures and proffitts«] bildet dann auch den Schlüssel für Bellahs eigene, prophetisch-protestantische Deutung der amerikanischen Bürgerreligion, auf die ich noch zurückkomme. Ausführlich zu Winthrops Predigt siehe Perry Miller, »Errand into the Wilderness«, in: *The William and Mary Quarterly*, January, 1953 (auch als Sonderdruck), S. 6ff.

27 D. h. für eine »politics of inclusion, the solemn obligation to create opportunity for all our people... The neediest of them... entitled to the greatest help from the rest of us«. Mario Cuomos »nomination speach« für Bill Clinton, hier zit. nach *USA TODAY*, International Edition, Friday, July 17, p. 7 A.

28 »Am Anfang war alle Welt Amerika«, heißt es schon in John Lockes *Two Treatises of Civil Government* [II. Chap. V., sec. 4–9]; vgl. Bellah, *The Broken Covenant* (wie Anm. 21), S. 5f.

29 Zit. nach Stephen B. Oates, *Martin Luther King. Kämpfer für Gewaltlosigkeit*, München 1986, S. 570f. Diese – baptistische – Seele ist allerdings nur die eine Seite der afroamerikanischen Religion.

30 John Dewey, *A Common Faith*, New Haven, Conn. 1934, S. 67f.

31 Vgl. Harold Bloom, *The American Religion. The Emergence of the Post-Christian Nation*, New York 1992 (S. 37f.); Robert Wuthnow, *The Restructuring of American Religion. Society and Faith since World War II*, Princeton 1988 (S. 17f.). Für die Belege und Meinungsumfragen siehe die entsprechenden Kapitel in: George Gallup jr. / Jim Castelli, *The Peoples' Religion. American Faith in the 90's*, New York–London 1989; bzw. für die fünfziger Jahre: Will Herberg, *Protestant–Catholic–Jew. An Essay in American Religous Sociology* (1960), Reprint: Chicago 1983.

32 Emersons »religiöse Unabhängigkeitserklärung« – gefaßt in die Begriffe einer bald »transzendentalistisch« genannten Freiheitsidee – richtete sich auch gegen die Orthodoxie des theologischen Establishments in Harvard; danach sollten dreißig Jahre vergehen, ehe man ihn wieder in die Harvard Divinity School einlud. [Emerson, *The Selected Writings* (wie Anm. 17), S. 64. Vgl. dazu auch William James, *The Varieties of Religios Experience* (1902), New York 1961, S. 43 u. passim.]

33 Edgar Young Mullins, *The Axioms of Religion* (1908), zit. nach Bloom, *The American Religion* (wie Anm. 31), S. 213.

34 John Locke, *Ein Brief über Toleranz*. Übersetzt und eingeleitet von Julius Ebbinghaus, Hamburg 1966, S. 15 und S. 37.

35 Zur Geschichte des »Separatismus« in den USA siehe Francesco Ruffini, *La libertà religiosa* (1901), Reprint: Milano 1967, S. 154ff.; vgl. auch den historischen Rückblick in Wills, *Under God* (wie Anm. 10), S. 342ff. – Die differenzierteste Stellungnahme eines prominenten Politikers stammt von einem praktizierenden Katholiken, der gleichzeitig als Demokrat für die Freigabe der Abtreibung eintrat. Siehe Mario Cuomo, »Religious Belief and Public Morality. A Catholic Governors Perspective«, in: *Notre Dame Journal of Law, Ethics & Public Policy*, Vol. I., Inaugural Issue 1984. Zur aktuellen Situation siehe Derek Davies »Re-

building the Wall: Thoughts on Religion and the Supreme Court Under the Clinton Administration«, in: *Journal of Church and State*, Vol. 35, Winter 1993, No. 1; und Stephen L. Carter, *The Culture of Disbelief. How American Law and Politics Trivialize Religious Devotion*, New York 1993.

36 »In America religious pluralism is thus not merely a historical and political fact« – schreibt Will Herberg (*Protestant – Catholic – Jew* [wie Anm. 31], S. 85) – »it is, in the mind of the American, the primordial condition of things, an essential aspect of the American Way of Life, and therefore in itself an aspect of religious belief.«

37 »Ought it to be assumed that the lives of all men should show identical religous elements? In other words, is the existence of so many religious types and sects and creeds regrettable?« Auf diese rhetorische Frage zum Abschluß seiner Vorlesungen über *The Variety of Religious Experiences* (wie Anm. 32, S. 378), lautet die Anwort – »emphatically« – von William James: »No. And my reason is that I do not see how it is possible that creatures in such different positions and with such different powers as human individuals are, should habe exactly the same functions and the same duties.«

38 Wuthnow, *The Restructuring* (wie Anm. 31), ch. 5.

39 Michael Walzer, *Sphären der Gerechtigkeit. Ein Plädoyer für Pluralität und Gleichheit*, Frankfurt / M. – New York 1992, S. 351.

40 Wie etwa für Michael Novak in *The Spirit of Democratic Capitalism*, New York 1982.

41 Referat auf einem Kongreß der Universität Bologna zur Zweihundert-Jahr-Feier der amerikanischen Verfassung, abgedruckt in: *Corriere della Sera*, 27. 5. 1987.

42 Das Standardwerk dazu ist Richard Hofstaedter, *Anti-intellectualism in American Life*, New York 1963, hier: 3.–5. Kapitel. Die wichtigste neuere Studie ist Nathan O. Hatch, *The Democratization of American Christianity*, New Haven 1989.

43 Martin Riesebrodt, *Fundamentalismus als patriarchalische Protestbewegung*, Tübingen 1990.

44 Mullins betont, daß diese »competence of the soul in religion [...] obviously a competence under God, not a competency in the sence of human self-sufficency« darstellt. Gerade aus diesem Gehorsam gegen Gott folgt aber die Ablehnung jeder staatlichen Einmischung in die Intimbeziehung zwischen Mensch und Gott, m. a. W. die Trennung von Kirche und Staat: »The principle must include the doctrine of the separation of Church and State because State churches stand on the assumption that civil government is necessary as a factor in man's life to a fulfilment of his religious destiny; that man without the aid of the State is incompetent in religion.« Edgar Young Mullins, zit. nach Bloom, *American Religion* (wie Anm. 31), S. 200 u. S. 213.

45 Für E. Y. Mullins war z. B. die Doktrin der päpstlichen Unfehlbarkeit ein schlagendes Argument wider die katholische Kirche, weil sie die persönliche Erfahrung / Deutung der Frohen Botschaft einschränkt: »The Doctrine of papal infallibility combined with that of an authoritative tradition forbids all private or divergent interpretations of Scripture«.

46 Hegel, *Werke* (wie Anm. 4), Bd. 12, S. 112. In letzter Konsequenz macht der ame-

rikanische Pluralismus die Unterscheidung von Kirche und Sekte zunichte; s. Herberg, *Protestant – Catholic – Jew* (wie Anm. 31), S. 85 ff.

47 Genauer wäre es natürlich, von der amerikanischen Religiosität oder einem »American way of faith« zu reden. Auch der Ausdruck »American way of life« ist ja keineswegs rein deskriptiv gemeint, sondern hat einen stark normativen, wenn nicht missionarischen Beiklang: Der »American way« ist zugleich die rechte Art der Lebensführung, der Amerikanische Glaube ist nicht nur die Art und Weise, wie Amerikaner an Gott glauben, sondern immer auch ein Glaube an Amerika, als den Bund der in Gott Freien. Für Will Herberg stellt dieser Glaube an den »American way of life« und sein »Mittelklassenethos« sogar die eigentliche »common religion« der Amerikaner dar: *Protestant – Catholic – Jew* (wie Anm. 31), S. 75 ff. Hatch, Democratization (wie Anm. 42), S. 213 ff. spricht von einer spezifischen »populistischen Orientierung« der amerikanischen Religiosität.

48 James, *The Varieties of Religious Experiences* (wie Anm. 32), S. 42. Diese Definition entspricht übrigens auch der Erfahrung seines Vaters, Henry James Senior (1811–1882), der sich aus der calvinistischen Orthodoxie des theologischen Seminars von Princeton in die damals in den USA populären mystischen Schriften des »Geistersehers« Emanuel Swedenborg flüchtete.

49 Bruce Kuklick, *Churchmen and Philosophers. From Jonathan Edwards to John Dewey*, New Haven, Conn. 1985, S. 32. Zum Folgenden siehe außerdem Perry Miller, *Jonathan Edwards*, New York 1949 (Reprint 1958); und die Einleitung Elisabeth Winslows zu ihrer Textauswahl (Edwards, *Basic Writings* [wie Anm. 13]) sowie die Charakterisierung Edwards' im 6. Kapitel von Christopher Laschs Geistesgeschichte der amerikanischen Fortschrittskritik *The One and Only Heaven. Progress an Its Critics*, New York 1991, v. a. S. 246 ff.

50 »The truth that the soul is most imediately convinced of«, schreibt Edwards in seinen Notizen über die Empfindsamkeit des Herzens, »is not that the Gospel is the Word of God… but that the way of salvation which the gospel reveals is a proper, suitable and sufficient way, perfectly agreeable to reason and the nature of things, and that which tends to answer the ends proposed. And the mind being convinced of this truth, which is the great subject of the gospel, is thence naturally and immediately infers from this fitness and sufficency of this salvation, which the mind has experienced to be so much beyond the power of human reason of itself to discern, that it is certainly a contrivance of a superhuman, excellent wisdom, holiness and justice; and therefore God's contrivance.« Dieser Schlüsseltext, in dem Jonathan Edwards seine Theologie der Erfahrung und den Gegensatz von »mere Speculation or the understanding of the Head« zum »sense of the Heart« als einer »sensible knowledge« begründet, ist das handschriftliche Fragment N. 782 »Ideas, Sense of the Heart, Spiritual Knowledge or Conviction. Faith«. Es wurde von Perry Miller 1948 in der *Harvard Theological Review* (Vol. XLI, No. 2) veröffentlicht. In seiner Vorbemerkung weist Miller auf die erstaunlichen Parallelen zu William James' Psychologie der Religion hin (S. 128). Ausführlich finden sich diese Thesen dann in Edwards' großem *Treatise Concerning Religious Affections* (1746). – Zu den calvinistischen Wurzeln der Edwardschen Psychologie des Herzens siehe auch Terrence Erdt, *Jona-*

than Edwards: Art and the Sense of the Heart, Amherst 1980, v. a. das 1. u. 2. Kapitel.

51 Siehe Edwards berühmte Predigt »Sinners in the Hands of an Angry God« (1741), eine der konzisesten Darstellungen der augustinisch-puritanischen Lehre von Gnade und Prädestination (*Basic Writings* [wie Anm. 13], S. 150 ff.).

52 *The Works of Jonathan Edwards*, Vol. 2: *Religious Affections*, New Haven 1959, S. 93 f.

53 Edwards, »Personal Narrative of His Conversion« (ca. 1739), in: *Basic Writings* (wie Anm. 13), S. 81 ff.

54 Zu diesem an die »raison du cœur« Blaise Pascals (also eines anderen großen Rationalisten und »Augustianers«) erinnernden Gegensatz zwischen »head« und »heart« siehe das zit. Fragment Nr. 782: »Ideas, Sense of the Heart, Spiritual Knowledge or Conviction. Faith«. Auch in seinem Traktat über die wahre Tugend definiert Edwards eingangs »heart« im Gegensatz zu »mere speculation« durch »disposition and will«. (Edwards, *Works*, Vol. 8: *Ethical Writings*, New Haven 1957, S. 539 f.)

55 Edwards, *Works* (wie Anm. 52), Vol. 2, S. 93, S. 95 f., S. 99 und passim.

56 Edwards, *Works* (wie Anm. 52), Vol. 2, S. 191 – 461.

57 Peter L. Berger, *Der Zwang zur Häresie. Religion in der pluralistischen Gesellschaft*, Frankfurt / M. 1980, Kap. 6, hier S. 185.

58 Siehe die vergleichenden Studien in: Charles Y. Glock / Robert N. Bellah (Hrsg.), *The New Religious Consciousness*, Berkeley, Cal. 1976.

59 Ein beliebiges Beispiel: »My examination of the world's great religions led me to think of God as the impersonal glue holding the universe together«, beschreibt die mittlerweile siebzigjährige »christliche Schriftstellerin« Christine S. Drake den Brennpunkt ihrer Bekehrung: »My whole perspective changed as I read the New Testament... [and] discovered that God cared for me in a very personal sense...« *The Christian Science Journal*, Vol. 111, N. 10 (Okt. 1993), S. 42.

60 Jean Baudrillard, *Amérique*, Paris 1986, S. 69 f. und passim. Allerdings mußte sich der Fokus der protestantischen Ethik selber verändern: von der Leistungsethik der Selbstverleugnung zur therapeutischen Ethik der Selbstverwirklichung; ein Übergang, der mit dem Eintritt der USA in die Ära des modernen Massenkonsums und der Massenmedien zahlreiche Widerstände zu überwinden hatte (siehe dazu: T. J. Jackson Lears, *No Place of Grace. Antimodernism and the Transformation of American Culture 1880–1920*, New York 1981).

61 Bloom, *American Religion* (wie Anm. 31), S. 259.

62 Georg Simmel, *Soziologie,* zit. nach der neuen, von Ottheim Rammstedt hrsg. Gesamtausgabe, Bd. 11, Frankfurt / M. 1992, S. 51.

63 Bloom, *American Religion* (wie Anm. 31), S. 15.

64 Bloom, *American Religion* (wie Anm. 31), S. 46.

65 »Socially considered, the effect of the long journey across the plains was, of course, rather to disciplinate than to educate, yet the independent life of the small trains, with their frequent need of asserting their skill in self-government, tended to develop both the best and the worst of the frontier political character; namely, its facility in self-government, and its overhastiness in using the more summary devices for preserving order. (...) One seemed alone with God in the waste, and

(...) this experience often expresses itself in language at once very homely and very mystical. God's presence, it declares, was no longer a matter of faith, but of direct sight. Who else was there but God in the desert to be seen? One was going on a pilgrimage whose every suggestion was of the familiar and sacred stories. One sought a romantic and far-off golden land of promise, and one was in the wilderness of this world, often guided only by signs from heaven – by the stars and by the sunset.« Josiah Royce, zit. nach John McDermott, »Josiah Royce's Philosophy of the Community«, in: *American Philosophy*, hrsg. von Marcus G. Singer, Royal Institute of Philosophy Lecture Series: Bd. 19 (1985), S. 159f.

66 Zum Folgenden siehe u. a. Malise Ruthven, *Der göttliche Supermarkt. Auf der Suche nach der Seele Amerikas*, Frankfurt/M. 1989; Wills, *Under God* (wie Anm. 10), Teil III. u. IV.; Bloom, *American Religion* (wie Anm. 31), Teil II. u. III., ch. 4. ff. usw.

67 Ein Spaltprodukt der Adventisten war auch die apokalyptische *Davidian-Branch* unter David Koresh, dessen Konfrontation mit der Belagerung durch das FBI in Waco, Texas, im April 1993 zum Massenselbstmord von neunzig Sektenmitgliedern führte. (Vgl. meinen Kommentar in: *Der Standard*, Wien, 23. 4. 1993.)

68 Perry Miller hat Edwards wiederholt als den intellektuell modernsten amerikanischen Theologen/Philosophen seiner Generation bezeichnet (*Jonathan Edwards* [wie Anm. 49]); E. S. Gaustedt hingegen spricht im 6. Kapitel (»Cascades: Chauncy and Edwards«) seines Buches *The Great Awakening in New England* vom Gegensatz zwischen der »Tradition evangelischer Frömmigkeit«, die Edwards theozentrische Weltsicht trotz aller seiner »aufgeklärten« Terminologie und Methodik verkörpere, und der jedem »inscrutably supernatural« abgeneigten Haltung der Moderne, für die Chauncys auf »good order and Enlightenment« ausgerichtete Warnungen vor dem *Enthusiasm* stünden (wie Anm. 12, S. 82 f., S. 87 f.). Natürlich haben beide recht. Die Moderne ist – und dies von Anfang an! – theologisch gespalten: Der »natürlichen Religion« des aufklärerischen *Mainstream* steht die radikale Erfahrungsreligion der augustinischen Existentialisten gegenüber, die sich auf die »raisons du cœur« beruft.

69 Siehe James De Forest Murch, *Christians Only. A History of the Restoration Movement*, Cincinatti, Ohio 1962, ch. 1: »A Great Awakening in America«; sowie natürlich die historischen Analysen von Jan Butler (wie Anm. 12) und Nathan O. Hatch (wie Anm. 42).

70 Bloom, *American Religion* (wie Anm. 31), S. 63.

71 Herberg, *Protestant – Catholic – Jew* (wie Anm. 31), S. 81 ff. Aber das war natürlich bereits die These Alexis de Tocquevilles, die heute, für die postmoderne Ära, auch von Jean Baudrillard aufgegriffen wird (*Amérique* [wie Anm. 60], chap. »L'utopie réalisée«, v. a. S. 175–189).

72 In den mehr als drei Jahrzehnten seit Robert Bellahs Aufsatz »Civil Religion in America« (in: *Daedalus*, Vol. 96, Jg. 1967, No. 1, S. 1–21) ist die Literatur nahezu unüberschaubar geworden. Vgl. u. a. die Sonderausgabe der *Anglican Theological Review* (Supplementary Series, No. 1, July, 1973) zum Thema »A Creative Recovery of the American Tradition«; sowie die komparativen Studien in: R. Bellah/Phillip E. Hammond, *Varieties of Civil Religion*, San Francisco 1980. Für das Folgende s. Bellah, *The Broken Covenant* (wie Anm. 21); Bellah u. a.,

The Good Society (wie Anm. 8); Wuthnow, *The Restructuring of American Religion* (wie Anm. 31).

73 Vgl. Bellah, »Civil Religion in America« (wie Anm. 72) und Walzer, *Exodus und Revolution* (wie Anm. 22). Diese voluntaristische Bundesidee hat übrigens mehr als symbolische Konsequenzen, u. a. sowohl für das Verständnis der Verfassung als auch für die (Selbst-)Deutung amerikanischer Außenpolitik. Verfassungspolitik: Das als Bund vereinte Volk kann den Verfassungsauftrag auch ändern (vgl. Bruce Ackerman, *We The People, I. Foundations*, Cambridge/Mass. 1991, 1. Kapitel). Außenpolitik: In letzter Instanz müssen sich die wohlverstandenen Interessen des im Bunde mit Gott auserwählten Volkes der Demokratie und die Beförderung des Weltfriedens decken. Daß Woodrow Wilson, Sohn eines prominenten presbyterianischen Predigers aus Georgia, seine Völkerbundidee zunächst einen »Covenant« nannte, ist also mehr als ein Zufall. Für den Text des »Covenant« (7. Sept. 1918) s. die *Papers of Woodrow Wilson*, Vol. 49 (1985), S. 467–471; vgl. zum christlich-pazifistisch-sozialistischen Hintergrund des Wilsonschen »Internationalismus« Thomas J. Knock, *To End All Wars. Woodrow Wilson and the Quest for a New World Order*, New York–Oxford 1992.

74 Siehe dazu jetzt die meisterhafte Analyse von Gary Wills, *Lincoln at Gettysburg. The Words that Remade America*, New York 1992.

75 Fred Barnes, »Reverend Bill«, in: *The New Republic*, Jan. 3, 1994; Terry Eastland, »Religion, Politics and the Clintons«, *Commentary*, Dec. 1993.

76 Hillary Rodham Clinton, Adress (University of Texas, Austin, April 6, 1993): »We need a new politics of meaning. We need a new ethos of individual responsability and caring. We need a new definition of civil society that answers the unanswerable questions posed by both the market forces and the governmental ones, as to how we can have a society that fills us up again and makes us feel that we are part of something bigger than ourselves [...]. If we believe that the reconstruction of civil society with ists institutions of family friendship networks, communities, voluntary organizations are really the glue of what holds us together, then wie should realize that children are shaped both by the values of their parents and by the values of the society in which they live. [...] Now one can debate how to best strengthen the values of parents and the values of society – that's the kind of discussion that has to get beyond the dogma of right or left, conservative or liberal.« Vgl. die Debatte in der linken jüdischen Zeitschrift *TIKKUN* (Vol. 8, Jg. 1993, Heft 3 und folgende), welche die »politics of meaning« geradezu zu ihrem Markenzeichen gemacht hat.

77 Vgl. Bellah, »Civil Religion in America« (1967; wie Anm. 72); außerdem seine spätere Stellungnahme »Religion and the Legitimation of the American Republic« (1978), in: *The Broken Covenant* (wie Anm. 21), S. 165 ff. Alle Rousseau-Zitate im Folgenden aus dem Kapitel »De la religion civile«, franz. in: C. E. Vaughan (Hrsg.), *The Political Writings of Jean-Jacques Rousseau*, Cambridge, UK 1915, Vol. II., S. 124–134 (dt. in: Jean Jacques Rousseau, *Kulturkritische und politische Schriften*, 2 Bde., Berlin 1989).

78 Vgl. James A. Mathisen, »Twenty Years after Bellah: Whatever happened to Civil Religion«, in: *Sociological Analysis*, Bd. 50, H. 2/1989, S. 129 ff.

79 John Rawls, *Political Liberalism*, New York 1993, S. 133 ff.

80 Dazu Wuthnow, *Restructuring* (wie Anm. 31), ch. 10

81 In dieser Deutung folge ich Gary Wills, *Under God* (wie Anm. 10), S. 203 f.

82 Vgl. dazu Christopher Lasch, *The One and Only Heaven* (wie Anm. 49), ch. 9
    »The Spiritual Discipline against Ressentment«, v. a. S. 386 ff.

83 D. h. nachdem die christlichen Sklavenhalter zwischen 1680 und 1760 an den
    afrikanischen Religionssystemen ihrer Sklaven einen »geistlichen Holocaust«
    verübt hatten (s. das 5. Kapitel »Slavery and the African Spiritual Holocaust« in
    John Butlers Buch *Awash in a Sea of Faith* [wie Anm. 12], S. 194 ff.).

84 Zum Begriff der »internen« Gesellschaftskritik siehe M. Walzer, *Kritik und Ge-
    meinsinn*, Berlin 1990.

85 Siehe Michael Walzer, *Exodus und Revolution* (wie Anm. 22), für die politischen
    Konsequenzen der Bundesidee; ders., *Zivile Gesellschaft und Amerikanische
    Demokratie* (wie Anm. 23), v. a. Kap. VII. für die ethnischen Konflikte – und
    Judith Shklar, *American Citizenship. The Quest for Inclusion*, (Cambridge,
    Mass. 1991) für die sozialen Ansprüche (innerhalb) des Selbstverständnisses ame-
    rikanischer Staatsbürgerschaft.

86 Siehe Marvin S. Hill, *Quest for Refuge. The Mormon Flight from American Plu-
    ralism*, Salt Lake City 1989; M. P. Leone, *Roots of Modern Mormonism*, Cam-
    bridge, Mass. 1979.

87 Auslöser waren die Äußerungen eines Sprechers der N. O. I., Khallid Abdul Mu-
    hammad, der im Nov. 1993 in einer Rede die Weißen, den Papst, Homosexuelle
    und Juden angriff. N. O. I.-Führer Farrakhan kritisierte dessen Äußerungen
    zwar und entzog ihm für einige Zeit das Rederecht – doch gab zugleich zweideu-
    tig zu verstehen, daß Bruder Khallid auch wegen einiger »Wahrheiten« von den
    herrschenden (sc. weißen und jüdischen) Medien angegriffen werde. Für einige
    Analytiker verbirgt sich hinter diesem Tauziehen zugleich ein interner Macht-
    kampf verschiedener Flügel der *Nation of Islam*.

88 Siehe den Kommentar Daniel Pipes, »Farrakhan is not a Muslim«, in: *The Phil-
    adelphia Enquirer*, 18. Febr. 1994. Zum Folgenden vgl. Steven Barboza, *Ameri-
    can Jihad. Islam after Malcolm X*, New York 1993; Bloom, *American Religion*
    (wie Anm. 31), ch. 15; die Dossiers in: *The Village Voice*, 15. Febr. (»Why are we
    still listening to Louis Farrakhan?«); *Time*-Magazin, 28. Febr. 1994 (»Ministry of
    Rage«); sowie die Artikelserie von Don Terry (u. a.) in der *New York Times*,
    3.–5. März 1994. Zu den Wurzeln des schwarzen Antisemitismus s. Paul Ber-
    man, »The other and the almost the same«, in: *The New Yorker*, 28. Feb. 1994.

89 Vgl. Gerald Horne, »The Red & The Black. How the Cold War Begat the Nation
    of Islam«, in: *The Village Voice*; (wie Anm. 88).

90 Darryl Pickney, »Malcolm X und mehr Schwärze«, in: F. Balke, R. Habermas,
    P. Nanz, P. Sillem (Hrsg.), *Schwierige Fremdheit. Über Integration und Aus-
    grenzung in Einwanderungsländern*, Frankfurt / M. 1993, S. 168 f.

91 Vgl. Ulrike Heider, »Weißer Rassismus und schwarzer Separatismus in den
    USA«, in: *Kursbuch*, Heft 113 (1993), S. 173 ff. Zu Malcolm siehe jetzt neben dem
    umstrittenen Spike-Lee-Film die Fernsehdokumentation »Make it plain«, Public
    TV-Channels, Frühjahr 1994.

92 »One ever feels his two-ness, – an American, a Negro; two souls, two thoughts,
    two unreconciled strivings; two warring ideals in one dark body, whose dogged

strenth alone kept it from being torn asunder. The history of the American Negro is the history of this strife – this longing to attain self-conscious manhood, to merge his double self into a better and truer self. In this merging he wishes neither of the older selfs to be lost.« W. E. Du Bois, *The Souls of Black Folk* (1903), hrsg. von Arnold Rampersad, New York 1993, S. 9.

6. Fremde Götter

1 Paul Veyne, »Das Römische Reich«, in: Philippe Ariès/Georges Duby (Hrsg.), *Geschichte des privaten Lebens*, Bd. 1: Frankfurt/M. 1989, S. 45–59; Ulrich Beck/Elisabeth Beck-Gernsheim, *Das ganz normale Chaos der Liebe*, Frankfurt/M. 1990.

2 Mario G. Losano, »Contro la società multietnica«, in: *Micro-Mega. Le ragioni della sinistra*, Nr. 5 (1991).

3 Peter Brown, *Die Keuschheit der Engel*, München 1991, S. 47 ff.

4 »Nicht viele Weise nach dem Fleisch, nicht viele Mächtige, nicht viele Angesehene sind berufen. Sondern was töricht ist vor der Welt, das hat Gott erwählt, damit er die Weisen zuschanden mache; und was schwach ist vor der Welt, das hat Gott erwählt, damit er zuschanden mache, was stark ist; und das Geringe vor der Welt und das Verachtete hat Gott erwählt, das, was nichts ist, damit er zunichte mache, was etwas ist, damit sich kein Mensch vor Gott rühme« – so der O-Ton des kilikischen Mullahs.

5 Michael Mann, *Geschichte der Macht*, Bd. 2, *Vom Römischen Reich bis zum Vorabend der Industrialisierung*, Frankfurt/M.–New York 1991, S. 121–125. Die außerdem in diesem Abschnitt zitierte Literatur: W. Meeks, *The First Urban Christians. The Social World of the Apostle Paul*, New Haven, Conn. 1983; Dimitris J. Kyrtatas, *The Social Structure of the Early Christian Communities*, London 1987 (v. a. ch. 6: »Christianity and the Cities«); Donald Engels, *Roman Corinth. An Alternative Model for the Classical City*, Chicago 1990 (hier S. 113). Zu Foucaults Reportagen über die islamische Revolution siehe das Kapitel »Die Revolte mit nackten Händen« in: Didier Eribon, *Michel Foucault. Eine Biographie*, Frankfurt/M. 1991 (S. 402–424).

6 Georg Schöllgen, »Einführung«, in: *Didache* (Zwölf-Apostel-Lehre); *Traditio Apostolica* (Apostolische Überlieferung). Lateinisch – Griechisch – Deutsch. Hrsg. und übersetzt von Georg Schöllgen und Wilhelm Geerlings (= FONTES CHRISTIANI, Bd. 1), Freiburg/Br. 1991, S. 15.

7 Brown, *Die Keuschheit der Engel* (wie Anm. 3), S. 56.

8 Gilles Kepel, *Les Banlieues de l'Islam. Naissance d'une religion en France*, Paris 1987; Claus Leggewie, *Alhambra. Der Islam im Westen*, Reinbek 1993.

9 Mann, *Geschichte der Macht* (wie Anm. 5), S. 124 f.

10 Vgl. Brown, *Die Keuschheit der Engel* (wie Anm. 3), 7. Kapitel.

11 Geerlings, »Einleitung zur Traditio Apostolica«, in: *Didache; Traditio Apostolica* (wie Anm. 6), S. 207 f.

12 Mann, *Geschichte der Macht* (wie Anm. 5), S. 122.

13 Orosius, *Historiarum adversus paganos*, liber VII. 27.4 ff.

14 »Sed de veritate alia questio est: Doch die Wahrheitsfrage ist ein anderes Problem«, schreibt Augustin zwar an gleicher Stelle an seinen Freund Honoratus – ohne deshalb jedoch als *captatio benevolentiae* auf den Hinweis der Mehrheit der Anhängerschaft, der weltlichen Macht und der »katholischen« Einheit seiner Kirche verzichten zu wollen: »Es gibt mit Sicherheit nur eine einzige Kirche, in der selbst die menschlichen Gesetze in gewisser Weise christlich sind« [util. cred., 19: in qua ipsae quodam modo etiam humanae leges Christianae sunt]. Zur rhetorischen Argumentationsstruktur Augustins siehe die Einleitung Andreas Hoffmanns in die von ihm übersetzte und hrsg. Ausgabe von *De utilitate credendi* (= FONTES CHRISTIANI, Bd. 9, Freiburg 1992, hier v. a. S. 39–49). Verständlich wird dieser Hinweis auf die Mehrheitsposition der *catholica* im Imperium insbesondere, wenn man bedenkt, daß zur Zeit von Augustinus' Rückkehr nach Hippo die Katholiken dort keineswegs die Mehrheit darstellten, sondern eine demoralisierte Minderheitsgemeinde waren, unter einem griechischen Bischof Valerius, der dann Augustinus wohl nicht zuletzt wegen seiner rhetorischen Qualitäten und propagandistischen Fähigkeiten zum Priester und Prediger ordinierte. Eine Entscheidung, die sich für die Katholiken in Nordafrika auszahlen sollte. Vgl. Peter Brown, *Augustine of Hippo. A Biography*, London–Boston 1969 (ch. 14).

15 Siehe dazu das ausgezeichnete Buch von Robert A. Markus *Saeculum. History and Society in the Theology of St. Augustine*, 2. Auflage 1988 (hier v. a. das 2. und 3. Kapitel).

16 Und natürlich bei den intransigenten Donatisten.

17 Niklas Luhmann, *Soziale Systeme,* Frankfurt/M. 1984, S. 63.

18 Kurt Flasch, *Augustin. Einführung in sein Denken*, Stuttgart 1980, S. 385.

19 Siehe die differenzierte Diskussion von Augustins Bereitschaft, sich zu pastoralen Zwecken der Mittel staatlicher Repression zu bedienen, bei Markus, *Saeculum* (wie Anm. 15), ch. 6. Theologisch zu »Augustine's Political Realism« siehe die Vorlesung gleichen Titels von Reinhold Niebuhr (Nachdruck in: *The Essential Reinhold Niebuhr*, ed. R. McAfee Brown, New Haven 1986).

20 Siehe *Codex Justinianus* I. 1.2 und I. 7.1.

21 Luciano Canfora, *Die verschwundene Bibliothek*, Berlin 1988, S. 184.

22 Ich zitiere im Folgenden den Text mit dem Kürzel Orig. *c. Cels.* die Auszüge aus dem »Alethes logos« des Celsus (oder Kelsos) in Origenes Schrift *Contra Celsum* nach der ausgezeichneten italienischen Edition von Giuliana Lanata (Hrsg.): Celso, *Il discorso vero*, Milano 1987 (franz. Ausgabe in den SOURCES CHRÉTIENNES, *Contre Celse*, ed. M. Borret, tomes I–V, Paris 1967–1976).

23 Sie wurden 1916 von Adolf von Harnack in den *Abhandlungen der Königlichen Preußischen Akademie der Wissenschaften* zusammengestellt.

24 Vgl. die zweisprachigen Ausgaben von Fabrizio und Luciano Canfora: Simmaco, Ambrosio, *L'altare della Victoria*, Palermo 1991; bzw. von Richard Klein: *Der Streit um den Victoriaaltar*, Darmstadt 1972. (Klein hat auch eine Gesamtinterpretation vorgelegt: *Symmachus,* Darmstadt 1971.)

25 Sueton, *Claud.*, 25.3. (zit. nach Eric Robertson Dodds, *Heiden und Christen in einem Zeitalter der Angst. Aspekte religiöser Erfahrung von Mark Aurel bis Konstantin*, Frankfurt/M. 1985, S. 99).

26 Plutarch, *De defectu oraculorum*, 415 A, B (zit. n. Plutarco, *Dialoghi delfici*, ed. Dario Del Corno, Milano 1983, S. 72 f.)

27 Vgl. Gilles Kepel, *Die Rache Gottes*, München 1991, S. 39 ff., S. 64 ff.

28 Plinius, *ep.* X. 96 und 97. Trajan antwortete ihm, nur in ordentlichen Prozessen als Staatsfeinde überführte Christen seien zu bestrafen. Doch seien mutmaßliche Christen auf keinen Fall aufzuspüren und zu bespitzeln (*conquirendi non sunt*), und anonyme Anklageschriften dürften in den Strafprozessen keine Rolle spielen, da dies dem »Geist unseres Zeitalters« nicht entspräche: *Nam et pessimi exempli nec nostri saeculi est.*

29 Siehe Arnaldo Momigliano, *On Pagans, Jews, and Christians*, Middletown, Conn. 1987, S. 149 f.; vgl. auch Dodds, *Heiden und Christen* (wie Anm. 25), S. 98 ff.

30 Dodds, *Heiden und Christen* (wie Anm. 25), S. 114 (und Devereux, Vorwort zu Dodds, *Heiden und Christen*, S. 8). Für eine schöne Analogie zwischen christlichen und kommunistischen Rigorismen vgl. auch die Ende der vierziger Jahre entstandenen »Ketzereien« des bedeutenden polnischen Historikers Witold Kula, *Riflessioni sulla storia*, Venedig 1990, S. 171 ff. Siehe dazu Otto Kallscheuer, *Glaubensfragen. Über Karl Marx & Christus & andere Tote*, Frankfurt/ M. 1991, S. 159 ff.

31 Thomas Jefferson, *Betrachtungen über den Staat Virginia*, Zürich 1989, S. 331. Vgl. Richard Rorty, *Solidarität oder Objektivität?* Stuttgart 1988, S. 82 ff.

32 Zit. nach Andrea Giardina (Hrsg.), *Der Mensch in der römischen Antike*, Frankfurt/M. – New York 1991, Einführung, S. 23.

33 Siehe das von Klaus J. Bade hrsg. »*Manifest der 60« – Deutschland und die Einwanderung*, München 1993.

34 »As a major destination for traders, travelers, and tourists in the Eastern Mediterranean, Corinth was an ideal location from which to spread word of a new religion. The Isthmian Games celebrated in the spring of 51 when Paul was in the city were doubtless another reason Paul was attracted to Corinth. Paul would encounter spectators and participants who could take word of the new religion to many distant places« (Engels, *Roman Corinth* [wie Anm. 5], S. 112).

35 Vgl. dazu Charles Larmore, »Jenseits von Religion und Aufklärung«, in: Enno Rudolph (Hrsg.), *Die Vernunft und ihr Gott*, Stuttgart 1992.

Nachweise und Dank

In der hier vorgelegten Form sind alle Kapitel noch nicht veröffentlicht; einige gehen aber auf bereits publizierte oder vorgetragene kürzere Vorarbeiten zurück. Diese sind für das vorliegende Buch neu bearbeitet und erheblich erweitert worden.

Im einzelnen: Frühere Versionen des zweiten Kapitels habe ich auf einer von Ewa Kobylinska organisierten Tagung des Deutschen Polen-Instituts zum Verhältnis von Religion und Politik in Polen und Deutschland vorgetragen (Frühjahr 1993) und im von Michael Walzer geleiteten »Transitions«-Seminar an der School of Social Science des Institute for Advanced Study in Princeton zur Diskussion gestellt (Sommer 1994). Das dritte Kapitel basiert auf meinem Beitrag zur internationalen Konferenz »Christianity and Democracy« der Batory Foundation am 26.–27. Juni 1993 in Warschau und auf einem Vortrag am Institute for Advanced Study in Princeton. Bis auf einen kurzen Auszug in den *Blättern für deutsche und internationale Politik* (Heft 11/1993) ist der Text gleichfalls unveröffentlicht.
Ich danke allen Teilnehmern an diesen Diskussionsrunden für Kritik und Anregungen: insbesondere José Casanova, Miroslawa Grabowska, Jerome Karabel, Ewa Kobylinska, Konstantin Pleshakov, Pater Józef Tischner und Michael Walzer.
Eine erste hermeneutische Skizze zum Verhältnis von Religion und Republik in den USA, die in das hier vorliegende fünfte Kapitel eingegangen ist, habe ich in der Europäischen Revue TRANSIT veröffentlicht (Heft 5/1993); frühere Versionen der Kapitel 4 und 6 erschienen im KURSBUCH (Heft 114/1993 bzw. Heft 107/1992).
Karl Markus Michel möchte ich nicht nur für den Titel danken, den er mir einmal so ähnlich für einen anderen Essay vorgeschlagen hat. Seine wiederholte Anregung, mich für das KURSBUCH mit Trost und Trauma des Christentums zu befassen, hat mich auf eine Spur gebracht.

Eine Fellowship am Wiener Institut für die Wissenschaften vom Menschen im Jahre 1993 und dann ein Forschungsaufenthalt an der School for Social Science des Institute for Advanced Study in Princeton, New Jersey, im akademischen Jahr 1993 / 1994, ermöglichten mir schließlich, meine Intuitionen theoretisch auszutesten und historisch zu präzisieren. Für eine aufgeklärte Vergegenwärtigung christlicher Vergangenheit in multikultureller Absicht war jedenfalls der interdisziplinäre Geist beider Institutionen ebenso anregend wie ihr Bibliotheksdienst hervorragend. Ich danke für diese Gelegenheit vor allem Krzysztof Michalski und Klaus Nellen in Wien und Michael Walzer und Albert Otto Hirschman in Princeton.

Ich widme dieses Buch Luisa De Giorgio: in ihrem Haus auf dem Lande in Sardinien habe ich mit der Arbeit daran begonnen.

Personenregister

(Die fettgedruckten Ziffern verweisen auf den Anmerkungsteil)

Michael Walzer
Kritik und Gemeinsinn
Drei Wege der Gesellschaftskritik
Aus dem Amerikanischen und mit einem neuen Nachwort
von Otto Kallscheuer. Band 11704

Die Frage, die seit jeher im Zentrum von Michael Walzers
theoretischem Interesse steht, hat seit dem Scheitern weltum-
spannender Sozialutopien und seit dem neuerlichen Auf-
brechen totgeglaubter Nationalismen erheblich an Brisanz
gewonnen: die Frage nämlich, von welchem Standpunkt aus
und aufgrund welcher Kriterien eine Kritik der Gesellschaft
überhaupt noch möglich ist. Religiöse Moralisten und philosophische Aufklärer hatten stets eines gemeinsam: Ihre Kritik
kam *von außen*, von einem imaginären Irgendwo jenseits des
konkret Gesellschaftlichen. Ihre Prinzipien waren abstrakt
und mit der gesellschaftlichen Praxis oft nur gewaltsam zu
vermitteln; und überdies waren diese Prinzipien nicht wirklich »rein«, sondern trugen unverkennbar die Spuren ihrer sozialen Herkunft – entgegen den Absichten ihrer Verfechter.
Wirklich produktive Kritik – so die These Michael Walzers –
entsteht *innerhalb* einer Gemeinschaft und auf dem Boden
von deren besonderer Identität. Sie bezieht sich auf Normen, denen sich die Gesellschaft verpflichtet fühlt, und ver-
gleicht sie mit dem Zustand der Gesellschaft selbst. Allein
auf der Grundlage einer derartigen immanenten Kritik, die
von den tatsächlichen Lebensverhältnissen der Mensche aus-
geht, läßt sich eine übergreifende Moral denken.

»Michael Walzer ist einer der brillantesten Vertreter einer
neuen Generation amerikanischer politischer Philosophie.«
(Times Literary Supplement)

Fischer Taschenbuch Verlag

fi 1535 / 3

Kulturgeschichte

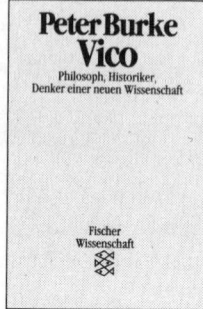  

Philippe Ariès,
André Béjin,
Michel Foucault u.a.
**Die Masken des
Begehrens und die
Metamorphosen
der Sinnlichkeit**
Zur Geschichte
der Sexualität
im Abendland
Band 7357

Peter Burke
Ludwig XIV.
Die Inszenierung
des Sonnenkönigs
Mit 80 Abb.
Band 12327
Vico
Philosoph, Histo-
riker, Denker einer
neuen Wissenschaft
Band 10284

Bernd Busch
Belichtete Welt
Eine Wahrneh-
mungsgeschichte
der Fotografie
Band 10666

Gerrit Confurius
**Sabbioneta oder
Die schöne Kunst
der Stadtgründung**
Band 10532

Carlo Ginzburg
**Erkundungen
über Piero**
Piero della
Francesca, ein
Maler der frühen
Renaissance
Band 10334

Hermann Glaser
**DieKulturge-
schichte der
Bundesrepublik
Deutschland**
Drei Bände
in Kassette:
Band 10530
Die Bände sind auch
einzeln erhältlich:
**Band 1: Zwischen
Kapitulation und
Währungsreform
(1945-1948)**
Band 10527
**Band 2: Zwischen
Grundgesetz und
Großer Koalition
(1949-1967)**
Band 10528
**Band 3:
Zwischen Protest
und Anpassung
(1968-1989)**
Band 10529

Fischer Taschenbuch Verlag

fi 1703 / 4 a

Kulturgeschichte

Rebekka Habermas,
W. H. Pehle (Hg.)
**Der Autor,
der nicht schreibt**
Über den Bücher-
macher und das
Buch (Festschrift
für Günther Busch)
Band 4444

Otto Kallscheuer
**Gottes Wort und
Volkes Stimme**
Band 12235

Maurice Lombard
**Blütezeit
des Islams**
Eine Wirtschafts-
u. Kulturgeschichte
8.-11. Jahrhundert
Band 10773

Herfried Münkler
Machiavelli
Die Begründung des
politischen Denkens
der Neuzeit aus der
Krise der Republik
Florenz
Band 7342

J. Osterhammel
**Asien in der Neu-
zeit (1500-1950)**
Sieben histo-
rische Studien
Band 11853

Gernot Rotter (Hg.)
**Die Welten
des Islam**
29 Vorschläge,
das Unvertraute
zu verstehen
Band 11480

W. Schivelbusch
**Geschichte der
Eisenbahnreise**
Zur Industrialisie-
rung von Raum
und Zeit im
19. Jahrhundert
Band 4414
**Das Paradies,
der Geschmack
und die Vernunft**
Eine Geschichte
der Genußmittel
Band 4413

Jean Starobinski
**Kleine Geschichte
des Körpergefühls**
Band 10523

Fischer Taschenbuch Verlag

fi 1703 / 7 b

Bosnien und Europa
Die Ethnisierung der Gesellschaft
Herausgegeben von Nenad Stefanov und Michael Werz
Band 12554

Die europäischen Gesellschaften gehen immer stärker dazu
über, sich wieder nach ethnischen Prinzipien zu definieren.
Die soziale Zugehörigkeit wird nach völkischen Kriterien
vergeben, und darüber hinausweisende Begründungen von
Gemeinschaft geraten in die Defensive. Die Gleichgültigkeit
westlicher Politiker angesichts des Krieges, der in Bosnien-
Herzegowina nach dem Ende des Realsozialismus aus-
brach, zeigt den Zustand der europäischen Nationalstaaten.
Die gewaltsame Erzeugung und Verstärkung ethnischer Differenzen und ihre künstliche Erhebung zum wichtigsten Kriterium des Handelns droht auch den anderen Gesellschaften unseres Kontinents. Der vorliegende Band bietet Inter-
pretationsansätze aus philosophischer, sozialhistorischer und
politischer Perspektive. Die Beiträge lassen den Jargon des
tagespolitischen Geschäfts hinter sich und richten statt dessen den Blick auf die gesellschaftlichen Mechanismen, die auf
dem Balkan wirksam sind. Sie untersuchen sowohl die Be-
schaffenheit der realsozialistischen Gemeinschaft und das Problem ihrer Überführung in eine pluralistische Gesellschaft als
auch das Versagen des westlichen Zauderns vor den Aggres-
soren. Die Autorinnen und Autoren, allesamt renommierte
Geisteswissenschaftler aus Bosnien, Kroatien, Serbien, der
Schweiz, Österreich und Deutschland, erläutern in einer ein-
drucksvollen Mischung aus kritischer Distanz und persönlicher Anteilnahme die Genese des Konflikts.

Fischer Taschenbuch Verlag

Richard van Dülmen

Reformation als Revolution
Soziale Bewegung und religiöser Radikalismus in
der deutschen Reformation
Band 4366

Entstehung des frühneuzeitlichen Europa 1550-1648
Fischer Weltgeschichte Band 24

Frauen vor Gericht
Kindsmord in der frühen Neuzeit
Band 4431

Herausgegeben von Richard van Dülmen:

Verbrechen, Strafen und soziale Kontrolle
Studien zur historischen Kulturforschung III
Band 10239

Dynamik der Tradition
Studien zur historischen Kulturforschung IV
Band 11052

Hexenwelten
Magie und Imagination vom 16.-20. Jahrhundert
Band 4375

Fischer Lexikon Geschichte
Band 4563

Volkskultur
Zur Wiederentdeckung des vergessenen Alltags
(16. - 20. Jahrhundert)
Richard van Dülmen und Norbert Schindler (Hg.)
Band 3460

Fischer Taschenbuch Verlag

fi 626 / 10

Wissenschaft bei S. Fischer

Philippe Ariès /
Georges Duby (Hg.)
**Geschichte des
privaten Lebens**
5 Bände mit zahlreichen Abb.

**1. Band:
Vom Römischen Imperium
zum Byzantinischen Reich**
Paul Veyne (Hg.)
639 Seiten mit 490 Abb. Leinen
**2. Band:
Vom Feudalzeitalter
zur Renaissance**
Georges Duby (Hg.)
605 Seiten mit 480 Abb. Leinen
**3. Band:
Von der Renaissance
zur Aufklärung**
Philippe Ariès /
Roger Chartier (Hg.)
629 Seiten mit 440 Abb. Leinen
**4. Band:
Von der Revolution zum
Großen Krieg**
Michelle Perrot (Hg.)
659 Seiten mit 420 Abb. Leinen
**5. Band:
Vom Ersten Weltkrieg
zur Gegenwart**
Antoine Prost /
Gérard Vincent (Hg.)
621 Seiten mit 328 Abb. Leinen

Philippe Ariès /
André Béjin (Hg.)
**Die Masken des Begehrens
und die Metamorphosen
der Sinnlichkeit**
Zur Geschichte der
Sexualität im Abendland
272 Seiten. Broschur

Isaiah Berlin
**Das krumme Holz
der Humanität**
Kapitel der Ideengeschichte
Henry Hardy (Hg.)
340 Seiten. Gebunden

Marc Bloch
**Die seltsame Niederlage:
Frankreich 1940**
Der Historiker als Zeuge
285 Seiten. Gebunden

Fernand Braudel (Hg.)
**Europa: Bausteine
seiner Geschichte**
176 Seiten. Gebunden

Fernand Braudel /
Georges Duby/
Maurice Aymard
Die Welt des Mittelmeeres
Zur Geschichte und
Geographie kultureller
Lebensformen
192 Seiten. Gebunden

S. Fischer Verlag

fi 405 / 16 a

Wissenschaft bei S. Fischer

Ernst Cassirer
Versuch über den Menschen
Einführung in eine Philosophie
der Kultur. *384 Seiten. Geb.*

Pierre Chaunu /Georges Duby
Jacques Le Goff /
Michelle Perrot
Leben mit der Geschichte
Vier Selbstbeschreibungen
246 Seiten. Broschur

Umberto Eco
Apokalyptiker und Integrierte
Zur kritischen Kritik der Mas-
senkultur. *336 Seiten. Broschur*

Jacques Heers
**Vom Mummenschanz
zum Machttheater**
Europäische Festkultur im
Mittelalter. *351 Seiten. Leinen*

Lynn Hunt
**Symbole der Macht
Macht der Symbole**
Die Französische Revolution
und der Entwurf einer
politischen Kultur
336 Seiten. 22 Abb. Gebunden

(Hg.) Jacques Le Goff /
Roger Chartier / Jacques Revel
**Die Rückeroberung des
historischen Denkens**
Grundlagen der Neuen
Geschichtswissenschaft
288 Seiten. Gebunden

Claude Lévi-Strauss /
Didier Eribon
Das Nahe und das Ferne
Eine Autobiographie
in Gesprächen
262 Seiten. Gebunden

Alfred Lorenzer
Intimität und soziales Leid
Archäologie der Psychoanalyse
221 Seiten. Gebunden

Herfried Münkler
Im Namen des Staates
Die Begründung der Staatsraison in der Neuzeit
428 Seiten. 30 Abb. Leinen

Oskar Negt /Alexander Kluge
**Maßverhältnisse des
Politischen**
15 Vorschläge zum Unter-
scheidungsvermögen
342 Seiten. Gebunden

Michelle Perrot (Hg.)
Geschlecht und Geschichte
Ist eine weibliche Geschichtsschreibung möglich?
256 Seiten. Broschur

Mario Praz
Der Garten der Sinne
Ansichten des Manierismus
und des Barock
272 Seiten mit Abb. Leinen

S. Fischer Verlag

fi 405 / 5 b

Schwierige Fremdheit
Über Integration und Ausgrenzung in Einwanderungsländern

Herausgegeben von Friedrich Balke, Rebekka Habermas,
Patrizia Nanz und Peter Sillem

Band 11882

Der Band versammelt die überarbeiteten Beiträge zu dem
vielbeachteten Kongreß »Fremd ist der Fremde nur in der
Fremde«, den der S. Fischer Verlag zusammen mit der Gesellschaft für Christlich-Jüdische Zusammenarbeit im Dezember 1992 in Frankfurt veranstaltet hat. 16 renommierte
Wissenschaftler und Wissenschaftlerinnen, Publizisten und
Publizistinnen lösen die aktuelle Debatte über Rassismus und
Fremdenfeindlichkeit in Deutschland aus ihrem nationalen
Bezugsrahmen. Der Vergleich mit traditionellen Einwande-
rungsländern (Frankreich, USA) schärft den Blick für die
spezifische Eigenart der deutschen Situation. Daß sich die offizielle Politik hierzulande weigert, die Realität des Einwan-
derungslandes Bundesrepublik Deutschland auch rechtlich
nachzuvollziehen, darin liegt der eigentliche Skandal. Welche
Gründe sind für die beharrliche Weigerung verantwortlich,
das überholte deutsche Staatsangehörigkeitsrecht dem westlichen Standard anzupassen? Handelt es sich bei der aktuellen
fremdenfeindlichen Konjunktur um ein genuin deutsches
Problem oder erleben wir so etwas wie einen »europäischen
Rassismus«? Vor welchen Problemen stehen die klassischen
Einwanderungsländer? Sind unsere modernen Volkswirt-
schaften ohne ständigen Zuzug von Fremden überhaupt noch
funktionsfähig? Auf diese und auf zahlreiche andere Fragen
gibt der Band interessante und oft überraschende Antworten.

Fischer Taschenbuch Verlag